知识产权服务与专利质量提升

ZHISHI CHANQUAN FUWU YU
ZHUANLI ZHILIANG TISHENG

谷 丽 ◎ 著

知识产权出版社
全国百佳图书出版单位
—北京—

图书在版编目（CIP）数据

知识产权服务与专利质量提升／谷丽著. —北京：知识产权出版社，2022.10

ISBN 978-7-5130-8407-9

Ⅰ.①知… Ⅱ.①谷… Ⅲ.①知识产权-公共服务-研究-中国②专利-质量控制-研究-中国 Ⅳ.①D923.404②G306

中国版本图书馆 CIP 数据核字（2022）第 193619 号

内容提要

本书以我国专利质量提升为目标，以知识产权服务为主线，在系统地梳理国内外学术前沿文献基础上，从人才、行为、政策等不同维度，采用实证研究、质性研究、案例研究等相结合的方法，深入探讨知识产权服务对专利质量的影响，从我国专利质量发展的相关背景与国外知识产权服务问题的发展与实践的角度，揭示了提升专利质量的关键要素与影响机理，构建了知识产权服务对专利质量影响的理论模型，并以此为依据提出了专利质量的提升路径与政策建议。

本书可作为科研人员、政府工作人员、知识产权领域相关研究人员和知识产权服务从业人员的参考用书。

责任编辑：许　波　　　　　　　　　　责任印制：孙婷婷

知识产权服务与专利质量提升

ZHISHI CHANQUAN FUWU YU ZHUANLI ZHILIANG TISHENG

谷　丽　著

出版发行：**知识产权出版社**有限责任公司	网　　址：http://www.ipph.cn
电　　话：010－82004826	http://www.laichushu.com
社　　址：北京市海淀区气象路 50 号院	邮　　编：100081
责编电话：010－82000860 转 8380	责编邮箱：xubo@cnipr.com
发行电话：010－82000860 转 8101	发行传真：010－82000893
印　　刷：北京建宏印刷有限公司	经　　销：新华书店、各大网上书店及相关专业书店
开　　本：720mm×1000mm　1/16	印　　张：21.25
版　　次：2022 年 10 月第 1 版	印　　次：2022 年 10 月第 1 次印刷
字　　数：342 千字	定　　价：108 元

ISBN 978-7-5130-8407-9

出版权专有　侵权必究

如有印装质量问题，本社负责调换。

前　言

自 2008 年国家知识产权战略实施以来，我国的专利申请量和授权量持续快速增长。截至 2021 年，我国发明专利申请量连续 11 年稳居世界首位，我国已成为名副其实的知识产权数量大国。然而，我国的知识产权发展还存在质量不高、结构不合理、转化率偏低等问题。提高知识产权质量、促进知识产权与产业深度融合，已经成为新发展阶段下的当务之急。为此，国家先后出台了《知识产权强国建设纲要（2021—2035 年）》《"十四五"国家知识产权保护和运用规划》等重要文件，提出进入新发展阶段，推动高质量发展是保持经济持续健康发展的必然要求，知识产权作为国家发展战略性资源和国际竞争力核心要素的作用更加凸显。坚持高质量发展方向不动摇，加快推动知识产权工作由追求数量向提高质量转变，以推动高质量发展为主题，打通知识产权创造、运用、保护、管理和服务全链条。

知识产权服务作为"全链条"中的重要一环，对知识产权创造、运用、保护和管理发挥着基础保障和信息支撑的关键作用。发展知识产权服务业对于加快知识产权的有效转化与运营、充分发挥知识产权在经济社会发展中的创新驱动作用、提升企业的自主创新能力和创新体系建设、提高经济发展的质量和效益、推动产业结构调整和经济增长方式转变，以及提高国家和地区的国际竞争力都具有举足轻重的战略意义。在此背景下，探讨如何从知识产权服务角度促进我国专利高质量发展，特别是知识产权服务的人才、行为、政策等要素如何对专利质量产生影响等内在机制问题，具重要的理论价值和迫切的现实意义。

为此，本书以我国专利质量提升为目标，以知识产权服务为主线，在系统地梳理了国内外学术前沿文献基础上，从人才、行为、政策等不同维度，采用实证研究、质性研究、案例研究等相结合的方法，深入探讨了知识产权服务对专利质量的影响，从我国专利质量发展的相关背景与国外知识产权服务问题的发展与实践的角度，揭示了提升专利质量的关键要素与影响机理，构建了知识产权服务对专利质量影响的理论模型，并以此为依据提出了专利质量的提升路径与政策建议。本书共分为七章，第一章为绪论，从知识产权服务视角分析了我国专利质量提升的实践逻辑，总结了改革开放以来我国知识产权服务的实践探索，厘清了专利高质量发展对知识产权服务的战略需求。第二章阐释了专利质量提升视域下知识产权服务的理论内涵，具体包括知识产权服务相关概念的界定，知识产权服务的属性和特征及相关理论基础等。第三章为知识产权服务人才与专利质量，具体内容包括以专利代理师为代表的知识产权服务人才的理论分析、胜任特征模型构建及其与专利质量的相关性分析。第四章为知识产权服务行为与专利质量，具体内容包括知识产权服务行为的理论分析、形成机理、与专利质量的相关性等。第五章为知识产权服务政策与专利质量，具体内容包括知识产权政策工具的理论框架、政策文本分析、与专利质量的关系等。第六章为知识产权服务提升专利质量的国内外典型案例分析，列举了美国知识产权服务助推科技成果转化的典型案例，分析比较了我国代表省、市知识产权服务的典型做法。第七章为知识产权服务提升专利质量的政策取向，从专利质量视域下知识产权服务的政策供给、知识产权服务政策与专利质量提升的目标差距、我国知识产权服务可能的政策空间等方面，为我国知识产权服务助推专利高质量发展提供决策参考与政策支持。

本书编写过程中，参考了大量国内外相关专著和论文，谨向有关学者表示诚挚的谢意。大连理工大学人文与社会科学学部的研究生也参加了本书的实地调研和数据整理工作，他们的参与为本书的完成奠定了前期的基础。参与各章节数据整理的学生：阎慰椿（第三章）、任立强（第四章）、洪晨（第五章）。另外，本书还获得了研究生张瑶、贺敬辉、程琳茜、杨玉红、杨馨慈等在资料收集、数据下载、文本修订等方面的支持与帮助，在此向他们表示感谢！本书获得国家知识产权局"知识产权强国建设纲要制定：知识产权综合运用项目（G19-3063）"、国家自然科学基金"专利代理服务对专利质量的作用机理研究项目（71603038）"和中央高校基本科研业务费项目（DUT22RW206）、2022年度中国科协科技智库青年人才计划（20220615ZZ07110157）的资助，在此深表谢意！

　　目前，我国知识产权服务已进入快速发展阶段。知识产权服务已经成为高质量知识产权转化为高价值知识产权、实现科技与经济深度融合的直接驱动因素，其内涵、理论和实践也将随着知识产权强国战略的实施和社会经济的发展而不断丰富和完善，知识产权服务的发展需要学界、政府和产业界的共同关注。本书仅是一个粗浅的尝试，权作引玉之砖，鉴于水平所限，书中难免有疏漏之处，恳请广大读者批评指正。

谷　丽

2022 年元旦于大连

目　录

第1章 绪 论

1.1 从知识产权服务视角看我国专利质量的实践逻辑

《国家知识产权战略纲要》《深入实施国家知识产权战略行动计划（2014—2020 年）》及《"十三五"国家知识产权保护和运用规划》等都已经在 2020 年完美收官。随后，新一轮国家层面关于知识产权的战略规划，主要包括 2021 年 9 月和 10 月分别发布的《知识产权强国建设纲要（2021—2035 年）》和《"十四五"国家知识产权保护和运用规划》所制定的工作和任务也开始有条不紊地启动。在此承前启后的重要时机，理解和遵从并完成好我国对于未来 5~15 年知识产权的规划目标和工作，不仅能够起到建设知识产权强国的重大作用，还有利于推动我国实现高质量发展、构建新发展格局。与制定《国家知识产权战略纲要》等文件时我国所面临的国内和国际两大形势不同，《知识产权强国建设纲要（2021—2035 年）》等是在我国当前所面临的国内外形势已发生显著变化的基础上形成的。中国共产党第十九届中央委员会第五次全体会议指出，"当前和今后一个时期，我国发展仍然处于重要战略机遇期，但机遇和挑战都有新的发展变化"。在国内，《中华人民共和国国民经济和社会发展第十四个五年规划和 2035 年远景目标纲要》中指出，"我国已转向高质量发展阶段，制度优势显著，……具有多方面优势和条件，同时我国发展不平衡不充分问题仍然突出，重点领域关键环节改革任务仍然艰巨，创新能力不适应高质量发展要求……"。在国际上，国际形势可谓是错综复杂。当今世界正经历百年未有之大变局，新一轮科技革命和产业变革深入发展，国际力量对比发生重大变化，不稳定性和不确定性明显增加。《中华人民共和国国民经济和社会发展第十四个五年规划和2035 年远景目标纲要》中明确指出："新冠肺炎疫情影响广泛而深远，世界经济陷入低迷期，经济全球化遭遇逆流，全球能源供需版图深刻变革，国际经济政治格局复杂多变，世界进入动荡变革期。"在内外两大形势的背景下，新一轮的科技革命和产业革命及中美贸易战在持续升级，其牵涉的知识产权问题也在不断增多，中美之间的经济贸易往来甚至有可能会演化至"脱钩"的局面。由此，我国正在面对新的时代机遇和前所未有的严峻挑战，知识产权作为国家发展战略性资源和国际竞争力核心要素的作用更加凸显，必须协调好专利数量和专利质量的关系，提升专利质量，打造高水平、高质量的知识产权服务体系，加快推进知识产权改革与发展。

1.1.1 我国专利质量现状

我国专利事业发展基本上用了 10 年的时间，就经历了"从无到有"和"从有到好"的时期，其变化发展可谓相当迅速，这相当于美国 200 多年的专利制度发展历程。我国专利申请数量、授权数量正以前所未有的速度逐年大幅度增加。例如，2009 年，根据国家知识产权局的统计数据显示，我国受理的专利申请数量已达 976 686 件，同比增长了 17.9%。其中，受理国内申请 877 611 件，受理国外来华申请 99 075 件。2019 年，国家知识产权局受理的专利申请数量达到 140 万件，排名全球第一，共授权发明专利45.3 万件，同比增长 4.8%❶。在专利数量方面取得显著成效的同时，专利质量问题也逐渐暴露出来。早在 2006 年，网络上的一篇名为《我国专利申请数量升为世界第一：80% 都是"垃圾"？》的文章就直指我国专利质量的问题："问题专利"和"垃圾专利"，且有人认为，类似这两类的低质量专利的数量可能占专利总授权量的一半，甚至 80% 之多。随后，学者马克

---

❶ 国家知识产权局. 2019 年世界五大知识产权局统计报告 [EB/OL]. （2021-12-21）[2022-1-11]. https：//www.cnipa.gov.cn/module/download/down.jsp? i_ID = 172311 & colID = 90.

（Mark）研究比较了我国国家知识产权局和美国专利商标局在 2010 年分别受理的专利申请数量后（尤其那年我国受理数量远超美国有 40 万之多），他提出了一个问题：在如此醒目的专利数量背后我国专利质量到底怎么样？它在多大程度上真正反映了创新？可见，我国专利数量与专利质量不协调的问题亟待解决。专利质量总体情况不如人意的一部分原因在于地方政府。比较常见的情况是，一些地方政府为了完成年度专利申请数量，在确定指标和制定政策时，各种专利指标只关注数量且硬性下达给下级单位或者一些企业和科研机构，更有甚者直接言明"只要申请了专利，就可以报销专利费"。长此以往，全国各地的专利申请蜂拥至国家知识产权局及专利审查部，而国家知识产权局的专利审查人员数量又相较专利申请数量明显不足，导致我国专利审查工作的压力过大对专利审查质量也产生了巨大影响。

2012 年 8 月，针对我国当前专利制度存在的诸多问题，欧盟商会知识产权工作业务管理人濮东丹在一份名为《创新迷途：中国的专利政策与实践如何阻碍了创新的脚步》的报告中指出：即使我国在专利数量上有所增加和在创新态势上有所提升，但专利质量的提高依旧和这些增加与提升不成比例，这反映出我国创新的总体实力可能存在名不符实的情况。报告中也对我国专利质量进行了预测，认为单单 2015 年就会有 2600 多万件低于"最高质量"的专利提交申请，而全年的"最高质量"专利申请远远不及 2600 万件。根据这个情况，需要重新审视我国的创新生态系统，对我国的创新能力的各个方面进行客观评估。除此之外，报告还进一步指出我国所制定的专利相关政策、措施及其具体实施是怎样有碍于我国专利质量的提升和技术创新进步的。总体而言，相比于一些发达国家，我国在创新层面上，尤其是专利质量上落后，在突破性创新和"最高质量"专利等方面的劣势更加明显。

专利数量反映了一个国家及企业技术创新的活跃程度。自 2011 年以来，中国受理发明专利申请数已经超过美国，成为世界最大的专利受理国。随着科技水平发展，我国发明专利申请量持续强势增长。2022 年 1 月，在全国知识产权局局长会议上，国家知识产权局局长申长雨介绍："2021 年我国知识产权发展指标量质齐升。创造方面，授权发明专利 69.6 万件，实用新型 312.0 万件，外观设计 78.6 万件，我国国内每万人口高价值发明专利拥有量达到 7.5 件（不含港澳台地区数据）。"❶ 专利数量之多并没能使中国成为创新大国，经济合作与发展组织（OECD）发布的专利质量测度结果显示，中国专利质量排在全球第 25 位。美国汤森路透发布的"2015 年全球创新企业百强名单"显示，中国大陆无一家企业入选创新力百强的榜单。根据 2015 年世界经济论坛（World Economic Forum）发布的全球竞争力指数报告，在创新一项中，中国排名第 34 位。由此可见，创新的意义远不止专利申请数量那么简单，很大程度上涉及专利的质量问题。2013 年 12 月，国家知识产权局发布了《进一步提升专利申请质量的若干意见》，意见中明确提出要"提高知识产权质量和创造效率"，"引导知识产权创造主体从注重知识产权数量向注重知识产权质量转变"，专利质量问题如不及时解决"将影响社会公众对专利制度作为支撑创新驱动发展战略基本制度的信心"。2015 年 12 月，国务院发布的《国务院关于新形势下加快知识产权强国建设的若干意见》中明确提出要"实施专利质量提升工程，培育一批核心专利"。针对我国目前专利申请的"数量大、质量差"的问题，必须要激发各主体的技术创新的潜力，实现由专利数量到专利质量的提升。

1.1.2 我国专利质量发展的机遇

1.1.2.1 经济全球化带来的机遇

随着经济全球化不断加强，现代服务业，尤其是专利服务在市场经济中的作用越来越凸显。一方面，经济全球化为专利服务的创新、发展和完善提供了更好的环境条件，推动了政府完善、更新专利服务方面的政策措施，有利于我国专利服务上升到一个新的发展阶段；另一方面，它也给专利服务提出了更多、更高的挑战，如专利服务的供给需要面对需求的国际化、地域的复杂化、对象的多元化和服务内容的综合化等变化和特征，及时做出正确的业务提供判断和调整，政府也要及时补充和完善相应的政策引导措施，和专利服务提供者合力提高专利服务的水平，带动专利服务行业的创新发展。

---

❶ 赵丽梅. 2021 年全国共授权发明专利 69.6 万件［N/OL］,（2022-01-07）［2022-03-02］. 中国青年报. https://baijiahao.baidu.com/s? id = 1721287603944886342 & wfr = spider & for = pc.

1. 专利服务地域的复杂化

在全球化的背景下，专利作为知识产权的重要组成部分，在企业在扩展海外业务和国际市场时具有重要的作用，甚至会成为企业在海外市场竞争、技术竞争的一种有效手段。帮助企业从专利的角度进行战略谋划、布局并加强预警能力，当遇到侵权事件时，法律诉讼等措施可以保护其在外的合法权益，为企业保驾护航。此外，由于专利本身具有地域性和时效性等特征，要求专利只能在其被审查和给予其授权的国家有效，受该国法律保护，也就要求在不同国家或不同地区获取专利就必须遵守不同国或地区的法律规定。综合以上两方面，当一个企业发展，其所需求的专利服务会发生从国内到国外、一国到多国的变化，致使专利服务的地域也发生复杂转变，这对我国的专利服务行业产生了重要的影响，对我国专利服务行业提出了更高的要求。如要求专利服务机构，尤其是涉外专利服务机构及其服务人员对各国专利制度和法律规定有着高度的了解和运用，能够及时掌握各国专利制度和各项规定要求的变化，并制定相应的应对策略。国家知识产权局调查显示，2008—2012 年，国外进中国 PCT 发明专利比率为 15% ～ 20%，平均年增长速率为 10%，且涉外专利代理机构的收益比其他类型的专利代理机构都要高。其中，专利代理服务机构中收入最高的是涉外代理机构，也从侧面反映出我国企业的发展，正在不断走向国际市场，走进国际视野。到了 2021 年，国外申请量为 5096 件，而国内 PCT 申请量则达到了 68 338 件，占 2021 年国家知识产权局受理 PCT 国际专利申请量的 93.10%。❶ 可见，即便有很多 PCT 国际申请并没有进入具体某一国家的专利申请阶段，但这并不妨碍承认我国企业正在积极申请国外专利且数量的大幅度增长的事实。但专利的国际申请其实只是专利服务行业所提供的一种基础服务，而更多的是对海外专利诉讼、企业的专利运营及预警的新需求、新挑战、新机遇。

近年来，我国知识产权服务机构数量逐年上升，但是能够提供涉外专利服务的很少，更不要说高质量、高水平的涉外专利服务提供的有限性。以广东省为例，其具有外向型企业众多的特点，这也就要求了广东的涉外

---

❶ 国家知识产权局数据［EB/OL］，（2021-06-13）［2021-08-12］，https://www.cnipa.gov.cn/col/col61/index.html#mark.

专利服务机构或服务提供者增加涉外服务提供量。基于此，广东省政府为解决跨地域的问题，及时调整专利服务相关的政策措施，以鼓励、引导、支持并培养广东省的诸家涉外专利服务机构拓宽服务业务，促进本省涉外服务机构在数量和质量两方面并举，帮助国内企业"走出去"，助引国外企业"走进来"。具体包括：①通过制定激励性政策，如不同程度减免税收等，鼓励专利服务机构扩宽业务提供范围，增加涉外服务项目；②由各地知识产权局或相关中心、平台联合专利方面的专家定期提供培训，提高专利服务从业者的专业素质和专业技能，来保证所提供的专利服务的多样性、针对性、专业性；③建立涉外的维权援助服务平台，聘请国内外在专利维权领域的著名专家和权威学者作为顾问，提供法律援助，同时平台可以利用自身条件为相关有从业意愿或者专业对口的学生提供实习岗位，这有利于专利维权人力资源的增长；在平台建设方面，要在已有的平台上增加信息提供和数据提供等功能或板块，也可以单独打造一个专门的海外专利信息服务平台，为专利服务需求者和涉外专利申请需求者提供准确的专利情报，进一步提升专利服务在涉外方向的深度。

2. 专利服务对象的多元化

目前，专利服务对象由专以国内企业为主的单一化转向多元化。①因为专利制度存在地域差异，所以按照专利服务对象的国籍，可以将服务对象分成国内和国外两种客户，国内客户和国外客户对专利服务的需求也会根据专利制度的具体要求而有所差异。②按照服务对象的性质，可以将服务对象分成政府、企业和个体。首先，政府是专利重要的服务对象之一，其对专利服务的消费模式主要表现为花钱购买，并借助于政府的各项专利资助政策来实现这一消费，在这个过程中政府还可以实现推动专利服务行业进步和提升的目的；其次，企业是专利服务的核心服务对象，主要原因在于企业是重要的创新主体，企业凭借其强大的创新能力和技术水平研发和创造大量的专利都需要服务机构提供向相应专利服务，保证企业利益不受损；最后，个体作为国家倡导的"大众创新"和"万众创业"的积极响应者和实践者，要为其竞争优势——技术寻求更加全方位的保护，来争取资本的投资或获得收购溢价，从而增加了新一轮的专利服务需求。③因为专利案件可能并不单单涉及当事人，所以按照专利服务对象的角色分类，可以将服务对象分为涉案双方与第三方。因此，专利涉及的当事人、第三方都需要寻求专利服务，尤其是法律服务。专利服务对象的多元化进一步扩大了专利服务的需求市场，也为专利服务的创新发展提供了机遇。

专利服务的内容和服务的方式方法都会因为对象的这种多元化的转变而面临着改变，这时政府作为宏观调控的"有形的手"要发挥引领作用，针对上述变化及时调整政策，及时发布有针对性的新政策，如按照专利服务对象所具备的性质，采取针对性措施：①提高向专利服务投入的资金比例，以激励政策的形式将资金应用于推动企业创新和促进专利服务行业及其市场的发展；②增强政府在专利服务购买和消费的力度，通过政府消费的调节和控制，引导专利服务相关行业协会、机构和市场形成良性竞争、资源循环利用，互利共生的繁荣景象；③提高专利保护意识，通过多种途径宣传教育，让个人意识到被侵权时应该拿起法律武器积极维权，通过适当政策保护专利权，以扩大专利服务的个人消费市场。

3. 专利服务内容的综合化

全球经济运行的现状要求大到国家、小到企业从单一的经济手段（如反垄断和反倾销等）转变成更多运用知识产权，特别是专利来为其他国家或企业设置壁垒的手段来竞争，这在一定程度上使各主体对专利服务的需求日渐多元化。基于此，对专利服务的需求在横向上不断扩大：一方面，由于知识产权的竞合，导致一件产品包含或拥有的知识产权数量从一个到多个知识产权，如专利权与反不正当竞争、商标权、著作权，最终使知识产权服务从一项转化到多项；另一方面，从简单的知识产权和专利服务变成更加多样且复杂的科技和知识产权多元化的服务。这样，服务内容的全面拓展给专利服务业提供了更多的可能性，延伸了业务链，扩大了业务领域。但业务的扩展并不意味着就能给服务机构带来更多的利益，服务机构还需要同时提高自己的业务水平和质量，因为需求者的要求和标准也在慢慢地提高。

目前，根据市场实际情况，许多专利代理机构逐步建立起以专利代理服务基础的综合服务模式，主要表现为所提供的业务越来越多样，业务内容涵盖的领域越来越广泛。然而，目前仍有部分专利代理机构由于受传统观念的影响和观念发展的局限，所提供的服务十分有限。面对专利代理服务基础的综合服务模式的初发展现状，政府部门要抓住机遇，应对挑战，及时制定、发布相关政策法规，调整原有政策使其与专利服务内容的变化相适应，通过政策对专利服务市场进行严格监管和抽查，引导专利服务内容适应当前经济社会发展的现状和未来趋势，以实现专利服务的创新与发展。一方面，政府可以引导和支持相关机构和企业所出售产品进行更新迭代，优化自身的服务模式，以适应所在地区甚至是国家的大环境和要求；另一方面，政府可以为专利服务业的创新和发展提供人才和信息支持。

1.1.2.2 新技术发展带来的机遇

知识产权制度自建立以来，很长一段时间内都是在被动地应对新技术带来的机遇和挑战。专利作为知识产权的重要组成部分，也会因为技术变革与创新发展而发生相应的变化，不断地、被动地去应对出现的各种机遇和挑战，并从专利服务的高技术化和模式中反映出来。相应地，在知识产权方面，尤其是专利服务方面的公共政策也要应对机遇、抓住机遇。

1. 专利服务的高技术化

越来越多的产品逐渐伴随新技术的进步而覆盖了更多的技术领域，如3D打印机覆盖机械、化学、电子和软件等许多领域，而无人机则覆盖通信、质感器、人工智能等许多技术领域。这就迫使专利服务的从业者和提供者必须具备广泛的技术知识，以促进高技术化专利服务的发展。当申请人的专利所包含的技术和概念等不止单单属于某一个专业时，专利代理师要想撰写好申请材料，就必须具备熟练掌握这个专利涵盖的所有专业和学科的能力，才能保证最终形成的申请材料是高水平的，是优质的，是对该专利和专利权人有利的。也就是说，需要高技术人才对高技术化专利服务的发展以支撑。因此，加大力度并加快速度去培养一批批知识产权专业和理工科技术人才，是各级政府迫切需要去研究并解决的人力资源问题。

2. 专利服务的模式变化

传统的专利服务模式随着互联网和新技术的发展也在发生由线下到线上线下兼具的变化：一方面有利于扩宽专利服务的空间界限，人才培训也更加便利；另一方面则不利于专利权人开展维权行动。具体而言，由于互联网具有高度统一性及众所周知的高度信息透明化特性，使"互联网+专利服务"能够为中介机构提供基础服务支撑，有助于服务投放更高程度地实现。除此之外，"云计算+专利服务"也给原有的专利服务模式带来了冲击，推进了服务模式的改进和创新，使服务信息更低成本、更便捷、更快速、范围更广地传播扩散，进而有助于将各个独立的服务机构和服务平台联系在一起，形成服务机构之间共享信息等资源要素的状态，也可以推动专利服务的提供者、服务者和需求者三者之间的沟通更加便捷顺畅，发展"按需服务""量身定做"模式。新兴的互联网专利服务模式改革了传统模式的低效、高成本和零散化等缺点和弊端，但同时其自身也存在着投机取巧和质量问题。

因此，针对这种情况，政府应该从两方面同时发力：一方面通过制定各种政策法规来引导新型专利服务模式的良性发展，不断激励其走向正轨，不断创新，为其良性发展创造环境；另一方面也要以政策法规为抓手，对一些破坏新兴专利服务模式的个人或组织加大惩罚力度，保证市场秩序的正常发展。

1.1.2.3 政府管理创新带来的机遇

经济发展新常态关键在于"新"，这种"新"体现在经济发展方式从速度规模型向质量效率型转变，经济结构从低附加值的低端制造为主向高附加值的高端创造为主，不断落实"三去一降一补"，不断深化"供给侧结构性改革"，不断认识新常态，适应新常态，引领新常态。

知识产权制度是保障创新发展的基本制度，知识产权服务是确保该制度充分发挥作用的关键环节。总而言之，政府在新常态的大环境里只有打破固有思维和不断创新政策措施，才能促使专利服务行业朝着为创新发展和促进经济发展的方向发展。

1.1.3 知识产权服务对专利质量提升的支撑作用

1. 知识产权是中小企业高质量发展的有效途径

当前我国的高质量发展需要产业结构优化和生产要素升级这两大核心的推动，而知识产权对二者来说必不可少，因此必须重视知识产权在经济高质量发展中的作用。第一，知识产权可以促进产业结构的优化。劳动密集型产业是大部分中小企业的集中处，这一现状无法避免出现供给低效乃至无效的情况，以及个别产业附加值低等显著性问题，因此必须要优化目前的产业结构，促使产业结构升级。知识产权的创造和运用，能引导产业正确转换方向。中小企业良好的创新环境有利于各种社会资本的进入和加大投入，要加强中小企业的创新意识和创新积极性。知识产权可以改善公司资源稀缺且流动不足的现状，优化各类资尤其是生产资源，这已经成为中小企业发展的最优选项。知识产权是创新成果的产权化的产物,是与劳动、土地、资本等传统生产要素不同的,具有高级的生产要素特征。

2. 知识产权公共服务是中小企业创新的强力支撑

知识产权制度对创新的激励和综合竞争力的提升有不同于其他因素的作用,因而在国家高质量发展中有着不可替代的意义,尤其是在经济方面。目前,知识产权在生产要素和财富资源中已成为至关重要的因素。知识产权战略是党中央、国务院在国家发展新时期作出的一项重大战略部署,尤其是从 2012 年召开的中国共产党第十八次全国代表大会开始,党中央就把知识产权保护工作摆在更加突出的位置上,先后出台了《深入实施国家知识产权战略行动计划(2014—2020 年)》《国务院关于新形势下加快知识产权强国建设的若干意见》《"十三五"国家知识产权保护和运用规划》等系列决策部署,对于转变我国经济发展方式、缓解资源环境约束、提升国家核心竞争力,具有重大战略意义。知识产权全部五个环节共同组成一个链条,在五个环节中服务环节贯穿整个链条,为其他四个环节提供不同的、有针对性的数据及信息的保障和支撑。

随着我国经济由高速增长转向高质量发展,知识产权服务创新对于加快经济高质量发展起着重要作用。根据国家知识产权局、中国银保监会、国家发改委联合印发的《知识产权质押融资入园惠企行动方案》中的数据,预计我国知识产权行业市场规模到 2025 年达到 1.2 亿元商业利益和市场潜力巨大。

1.1.4 提升专利质量的实践借鉴

综上所述,专利制度在不同国家是不同的,因而专利质量的状况和问题在不同国家也有不同差异。一些探索和研究专利质量的美国学者后来对专利质量的问题产生了各自的观点和评价。学者格林(Guerrin)和斯科特(Scott)在研究中指出,美国所存在的专利质量问题要从多角度去认识,不能下定论,交给市场去评价可能是最好的选择;学者莱姆利(Lemley)则认为专利质量在审查时符合理性的认识和判断的是:其具有相对不确定性,并进一步指出这种相对不确定性是由于美国市场上真正有价值的专利的数量是非常少而有限的。

正如美国所存在的低质专利问题一样,其他一些国家均存在大量劣质专利等专利质量问题，这表明在专利法立法与实务的实施过程中必须对专利质量加以重视和严肃对待。专利质量高低与否不仅能够反映和检测其所在地域的创新政策制定是否科学合理、制定目标是否达成，而且也能体现出相关法律和监督惩处是否有效。专利质量是反映和衡量一个国家或地区的专利政策和专利法律制度综合效果的重要指标，而专利质量问题的出现显然违背了专利制度的根本目标。因此，在任何重视创新和科技发展的国家里，都会对现运行的知识产权制度进行定期评估，知识产权体系中存在的任何涉及专利质量的问题都会成为第一时间要解决的事情。

此外，在同样重视创新的国家里，其对待专利质量的态度也是有很大差异的。在美国，无论是学术界，还是实务界、司法界，都非常重视专利质量问题。例如，联邦贸易委员会（美国负责确保公平商业竞争的政府机构）先是在2003年发布了著名的《关于问题专利、专利法律与竞争的报告》，随后又在2011年大力改革，颁布了《美国发明法》，通过立法手段提高专利侵权的成本，有效地保护专利质量。而相对于美国的重视，欧洲看待专利质量问题的态度就显得比较松懈，这可能跟欧洲本身就非常严格的专利制度及《欧洲专利系统质量研究》中所判断的——欧洲的专利质量问题并不严重有关，也可能是笔者在资料搜集时存在限制。

只要我们正视并正确对待专利质量问题，专利质量问题对我们来说就不是可怕的。首先，我们要客观地审视一个国家或地区的专利评估制度，对授权专利评估不当而造成的高度资源浪费的问题要引以为戒；在科学的专利评估制度下，关注评估有问题的指标项，对症下药，不同问题有各自最佳的解决手段。

1. 良好的知识产权服务发展环境和条件

（1）市场经济环境。企业充满活力的技术创新要依靠有序的市场竞争，换句话说，有序的市场竞争能够从企业外部来推动其创新，企业的专利服务需求要依靠企业持续的、动态的技术创新活动。基于此，很多国家在长期的知识产权服务实践中积累了经验，已经建立了知识产权适配性较好的其他制度，其中包括风险投资制度、投资担保制度、知识产权转让制度及知识产权退出机制等。

（2）创新能力和知识产权保护意识。创造研发技术的生产者的供给能力和中介需求者的需求力度决定了我国国家创新体系里技术服务的规模。

发达国家在 1980 年左右就开始从知识产权保护着手，向着提高国家经济竞争力的方向发展，为加快科研成果和科研技术向企业的转移和转化，实现技术的应用和生产力的提高，不断采取措施激发各个大学和国家科学研究机构参与技术研发与创新的积极性和活力。同时，一些成果伴随发达国家知识产权战略的持续实施和不断推进开始显现出来，其中就包括由于正确认识到技术成果的专利化在国内和国际两个市场中进行竞争的重要企业、大学和科研机构，开始自发、主动地密切结合其技术创新和对相应的知识产权获得，然后通过服务实现大学和科研机构的成果转化成企业的产品投入市场，最终实现国家、企业、大学和科研机构等相关主体的利益最大化。

（3）基础配套设施。内外部良好的支持环境不仅可以通过一系列设施实现便利、可持续且有效的知识产权服务，还有助于知识产权服务机构集中有限的资源合理投入创立服务品牌和发展优势品牌服务中，帮助其顺利渡过第一个难关——创业期，并成功占领一部分属于自己的市场空间和业务领域，开拓潜在业务。与此同时，参考一些发达国家在建设网平台和开发数据库方面的经验：通过建立并不断完善网络和数据库，可以帮助建立独立的服务体系，进而降低其信息的获取难度、获取成本和分析成本，实现成本节省；在协同和沟通方面，还能实现同类服务业务提供机构的联动和行业交流、服务机构和政府相关部门的需求沟通和意见反馈。

（4）较为完备的技术创新体系。在大部分发达国家，知识产权服务机构由于本国技术创新能力强，创新资源供给足，市场购买力和消费力大等有利条件，整合社会各种资源的能力不断提高，服务质量也在提升，逐步确立了连接和沟通其他技术创新体系主体的功能，使各主体形成联动与合作，大幅提高生产力的转化速度，实现本国综合竞争能力，尤其是经济方面的竞争力的大幅提升。

2. 有效引导与扶持知识产权服务发展的政策

（1）健全法制环境。为确保政府扶持政策和措施的有效实施，发达国家不断完善相关法律法规，通过立法严格规定或界定知识产权服务机构的定位、功能和结构。为了提升知识产权服务，各国政府都不约而同地选择采取立法和政策引导的手段和方法，创造知识产权服务机构和企业、大学、科研院所沟通和合作的机会，架起科技成果转化的高速桥。

（2）构建监督和促进机构。发达国家政府按照立法要求设置直属的研究机构，在于为国家需求进行技术研发，同时还会再在其内部设立技术转移协调部门，将其预算的一部分拨给该部门作为提供专利许可相关服务和行政管理的运营资金，例如，通过采用适当的战略来提升专利价值和研发投入回报率，具体的形式以技术转移办公室为代表。

（3）加大资金投入。发达国家经常增加资金支持力度来保障服务中介机构在金融方面的需求，保证其资金稳定，没有后顾之忧。所采取的方式也并非固定的，具体根据中介机构的运营模式、服务项目和其他的一些特点来决定方式，主要包括直接资助或者间接的方式，如向企业购买服务、做担保等。同时，发达国家对知识产权相关的从业资格认定、牌照审批、企业类别认定等制定了高标准和严要求。其中，比较重要的是对机构性质的认定，即营利性还是非营利性，因为机构性质的不同也会受到国家不同的政策对待。

（4）从根本上培育市场供给与需求能力。近几年，越来越多的发达国家开始转变策略，不再一味将政策和优惠措施直接地施加于中介机构，而是致力于从源头改善问题，即技术的研发能力和供给能力，并且加大了社会购买的比重，将优惠措施施加在社会主体上，以刺激其消费。这一转变的目的在于加大知识产权对于技术产出、技术转移、企业发展等方面的推动作用，减少虚假产出、虚假转化的情况。但对于政府的强制性措施依旧是保持的，如英国、德国等强制要求由独立的第三方机构对政府项目、公关项目进行成果验收评估。

3. 完善的市场和机构

（1）知识产权服务市场较为规范。两百年漫长的时间里，伴随着不断的尝试和改进，发达国家形成了成熟、统一、有序的知识产权服务市场，也相应形成了健全的市场规则。因为知识产权的全链条都需要服务贯穿其中，服务机构扮演着在不同的环节、不同的阶段为需要者提供不同的服务的角色，有一些服务机构因为资金雄厚、管理科学、服务优质、信誉良好、品牌知名度高等优点而占据了较大的市场份额，发展成为行业里的龙头企业且规模较大，这些龙头企业又因此包揽市场大部分业务，引领着行业走向，带头建立起有权威性的行业协会来规范行业行为、扶持新企业、监督市场内的服务交易行为并对违反行业规定的企业进行处罚。

（2）拥有高水平人才。发达国家的知识产权服务机构所拥有的员工和人力资源相对较少。他们彼此之间经常结成合作伙伴关系并建立了联络网络，有的联络网甚至遍布全球。网络覆盖范围越大，其能为服务机构提供的技专利战略、专利布局和成果转移转化等活动就越丰富。对于全球专利服务及相关活动来说，每个国家对本国的知识产权服务行业都设置了相对其他行业而言更高的标准，对相关服务机构的工作员工的素质要求也更高。发达国家的知识产权服务机构一般都会建立自己的专业团队，由于组成人员均具备工、商、理、法等至少两方面的知识储备、专业技能和丰富的从业经验，甚至具有博士研究生等高学位，这个专业性较高的团队能够进行技术和营销分析、知识产权法律、市场战略等工作。

（3）趋向企业化运作。根据结构上的设置，可以将大部分的服务机构及其关联机构的内部构成划分为三个层次，分别是政府层面、公共层面和私人层面。知识产权服务中介机构里每一个层面都拥有不同的功能和性质，面对不同的服务对象和专业领域，将知识产权服务机构的服务提供细分，已构成一个庞大而清晰完整的服务网络，满足多元化、社会化、专业化、差异化的知识产权服务需求。目前，知识产权服务机构还呈现各类社会资本持续注入，趋向企业化的运作流程等特点和发展趋势。

（4）服务内容多样性。由于过程复杂，大多数公司必须为创新支持服务在每个阶段都向外部寻求知识产权及相关服务。因此，技术创新是一个多阶段、多角色交织的复杂过程。在发达国家，根据知识产权和相关服务的内容不同，员工、知识和技术的标准和门槛也不同。许多知识产权机构都在致力于扩大服务领域和服务对象的范围，为企业提供一系列支撑服务，包括营销、人才寻猎、技术、组织、融资投资和法律，努力吸引业务，增加业务量。

（5）具有网络化和区域整合经营的发展趋势。这几年，发达国家的知识产权服务机构及配套机构开始利用国家研究机构和大学实验室的条件和高水平、专业强的人力资源，以紧密连接知识产权服务领域的中介机构、行业协会、基金会、信息平台、服务中心等为目的，以商业化为运作管理模式，构建城市服务网、地区服务网、国家服务网，最终形成国际性服务网。目前已经形成国家性网络，可以为本国内的中小企业提供全方位的服务信息和服务项目。

4. 规范专利代理行业的准入制度

（1）适度放宽专利代理机构行业准入门槛。通过与其他国家的专利代理准入制度的比较发现，在个人执业方面，我国是明文禁止的，这与世界上大多数国家的做法相悖，同时也体现出我国的专利代理制度较为严格。

我国禁止个人执业能够在一定程度上降低委托人的委托风险，提高专利代理服务的整体质量。但同时，由于禁止个人执业，我国的专利代理服务机构数量偏低，并不能满足我国专利代理迅速增长的需求。因此，为了进一步适应我国专利行业的发展现状，我国应该适当地放宽专利代理准入条件、适当降低准入门槛；放宽专利代理行业的准入门槛，可以让更多的专利代理服务机构进入专利代理市场，进而增加行业内的竞争，形成一种"优胜劣汰"的良好格局。同时，为了进一步降低执业的风险，我国可以学习和借鉴其他国家的一些做法，规定个人执业者必须交纳执业保证金，以作为发生权利侵权时的补偿。

（2）完善专利代理执业考核制度。由于专利代理行业的知识密集性和高度专业性，对于专利代理师的素质和能力要求也越来越多，因此，为了持续推进专利代理师素质建设和能力建设，必须建立起一套全方面、严格、标准的考核制度。

通过学习和借鉴国际上知识产权事业较为发达国家的做法，我国应该建立一套覆盖专利代理师准入全流程的考核制度。在初步考核阶段，应该完善考核体系，不仅要设立笔试考核，更要注重外语口试和面试考核，这是因为专利代理师的表达能力和外语能力同样是其工作能力的重要组成部分；同时，要加大对专利代理师的培训和实践能力的培养。专利代理行业的特殊性要求专利代理师不断更新其知识结构和内容，因此，政府应该联合专利代理机构对各个级别的专利代理师展开具有针对性的培训工作，邀请国内外同行业的专家和学者及一些拥有丰富实践经验的业内大家，将理论学习和实践操作相结合，不断提升我国专利代理师的业务水平。上述做法一方面可加强代理服务的执业考核，另一方面也能确保专利代理师才队伍的稳定，避免其数量在短期内的不适当扩充。

1.2 改革开放以来我国知识产权服务的实践探索

1.2.1 我国知识产权服务的起源与发展

从历史的视角来看，服务业是商业产生后为商品流通而生的行业，随后又因社会分工的逐渐细化而与人们生活息息相关。从那时起，服务业与生产，尤其是制造业就联系起来，越来越多地参与各类经济的发展中。知识产权服务业在行业分类中隶属于服务业，基本上是没有实体化的一种经济。在当前知识经济和创新发展的推动下，知识要素变得越来越重要，知识型服务业应运而生，知识产权、信息服务等大量生产性服务业开始兴起并持续成长，具有更多的战略功能和"推进器"作用，逐渐成为新技术和创新的主要供应者，同时为技术的传播贡献力量。

从中国知识产权服务业发展的历史来看，提供知识产权服务的机构在专利制度建立之前已经出现了。这些机构最初大多是拥有国家资源的公共机构，是事业单位，由国家给予经费款项，其主要工作和专利领域的文献有关。1985年《中华人民共和国专利法》颁布实施，标志着我国知识产权事业发展到了一个新阶段。随后，我国建立起符合中国特色社会主义和中国历史特色的知识产权法律体系，建立起以专利、商标、版权法律为核心，司法解释、地方性法规进行补充和完善的知识产权法律体系。随着知识产权法律和知识产权制度等逐步确立，我国社会中各主体对知识产权服务的需求也在不断增加，以服务需求为导向的服务机构的业务能力自然也在不断提高。中国在2000年加入了世界贸易组织，为了适应世界贸易组织的规定和原则宗旨，为了满足国家建设社会主义市场经济的需要，国务院在2000年发布了《关于经济鉴证类社会中介机构与政府部门实行脱钩改制的意见》。在这份文件的指导和要求下，众多专利代理机构纷纷开始改革，开始发展办理涉外服务的业务和功能，同时商标代理行业也正式向公众开放，最终在2004年实现了取消版权代理的资格准入限制。当时，我国知识产权服务业主要提供展示交易、申请代理、检索服务、保护诉讼等方面的服务，其他方面的服务还比较少。2008年国务院发布《国家知识产权战略纲要》，将知识产权上升为国家战略，开启了我国知识产权事业发展的新篇章，稳步推进包括知识产权的创造、保护、运用和国际合作在内的多项工作，进一步激发了各个市场参与者的创新活力。至此，我国全部知识产权服务机构都具备了从事涉外业务的能力并且可以提供更高质量的知识产权涉外服务，国内市场中知识产权服务业机构进入数量爆发期。特别是 2011 年之后，国家颁布了一系列知识产权服务的政策文件和通知，知识产权服务从此成为高技术服务的一种并得到了全社会的广泛关注，新兴的知识产权商业模式在市场上开始大量出现，中国的知识产权服务供给进一步增加，服务范围扩大到咨询、法律、培训、商业化、信息等领域，知识产权服务机构进入了快速发展期。回顾过去三十年的历程，我国走出了一条具有中国特色的知识产权发展道路。特别是党的十八大以来，以习近平同志为核心的党中央将知识产权工作摆在更加突出的位置上，做出了一系列重大部署，出台了一系列重大举措，引领我国知识产权服务事业实现了大发展、大跨越、大提升，成为推动经济高质量发展的有力支撑。

1.2.2 我国知识产权服务的现状

我国知识产权经历了三十多年的发展，从 1985 年的《专利法》到 2022 年我国知识产权公共服务领域的第一个五年规划《知识产权公共服务"十四五"规划》，在经历了"脱钩改制"等改革后，以专利代理和商标代理为代表的知识产权服务体系和行业正在发展壮大。而伴随着我国知识产权事业的快速发展，专利代理机构数量快速增长，2013 年，全国专利代理机构数量突破 1000 家，2018 年专利代理机构数量达 2195 家，较 2017 年增加了 371 家。截至 2020 年年底，我国专利代理机构达到 3253 家，较 2019 年年底（2691 家）增长 20.9%。专利代理机构主要分布在北京、广东、江苏、上海及浙江五地。❶ 有关统计数据显示，从 2000 年到 2007 年，我国每年专利代理率均约为 70%，而到了 2020 年，专利代理率上升至了 76.8%，与 2019 年相比提升 2.4 个百分点，其中发明专利代理率达到 83.6%，专利代理机

---

❶ 国家知识产权局. 2021 年全国知识产权服务业统计调查报告 [R/OL]. (2021-12-01) [2022-03-24]. https://www.cnipa.gov.cn/module/download/down.jsp? i_ID=172507 & colID=88.

构总营业收入为420.1亿元。❶。

　　商标业务是一项法律性很强的事务，上海工商行政管理局在1987年首先提出了商标代理的想法，同年该设想成为现实，设立了上海商标事务所并达到了良好的效果；随着形势的发展，曾经"各级工商行政管理局核转"的做法已不能适应商标法治建设和商标事务发展的需要，1990年国家工商行政管理总局❷决定在全国范围内通过先试点后普及的方式推行商标代理制度，发布《国家工商行政管理局关于试点建立商标事务所，推行商标代理制的通知》，除国家设立商标主管部门以外，还要培养一批商标代理人，作为民间机构代理商标所有人的权益，从事商标事务活动。因此，商标代理机构从20世纪90年代的4家发展成2007年的151家。2019年4月，国家知识产权局局长申长雨在国家知识产权局开放日中提到："截至2018年年底，我国商标代理机构达到3.73万家，专利代理机构达到2195家。"到2020年，从事知识产权服务的机构中，商标代理机构已有55 572家，商标申请代理率为93.5%。❸ 截至2019年，我国商标代理机构总数为45 910家，同比增长47.5%，商标注册代理率高达91.7%，行业整体向好发展。❹ 近年来，国内外企业每年委托商标代理机构申请商标注册的数量已经占市场监管局和商标局受理数量的75%，软件等级的数量也以5000件/年左右的速度在不断增长，从1992—2007年总量已接近10万件，而最新调查报告显示，截至2021年上半年，我国软件登记总量已接近100万件，同比增长近40%，两年平均增速约20%。❺ 中介服务机构其在质押融资方面的作用也越来越凸显。不同的中介服务机构所承担的主要业务也大不相同，例如，律

---

　　❶　国家知识产权局. 2021年全国知识产权服务业统计调查报告［R/OL］.（2021-12-01）［2022-03-24］. https:∥www. cnipa. gov. cn/module/download/down. jsp? i_ID = 172507 & colID = 88.

　　❷　"国家工商行政管理总局"现更名为"国家市场监督管理总局"。

　　❸　同❶.

　　❹　前瞻产业研究院. 中国知识产权服务行业市场前瞻与投资战略规划分析报告［EB/OL］.（2022-03-03）［2022-04-02］. https:∥baijiahao. baidu. com/s? id = 1699457313876654335 & wfr = spider & for = pc.

　　❺　中国版权保护中心. 中国软件著作权登记情况分析报告［EB/OL］.（2021-07-30）［2021-09-15］. https:∥baijiahao. baidu. com/s? id = 1706673141290473163 & wfr = spider & for = pc.

师事务所负责法律方面的咨询和保障提供，而担保公司重要的业务有两类，一类是帮助银行化解风险，另一类是作为担保方。资产评估机构顾名思义要做资产的评价与估值。例如，2009 年，北京市和交通银行的北京分行、北京银行达成合作关系，一年的时间里北京市的知识产权质押贷款就达到了 108 笔之多，贷款总额更是高达 13.15 亿元；融资项目没有一笔坏账，且总的项目数和放款额均高于其他地方。除此之外，上海市和广州市在质押贷款方面也取得了较大成果：广州达成 3 年内由 5 家银行提供 200 亿元的授信额度的合作，上海有 64 家企业获得共计 1.15 亿元的知识产权质押贷款 84 笔。2019 年，为促进银行保险机构加大对知识产权运用的支持力度，扩大知识产权质押融资，中国银保监会联合版权局等印发《关于进一步加强知识产权质押融资工作的通知》。该文件立足当前银行保险机构开展知识产权质押融资业务形成的经验和存在的困难，指出要"高度重视知识产权质押融资工作的重要性"❶，以进一步扩大知识产权质押融资。

同时，知识产权服务机构也逐渐拓展交易、信息提供、数据整合，甚至专业培训等方面的业务。2009 年，正式开放投入使用的上海专利信息公共服务平台具有以布图设计、商标设计等为主的信息服务和以培训班、以公益讲座、培训平台等为主的知识产权培训服务，以专利交易、技术运营和金融等方面的知识产权运营服务，以及相关法律法规查询的 4 大信息服务。平台当年就拥有专利文献数据量达 5300 万余条，年运行访问总量高达 87 万人次，随后又建立起分专题的公共专利数据库，如化学原料和化学制品专利数据库、非金属矿物专利数据库、物联网专利数据库等。截至 2022 年 3 月，上海市知识产权服务中心举办的"知识产权师高级职称申报政策导读"讲座，吸引了 100 余名企事业单位相关人员在线观看，为上海市即将开展的高级知识产权师职称评审及知识产权师全国统一考试报名工作奠定了基础；联合上海市执业经纪人协会技术经纪专业委员会，举办上海技术经纪人培训，以培养适应市场化运作能力的专利运营人才队伍；组织开展 2020 年上海市企事业专利工作试点示范单位中期培训，累计 500 余人次

---

❶ 中国银保监会、国家知识产权局、国家版权局. 关于进一步加强知识产权质押融资工作的通知 [EB/OL]. (2019-08-18) [2021-05-01]. http://www.gov.cn/xinwen/2019-08/18/content_5422079.htm.

参加；承办"PCT 国际专利申请实务培训班"，市局代表和各区知识产权局代表共 30 人参会，高校及创新主体约 180 名知识产权相关人员参加活动；除此之外，还为本市企业、园区、中介机构及卫生系统开设专利工作者培训班和专利情报分析高级培训班等。❶ 上海市版权局以开展版权相关业务培训和服务等为目的，联合其他单位部门建立起上海版权交易中心，并为平台版权交易信息的需求者及时了解交易市场情况提供便利；在版权相关产业集聚区试点设立版权工作站、服务点，以提供有针对性的个性化服务，为各园区中小企业在版权的管理、维权及市场经营等方面提供了极大的帮助；每年组织开展当年的上海版权示范单位、示范园区（基地）认定工作，2021 年新确定读客文化股份有限公司等 9 家单位为 2021 年上海版权示范单位，枫林科创园为 2021 年上海版权示范园区（基地）。截至 2019 年年底，全国从事知识产权服务的机构数量约 6.6 万家，"十三五"以来新增约 3 万家，从业人员达到 82 万人，全国知识产权服务机构共创造营业收入约 2100 亿元，是 2015 年的 2.6 倍❷；截至 2020 年年底，全国共有 7.3 万家知识产权服务机构，2020 年从事知识产权代理服务的机构比例达到 72.7%。开展两种及以上业务形态的知识产权服务机构的占比超过两成。❸ 可见我国的知识产权服务业规模在持续扩大，为提升知识产权创造、运用、保护和管理能力提供了服务保障，对助力创新创业、稳定和扩大高水平人才就业、促进实体经济高质量发展意义重大。

此外，与地理学对我国的地形划分相类似，知识产权服务人才的分布和积累也呈现"从西北向东南分成三大阶梯"的特点，最终形成洼地效应。"北上广"是我国知识产权服务人才的主要集聚地，而形成这样的特点的主要原因就是"北上广"三地知识产权服务行业的成熟和相关机构发展前景好，对队伍的需求量非常大，对人才的招揽自然也就更加迫切且待遇条件相对更好。

---

❶　上海专利信息公共服务平台数据［EB/OL］，（2021-5-10）［2021-6-10］，https://www.shanghaiip.cn/wasWeb/news/20210913/2021091312403971.html

❷　国家知识产权局. 2019 年全国知识产权服务业统计调查报告［R/OL］.（2019-12-27）［2021-03-05］. https://www.cnipa.gov.cn/col/col61/index.html#mark.

❸　国家知识产权局. 2021 年全国知识产权服务业统计调查报告［R/OL］.（2021-12-29）［2022-01-16］. https://www.cnipa.gov.cn/module/download/down.jsp?i_ID=172507 & colID=88.

1. 北京市知识产权服务业人才现状

截至 2020 年年底，位于北京的专利代理机构设立的分支机构最多，共计 911 家。● 北京的知识产权服务业人才建设由于地理位置特殊，位于我国的政治中心、文化中心、国际交流中心和科技创新中心——首都，具有以下特点。

一是人才总量大且素质好。北京是我国的首都，政策环境得天独厚，大部分的新政策、新设想都会在北京试验和实施，政策优惠力度相对也比较大，尤其是人才吸引方面的政策优惠；另外，北京作为我国重点高校的聚集地，拥有如北京大学、清华大学和中国人民大学等众多高校，科技创新和知识产权及相关学科的专业实力强劲，师资力量雄厚，有非常多的学者在此汇聚，每年都会培养出一批数量较多、知识产权专业知识扎实的学生，作为新生力量汇入北京市知识产权人才队伍，向北京市知识产权服务行业注入新鲜血液，带来较强的创新力和执行力。

二是制定科学且符合实际情况的发展规划，有条不紊地推进规划实施。2014 年，北京市政府发布了全国第一个省级知识产权服务业发展规划：《首都知识产权服务业发展规划（2014—2020 年）》。该规划是在《北京市人民政府关于促进首都知识产权服务业发展的意见》的指导下设立的，以促进首都知识产权服务业发展、强化知识产权服务对科技进步和经济发展的促进作用、促进知识产权服务业发展的政策体系不断完善为目的。北京知识产权服务业从政策体系、监测制度、平台建设、模式扩展、管理环境、服务机构和人才培养等方面发力，借助北京的地理优势，与国家知识产权局进行密切联系，不仅可以帮助北京承接大量与国家知识产权局需求相关的研究调研、合作项目等，并且有利于北京知识产权服务业与国家知识产权局之间形成持续的人才交流机制，将各自的工作人员派到对方机构进行交流学习和实地工作，从而不断弥补自身短板，发挥自身长处，为地区发展起到促进作用。2021 年 12 月，北京市知识产权局关于印发《关于进一步加强北京市知识产权公共服务的意见》，以进一步提升北京市知识产权公共

● 国家知识产权局. 2021 年全国知识产权服务业统计调查报告 ［R/OL］.（2021-12-29）［2022-01-26］. https:∥www. cnipa. gov. cn/module/download/down. jsp? i_ID = 172507 & colID = 88.

服务质量，让知识产权公共服务体系更加便民利民。

三是发展一批国字号的服务机构和高质量的服务企业。北京市依托国家和中央机关，如依托工信部成立的中国电子信息产业发展研究院知识产权鉴定所等，提供声像资料司法鉴定、知识产权鉴定与风险评估等服务，并在上海、重庆、广州、深圳、海南、云南等地设有分支机构。现有员工2000 余人，隶属于国家知识产区局的中国专利开发公司、北京国专公司，其中各类专业技术人员 1200 余人（高级职称人员 110 人）；还另外有 10 多家具备资质的知识产权司法鉴定机构。在评选方面，有 14 家专利代理机构入选"国家知识产权局专利分析评议能力品牌机构"，有 7 家还入选了首批"全国知识产权服务品牌机构"。从中可以看出，北京市的服务机构在质量建设上已经取得了领先全国其他市的优异成效。我们还要注意到这些入选企业都是行业的"领头人"，代表了北京这个行业的最新、最先进的发展状态。众所周知，人们都愿意寻求大企业、强企业、龙头企业进行合作以此降低风险，专利申请者和细分领域的小型企业也不例外，他们都更倾向和这些机构达成合作、签订合约，以提高自己的申请成功率或者收益率。

四是注重人才培养与建设。北京市知识产权局派遣研究人员和工作人员进入各个高校大学的课堂，为高校的实务课程提供师资力量，向学生们讲授知识产权服务的实践经验及具有代表性的案例，让学生们不仅学习理论知识，还能明白实践当中应该怎么做。除此之外，高校知识产权及其相关专业还和北京市知识产权局合作，开展对口专业学生实习对接，提供大量多种类型的职位，或者与高校联合培养知识产权服务等研究方向的管理学、法学、经济学硕士。

五是政府积极开展帮扶行动。北京市知识产权局积极推动一大批中央企业和高新技术企业进行战略规划、自身管理或委托托管等。与国家知识产权局共同创立中关村知识产权促进局，与国家知识产权局共同推进中关村知识产权工作，为中关村内的企业提供他们所需要的资源和服务，如与银行签署融资和保险协议，为园区提供金融服务。

2. 上海市知识产权服务业人才拥有与培养情况

截至 2019 年年底，上海市共有专利代理机构 175 家，执业专利代理师1325 人，共有备案商标代理机构 2432 家。人才培养途径不断拓展，具体包括以下几点：上海市知识产权局与上海应用技术大学签订合作框架协议；上海市教委、上海市知识产权局持续支持同济大学等高校加强知识产权领域相关学科建设，世界知识产权组织 2019 年中国暑期学校在华东政法大学成功举办；持续推进实务人才培训，56 人通过评审获得专利管理工程师资格；圆满完成 3472 人报名参加的 2019 年全国专利代理师资格考试上海考点考务工作，上海考点合格人数 437 人；上海市教委、市知识产权局认定第三批市级中小学知识产权教育示范学校 8 所，分别有 2 所和 3 所学校入选首批国家级示范学校、第四批试点学校；首次在上海市青少年科技创新大赛中设立知识产权"小达人"专项奖；面向中小学生推广普及 WIPO 知识产权入门教育远程课程，有 4416 名学员通过在线学习考核；上海市版权局开展软件正规化培训、版权保护专题培训、版权工作站培训，提升全社会的版权认知度；上海市检察院成立集办案、研究、专业培养和宣传服务等功能为一体的上海检察机关知识产权保护研究中心；上海海关、上海市商务委联合开展政策宣讲会，鼓励企业积极开展知识产权海关备案。❶

3. 广东省知识产权服务业及人才发展现状

2019 年，广东省已有 1607 家从事知识产权服务的法人单位，涉及 21 个地市，主要包括：专利服务、商标服务、版权服务、商业秘密服务、植物新品种服务和其他知识产权服务，通过专利代理师考试的共有 846 人，专利代理机构 312 家、分支机构 2592 家，人才储备水平位于全国前列。❷ 2020 年广东省有两家高校——深圳大学和华南理工大学入围年度全球 PCT 国际专利高校申请人前十名；累计培育建设省市两级高价值专利培育布局中心 224 家，启动实施新一批 80 家；建立广东省知识产权公共信息综合服务平台，平台包括 1.3 亿条全球专利数据；深入推进中新广州知识城国家知识产权运用和保护综合改革试验，截至 2020 年年底，知识城知识产权服务

❶ 上海市知识产权联席会议办公室. 2019 年上海知识产权白皮书 ［EB/OL］. （2020 - 05 - 14）［2021 - 08 - 11］. https：//sipa. sh. gov. cn/cmsres/52/526fea8830ba40a79 4505d75baeafcad/abc4bd95ca59b4c196e07809e943b134. pdf.

❷ 广东省市场监督管理局. 广东省市场监督管理局办公室关于开展 2019 年广东省知识产权服务业统计调查工作的通知 ［EB/OL］. （2019 - 08 - 05）［2021 - 12 - 02］. http：//amr. gd. gov. cn/zwgk/tzgg/content/post_2647962. html.

机构已超过 265 家❶；广东省市场监督管理局（知识产权局）和中国知识产权报社共同主办"粤港澳大湾区知识产权人才发展大会暨知识产权人才供需对接会"，来自全国知识产权领域的高校专家、著名企业家、服务机构负责人等共计 400 余人围绕知识产权人才的成长与发展、前沿理念和实践、大数据的建设与应用等展开研讨。广东省一直在寻找知识产权人才培养新途径、新方式、新举措，筑巢引凤、招贤引智，让更多高端知识产权人才来此创业发展。

知识产权服务体系发展现状是本书研究的现实基础和逻辑起点，也是本章主要阐述的内容。经过不断发展和完善，我国知识产权服务事业发展取得显著成效，知识产权法规制度体系逐步完善，涌现出一批知识产权服务竞争力较强的市场主体，走出了一条中国特色知识产权服务业发展之路。但同时，由于当前我国部分地区对知识产权的尊重和保护意识不够，行政执法和司法衔接机制不够通畅和完善，在供需平衡方面，服务供给还不够充分，海外知识产权纠纷应对能力不足，行业协会不能有效发挥作用等，我国知识产权公共服务发展不平衡和不充分的矛盾依然存在。

1.2.3　我国知识产权服务面临的问题

1. 地区性中介机构发展存在较大的不平衡

知识产权服务机构受所在地区经济发展水平、城市定位和设施建设及市场化程度的影响，发展也呈现差异，即知识产权服务机构发展水平表现出地区性不平衡问题。当一些地区的服务机构已经比较成熟，具有较高水平时，还有一些地方的机构无论是数量、规模还是服务种类，都相对滞后，差距较为明显，总体上表现出由西向东的阶梯式上升态势。换句话说，经济发展水平越高、城市建设越好、市场化程度越大的地方，其知识产权服务中介机构及配套服务的发展也越快、越成熟。知识产权服务机构和其所在地区的经济发展水平、城市建设、市场化程度存在正相关关系。但也要看到即使处于同一地区，知识产权中介机构所处具体位置的经济发展水平、城市建设和市场化程度也是有差异的，它们的发展所处的阶段也是不同的。

---

❶　广东省市场监督管理局. 2020 年度广东省知识产权统计数据［R/OL］.（2021-04-26）［2021-11-10］. https://m.thepaper.cn/baijiahao_12422998.

2. 知识产权服务市场不规范

随着服务行业的飞速发展，我国知识产权服务市场和中介市场中的竞争日益激烈。在这样的形势下，我国还尚未出台一个全面而又科学合理的知识产权服务机构管理规定，从而导致我国部分地区政府调控力较弱，市场较混乱。这些机构在利益的驱动下，企图浑水摸鱼，"黑代理"机构悄然出现。"黑代理"指没有经过许可，擅自开展专利代理业务的违法行为，即凡是未经过批准而擅自参与专利代理的都属于"黑代理"。以深圳为例，从《中华人民共和国专利法》实施至 2019 年，深圳国内专利授权量年均增速高达 37.04%，约为全国年均增速的 4 倍。其中，2019 年国内专利授权量超过 16.66 万件，拥有国内有效发明专利 138 534 件，每万人口发明专利拥有量达到 106.3 件，为全国平均水平的 8 倍，且深圳国内专利申请量、专利授权量、专利授权量增速、发明专利 5 年以上维持率均位列全国首位。❶ 虽然深圳市在知识产权、专利的创造、申请、审查、保护和运用等方面都取得了瞩目的成就，但同时，"黑代理"机构也格外泛滥、猖狂。根据"黑代理"市场的分析，可以将"黑代理"机构分为四类：①实际上不具备专业代理资格，但对消费者谎称可以为其提供专业的专利申请代理服务的机构；②自己不具备专利代理师的资格，但借一些大型、著名专利代理机构的名义开展业务；③非深圳本地专利代理公司在此开设分公司，只拉客户并不保证专利代理的质量；④没有通过专利代理师考试，没有经过上岗培训、实习、规定培训等一类私人代理。"黑代理"的代理水平低，撰写质量差，如果遇到难度大、复杂程度高的委托案，他们就进行多次转手或搪塞哄骗消费者。"黑代理"是中国专利代理行业发展过程中的产物，其存在不仅损害权利人个人利益，还会对我国专利代理行业及国家利益造成一定的影响。

商标代理市场也存在类似"黑代理"的不诚信从业者，其通过隐瞒事实、虚假宣传，用大量所谓的专业术语哄骗误导，在一定程度上对我国商标代理行业的形象和个别商标申请者及其他有关人员的合法权益造成了一定的影响。

---

❶ 百度百科. 深圳经济特区建立 40 周年知识产权发展报告 [EB/OL]. (2020-12-08) [2021-6-30] https://baike.baidu.com/item/深圳经济特区建立 40 周年知识产权发展报告/55441039? fr=aladdin.

3. 知识产权服务机构能力比较欠缺

相比于发达国家，我们的知识产权发展才短短三十年，而知识产权服务更是发展时间短暂。现有的知识产权服务相对基础，所提供的高级服务，如战略分析与规划，则缺乏针对类型和模式不同的特殊性，不能很好地适应每个企业或者个人的特点，专业化程度较低，几乎独立于委托人特征和需求特殊性提供服务，面对不同的业务单提供的服务千篇一律，属于粗放的混业经营。许多知识产权服务设施也未能达到和高质量发展相匹配的水准，导致服务功能有限、对非本专业领域、不了解行情的客户许下无法实现的承诺或协议等问题。随着市场竞争加剧及行业细分趋势越来越明显，对知识产权专业化和个性化服务的呼声越来越大。除此之外，技术资源还不够充沛。现有的知识产权服务体系不健全，所提供的功能和种类有限。此外，绝大多数中介机构缺乏分析专利战略的人力资源和软件的有力支持，无法为公司提供分析专利战略的主要服务。大多数知识产权代理从业者对自己能提供的服务供给模糊，没有清晰的认识，也没有形成专业分工和网络合作的服务体系。

4. 知识产权服务人才短缺

优秀的知识产权服务从业者是具备一定专业知识（包括法律、经济、知识产权、专利、科技等方面）并且能够熟练应用这些知识的人，因而知识产权服务行业对从业者的学历和专业这种硬性要求比较高，相对更加严格。高入行标准使符合要求且能通过相关国家考试的人才数量比较有限，目前存在优质人才短缺、青黄不接的问题。另外，也存在部分从业者虽然专业知识过硬，但知识结构老化，行业新业态的学习滞后，缺乏对市场走势、政策变迁、法律的敏感度，实际处理委托的经验较少，遇到特殊案件无法妥善处理等问题。这些问题最终都会直接影响专利申请成功的数量和质量，甚至对专利随后的投入市场应用和保护产生阻碍。

5. 知识产权服务国际化程度不足

由于我国知识产权存在上述发展不均衡、市场有待规范、服务能力和服务人才欠缺等问题，目前大部分服务机构的发展目标和计划都瞄准国内，主要集中精力和资源在国内发展，对国际发展的设想和战略规划制定不够重视。再加上国际市场的开拓和业务受理对机构及其工作人提出了额外的如外语水平、国际法和国际惯例知悉、国际同行业的竞争态势等更高难度的要求，使符合标准的人才更加难求，使我国知识产权服务机构及相关中介机构难以和国际接轨，和国外知识产权服务机构的实力存在一定差距，在国际知识产权服务行业竞争中很难占据有利形势。

1.2.4 世界主要发达国家知识产权服务的发展与实践

知识产权服务与科学技术的进步、国际贸易的发展和知识产权制度的建立差不多是同频的。让我们以著作权的发展为例：英国在 16 世纪版权法的萌芽时期，建立了"特许出版权"制度，并为这项制度和提供制度所涉及的"维护和平衡出版行业商人的利益"的服务成立了一个印刷工会。此时的英国和印刷工会并没有意识到创作者的切身权益才是他们最应该也是最首先要保护的东西。直到科学知识、技术、文学作品和艺术创作产物等的繁荣发展，实物的广泛应用及其影响力的全球传播扩散，他们终于认识到人是创作的源泉和主体。1709 年，英国议会通过的世界上第一部版权法——《为鼓励知识创作而授予作者及购买者就其已印刷成册的图书在一定时期内之权利的法》，历史上称为《安娜法令》，是专门保护创作者权利的法律。《安娜法令》废除了皇家颁发许可证制度，承认作者是版权保护的主体，对作者实行有限制的保护，这在版权史上是一次飞跃，是版权概念近代化的一个突出标志，对世界各国后来的版权立法产生了重大影响。随后，欧洲的国家引入了版权制度的概念，陆续制定法律进行保护。在这一过程中，逐渐形成了英美法系和大陆法系的"分水岭"——权利人的财产权和人格权应该先保护哪一个。但是随着国际经济全球化的逐渐形成，同时由于复制、传播技术、国际贸易的繁荣发展，两种法系之间开始出现相互学习、借鉴和交融的趋向，建立统一和多边的著作权保护成为现实需求。19 世纪，西欧尤其是法国涌现出许多文学家、艺术家，他们创作的大量脍炙人口的作品流传到世界各地，相应地这些国家开始也就重视版权的国际保护。1886年第一个是关于著作权保护的国际条约的《保护文学和艺术作品伯尔尼公约》正式签署，1992 年 10 月 15 日中国成为该公约成员国。随着社会公众对著作权保护意识的增强及著作交易市场的不断扩大和发展，权利人自身无法有力地维护自己的著作在许可、转让、继承等运用过程中的合法权益，他们对相关服务的需求就自然而然地产生了，对服务需求的呼声也越来越高，著作权服务机构和行业应运而生并且不断发展壮大，纷纷走出国门，走向国际市场，开始提供涉外业务和国际业务。

1. 美国知识产权服务的发展与实践

作为世界上最早实施知识产权制度的国家之一，美国有多种知识产权机构，专业水平高，工作能力强，结构模式多样，如半官方工会和协会、特定领域的专业服务机构、高校管理部门等。

司法手段在美国是最主要且有效的知识产权保护手段。因为美国拥有一批数量多、高水平的知识产权律师队伍，并组建了知识产权法律律师协会，雄厚的人才资源支撑了美国的司法保护。所谓知识产权律师，在美国必须同时通过律师资格考试和知识产权部门考试；而所谓知识产权代理人则只需要通过知识产权部门考试；协会会定期组织开展研究学习，召集会员集体学习关于知识产权领域最新的变化，预测发展趋势，剖析新出现的典型案例或罕见的特殊案例，甚至还会与国内和国外其他机构合作，进行人才交流学习和举办大型学术集体研讨会议，可见美国知识产权服务人力资源基础过硬。也正因为这一大批优质的知识产权从业人员，知识产权纠纷、知识产权侵权等案件很少走上法庭，大部分都通过代理人和律师从中接触、交流沟通和协商就能够妥善解决。

美国政府组建了隶属于商业部的专利商标局，其运营完全靠自身收益，支出也是自付，甚至常有结余。其主要职责有3个。首先是负责回答国会和总统提出的关于专利和商标方面的咨询问题，从知识产权管理的角度给出专业意见或建议，有时会根据需要撰写并提交报告进行说明。其次，最常规的业务就是受理国内外提交的专利或商标的申请，依法进行审查，决定是否批准和授权。最后，配合司法部门的工作和司法部门进行联动，提供司法部门所需要的信息、材料或证据，为案件审理提供专业角度的意见。专利商标局为宣传知识产权，提供国内民众对于知识产权的重要意义和保护的重要性的认识，科普知识产权知识，通过自建或寻求合作的方式，前前后后建立了近90家文献馆，文献馆虽收取检索服务费，但该费用其实非常平价，不会给参观者或者需求者造成经济上的负担，还将文献馆作为一个科普宣传的优质平台，通过和高校及中介机构合作，定期邀请高校知识产权权领域权威学者或知识产权服务行业的经验丰富者在馆里开展讲座和培训班。

美国的技术转移组织以研究和应用办公室（ORTA）、大学的技术转移办公室、非营利组织及民间中介、顾问机构等为主要组成部分，信息服务企业、创新创业中心、数据分析企业等为重要参与部分，再格外设置专利代理人、知识产权律师、普通律师、财务会计等岗位，共同组成美国的技术转移组织——美国知识产权服务机构的最主要部分。美国 1980 年颁布的《史蒂文森怀德勒技术创新法》（*Stevenson-Wydler*）要求要求联邦政府实验室促进向州政府、地方政府和私营部门转让联邦政府拥有的发明和技术。各联邦政府实验室要把其研究开发预算按一定比例用于转让活动，并要成立研究和技术应用办公室促进这种转让，办公室主任由总统根据参议院的建议批准任命。

1992 年，美国联邦政府为了知识产权信息的流通和技术的转移，成立了国家技术转移中心（NTTC）。其最主要的任务是通过自己的网络和 6 个地区技术转移中心的信息网将联邦政府资助的联邦实验室、大学等的研究成果面向全国企业推广。此外，NTTC 还利用自己的关系，帮助企业寻找所需技术。作为专业的技术与市场评估组织，NTTC 最为突出的是其技术评估能力，提供技术扫描、合作伙伴选择、技术匹配、寻求社会等类型资本注入、市场研究、技术预测的服务。此外，它作为连接联邦实验室技术和大学与企业的桥梁，是提供双向，甚至多向技术信息服务的平台。

美国科研院所和机构主要有 3 种技术转移方法：①独立设置技术转移机构，非州立大学一般会设置本校所属的知识产权经营机构来实现学校专利的转移转化，州立大学一般则会设置非营利性质的基金会作为技术转移的机构，州立大学这样做的目的在于免受所在州的法律干预；②由技术管理公司代为经营技术，主要通过代理高校和科研机构从事发明的管理和经营，其主要业务范围包括评估技术和专利，国内外知识产权申请、实施、估价、弹性授权策略等，甚至有的技术管理公司还会给大学里的一些研究提供初始阶段的经费支持；③以上两种均采取使用。

美国不仅重视大学和科研机构的知识产权产出，还非常重视中小企业的技术创新转化为知识产权、专利的成功率。基于此，美国政府通过政策等手段扶持中介服务机构和非营利性机构提供知识产权信息、数据库、最新资讯等服务。这些机构主要有：小企业管理局（SBA），其职能是实行各种担保和贷款计划，帮助企业获取资金，促进研究开发等；设立商务信息中心（BIC）、小企业发展中心（SBDC）和退休工商领袖服务团

（SCORE），由联邦政府或州政府拨专款支撑运营，主要职责为帮助小企业成功和政府签署采购合同，以达成合作。以上提供政策咨询和专利技术服务的机构的性质均为非营利性机构，目前已形成具有近一千个分中心的庞大的国家网络，为推动美国科技成果产业化贡献了巨大力量。另外，还有为中小企业专门打造的信息中心，该中心购置了精尖的计算机软硬件以收录大量的相关出版物和各方咨询，然后按期对外发布这些讯息和动态，促进知识产权信息在业内和业外的传播，解决了中小企业限于资源有限难以建立专属情报数据库的问题。

为了一些小企业发展中心来解决小企业的"5 年破产"难关，联系和鼓励学校、服务机构、社会组织无偿为小企业提供其所需要的帮助，如社会组织和政府在小企业发展提供合作和技术创新的意见。目前，美国大约有50 家中小企业发展中心在大学、行业协会和经济发展社团内建立了分中心和卫星网络。

美国国内出现了很多创业者受"专利诱饵"出现的影响创建的新兴公司，这些公司主要采取不同的专利分配方法来提高专利许可领域的市场效率，从而给美国的知识产权服务市场和行业产生了巨大的冲击。根据所采取的具体专利集合分配方法，可以将公司模式划分为 4 种：①视自身为专利拍卖组织者，海洋动力（Ocean Moto）公司曾设计了一种股票指数基金，可以持续追踪三百多家成员公司的专利实例，此举意在推动专利成为有价证券般的东西可以进行定值定价和市场交易。②视自身为其他公司的合作伙伴，致力于给大公司提供知识产权资产评估服务和利用。③视自身为投资者，专注投资那些在后续开发和诉讼方面需要对外求助的且拥有受人瞩目、社会关注度高的知识产权资产的公司。④持续购买专利和小规模的资产组合，然后单独维护。

综上所述，可以看出美国的知识产权服务机构和其他相关机构组织有着联系紧密的组织形式和功能交叉，甚至存在科技中介机构本身也是知识产权服务机构的情况，都在知识产权一系列的发展中发挥重要作用。另外，美国在这种形势下，如果只是单纯注重知识产权的研发和申请，会产生负面的影响。因此，必须同时注重知识产权从产生到投入市场整个过程的服务，以形成健康、健全的专利生态闭环产业链。

2. 日本知识产权服务的发展与实践

日本的知识产权法在第二次世界大战结束前就已经进行了多次重大的修改，到了 1980 年后修改频率更是以两三年为单位进行。也正基于此，日本的知识产权制度和知识产权服务体系至今已变得相对比较成熟了，也能够适应国际知识产权领域的新变化和新形势，并能及时做出调整，保持自身在知识产权领域的竞争力。除了法律的不断更新有助于竞争力的保持和提高，日本还越来越重视知识产权的保护对其竞争力的提升作用，先后制定并颁布了《科学技术基本法》《中小企业现代化促进法》《日本中小企业振兴事业团法》《科学技术振兴事业团法》《新技术开发事业团法》等一整套完善的法律体系。日本主要的知识产权服务机构大体可以分为三类：①以政府为主导的协调机构；②政企合作的组织机构；③企业自主自发创立的机构。

日本的经济体制呈现官民协商制（日本政府和企业之间进行关于合作的协商协调）特征，并且还侧重政府引导。与此相类似，日本的知识产权服务行业也是在政府的引导和调控下不断发展的，为企业的研发和知识产权转化运用提供外部的推动力，如扶持大学知识产权学科建设和人才培养。在形成这种运行体制的过程中，日本政府先后举办了日本知识产权战略会议，组建了多种形式的组织如国际知识产权保护论坛、技术转化协会和知识产权服务机构，以此为平台和桥梁沟通各主体。日本特许厅（JPO）具有一定的独立权力，负责法规受理、审查专利的申请工作。日本特许厅下设总务部，第 1 至第 5 审查部和审判部 7 个部门。日本特许厅还有国际工业产权资料馆和工业产权研究所 2 个直属单位。日本特许厅分别在 1998 年和 2003 年设立了执法事务局和知识产权保护中心，分别负责法律援助和处理国内外知识产权侵权和假冒问题、提供有关知识产权保护的咨询和收集涉嫌侵犯知识产权的外企的证据材料等。

2002 年，日本成立了国际知识产权保护论坛，该论坛的属性为政企合作组织，由 82 家公司及 55 个团体加入，涉及重工业、轻工业、商业等领域，目的在于维护本国企业的知识产权合法权益。论坛的具体活动包括四个方面：①对侵犯日企知识产权的国家的政府反馈并提出改进事项；②对频繁引起侵权事件的国家直接建立行业联系渠道进行协商解决；③与符合日本本国利益需求的各国法律事务所或调查公司等进行合作，分享知识产权保护手段；④构建政府间的协作机制，联合打击知识产权违法侵权行为。

日本知识产权协会（JIPA）是日本在 1938 年成立的一个非营利性的知识产权用户组织，现在已经扩大发展成为世界最大的非营利性和非政府组织之一。日本知识产权协会最初是由 10 个家电公司发起，其宗旨是对知识产权制度（包括日本国内和外国）进行研究和灵活运用，促进各会员的经营发展，并为技术的进步和产业的发展作贡献。现有会员 1000 多个（以企业为单位），包括私营和公共实体，如东芝、丰田、本田、松下等很多日本大企业，也有一些知识产权代理公司和律师事务所。作为民间团体，日本知识产权协会在知识产权实务和政策形成等方面有着重要影响力，几乎深入日本的各行各业，并且它对华交流比较积极。协会共设置 12 个委员会，分别承担不同的职责，主要包括如知识产权管理委员会、知识产权情报委员会、发明委员会等。协会的主要职能在于调查研究、搜集信息进行分析和反馈，如调查知识产权的制度、战略、管理、研发创新、奖惩等，搜集和提供最新的知识产权信息资讯，以会议或讲座、培训班的形式为协会会员提供定期的交流或专业培训。

几乎日本的所有企业都有一个共识：企业整体发展战略、知识产权战略和生产经营战略是最重要且必不可少的部分。日本本土的企业大部分都会在内部设立自己的知识产权管理部门，负责企业的知识产权信息搜集反馈、知识产权申请与管理、知识产权法律保护、给企业员工进行知识产权基础知识培训等工作，帮助企业在内部更加快速地完成从技术研发到转化运用，使企业的技术成果直接面向生产经营，因而该部门一般都是直属于企业的最高领导。基于日本本国一直以来对知识产权保护的重视的意识熏陶和实践，日本企业也一直将重视知识产权涉外作为根深蒂固的思想，主动进行海外申请。例如，美国在 2002 年统计的知识产权注册数据显示，前十名里有六家是日本企业。而日本的知识产权服务机构根据这些企业的能力水平提供差异化的服务，向本身具有较强知识产权管理能力和丰富资源的企业提供事务性支援服务，而对基础差、"底子薄"、资源渠道狭窄的中小企业提供以管理为主的服务。

在日本，一方面中小型企业的数量大、企业员工数量多；另一方面，中小企业的知识产权水平相对较低，财物、技术和知识资源也相对较弱，无法较好地处理企业的知识产权相关事务。日本政府根据中小企业的这些特点，有针对性地开始实施诊断，对中小企业各方面进行评估，根据结果提供优化方案和服务。这种制度很好地弥补了日本中小企业由于缺乏高级人才和专家而产生的大部分知识产权问题的缺陷。这是一种很好的诊断，具有政府认证资格的、高水平的技术和经济知识的诊断师能够为中小企业的发展提出有效的对策和良好的建议。此外，日本利用知识产权信息服务促进中小企业的发展，也直接或间接地促进了日本经济增长。

日本产业技术振兴协会（JITA）和作为特殊法人研究团体的日本科学技术厅下设的新技术开发团，其主要职责分别是将各类科研机构所拥有的技术专利（化学、机械、电子领域的技术偏多）和大学的科研成果等知识产权转让给国内企业，因此它的服务和知识产权转让对象以中小企业为主，经费则主要来源于政府拨款和财团赞助两种途径。日本产业规划中心（JILC）主要职能是进行产业规划，尤其侧重知识产权相关产业的规划及知识产权人才培养和储备等工作，其本质是一个基金会。随后该中心还在2002 年改组了日本技术交易所并重建技术市场部（宗旨是促进地区发展，功能定位为通过各种活动和数据信息库等手段促进技术转移）。

除了以上介绍的这些著名的日本知识产权服务机构，经日本政府官方认证的日本科学振兴机构（JST）和中小企业综合事业团（JASMEC）依法承接来自国家和政府设立的科技有关的项目。日本科学振兴机构成立目的是在创造技术的初始，营造良好的基础研究大环境，振兴科技，使基础研究和应用研究能够更顺利地、更成功地转移到企业并投入生产，变成商品流入市场。为完成国家的中期目标，JST 每项工作会以制订计划的形式上报国家，得到批准后按照批准的计划执行实施。中小企业综合事业团虽然能够为中小企业提供全方位的服务，但因其非无偿的中介服务，对寻求帮助的企业来说要承担一定的资金支出。如果需求者本身资金不足就可能需要通过申请"研究成果展开推进费"或"新事业助成金"等方式，来减轻支付中小企业综合事业团费用的资金压力。

除了官方组织和官方机构，日本还有很多民间知识产权服务机构，尤其是有很多民营、私营的服务机构。这些民营、私营的服务机构的业务主要倾向于提供多层次的知识产权，尤其是专利领域或行业的科技服务，东京大学先端科学技术研究中心就是这一类的典型代表，它是一家隶属于东京大学的一个顶尖科研机构。该中心主要从事两项工作，一是进行大学发明推销，二是与其他公司合作进行发明营销。在推销方面，东京大学先端科学技术研究中心先是承接大学里科研得到的技术成果，然后通过多种手段和营销策略将这些成果售卖转让给国内、国外的企业，因而也被视为大学与企业间之间的桥梁；在营销方面，研究中心努力拓宽营销渠道与大型知识产权信息服务企业签订发明营销合同，该中心作为一家股份制公司曾经就和日本著名的瑞普特公司签订了合同。另一类典型的民营机构是外资系统和银行系统的大型咨询机构，主要为政府部门、大中型跨国集团等提供咨询服务。这类机构的背后一般都有日本的大型财团或金融机构的影子，因而机构运转的资金和资源比较充沛，且依托他们会有丰富的实践经验及市场敏锐度。

日本在知识产权相关方面，例如，在科研经费、发表世界主要科学期刊的论文数量等方面都已经领先大部分国家，甚至排名仅次于美国，但仍有一方面日本做得还不够到位——大学的技术转移。从大学的技术转移角度来看，日本的发展进程被美国远远落下 20 年左右，是日本知识产权发展过程中的一大短板。针对这一问题，日本在实施知识产权战略时将提高大学和科研机构的成果转化意识、知识产权获取量及提升知识产权服务作为重点目标，并采取启动面向大学的知识产权经营、建立技术转移机构、专利数据库、专业培训等方法来强化大学的知识产权管理能力。

3. 英国知识产权服务的发展与实践

整体上看，英国早已建立成熟而运行有序的知识产权服务网络和市场机制，基本上所有企业或个体户都能在市场机制内健康、平稳地开展业务，因而英国的政府事实上并不需要对知识产权服务行业和市场进行大力度的引导和调控，也不需要制定个别方面的特殊扶持政策、优惠政策或采取什么激励手段。但这并不意味着英国知识产权服务的止步不前或发展停滞，英国政府在近 20 年的时间里曾进行了几次重大的科技决策，并进行了相应的知识产权服务改革，对英国整个科学技术中介行业，尤其是知识产权服务行业的发展产生了较大影响，英国的市场化程度再次得到大幅提高。

这几次改革中有三项重要的措施：①由通过公开招标的、独立的咨询机构来进行政府所有的评估，即由政府在科技咨询市场中购买服务。②将原本为公有的科研院所通过转制成为私有化的机构，并聘请一些科技工作者使其快速具备技术和知识产权服务。③拨出 1 亿英镑专款用于成立小企业服务局以辅助和推动小企业的发展。小企业服务局于 2000 年 4 月成立，并逐渐在国内数个地区建立了 200 多个企业联系办公室，是英国历史上首个专门针对小企业发展而设立的政府机构。小企业服务局及其下设的企业联系办公室在全英国构建了较为完备的企业网，能够向上反映小企业对政府方针政策的需求，向下为企业提供信息咨询和分析服务：涵盖创新与技术、信息通信技术与电子商务、法律法规解读、企业战略规划、从业者专业性提高、国际业务开展、销售与市场、资金流通与投融资等多个方面。通过这个企业联络网，还可以实现同类机构、不同类机构、同类主体和不同类主体跨地区联系和协作，实现技术成果转化与专利许可推广。这样看来，英国的小企业服务局实际上也是英国政府加强中介服务职能的新举措。一句话总结，英国的小企业服务就是公共知识产权服务和相关服务的提供商。

英国的知识产权服务机构从整体上看，大致可分为政府、公共和私营公司三大类。①前两大类的很多知识产权和技术咨询部门具有一个特征，那就是虽然不能将其属性界定为中介性质，但它们确确实实地扮演并充分发挥了中介性质机构的角色和作用。英国在这两个层面的组织机构，在国家科技政策和重大工程项目中扮演技术咨询的重要角色。一些大学里的或者依托大学的技术成果转化中心、科技园、专业协会等，则持续服务于英国在国际整体技术成果转化。②相比于政府和公共层面的服务职能主要与相关机构职能相结合（如英国的小企业服务局），私营层面更倾向于咨询、工程和商业相结合，并显现出商业运行的模式趋向。私营公司层面的典型是国最著名的技术集团（BTG），其一开始其实是专攻政府技术转移，但在 1980 年左右根据国家政策引导，开始走上民营化改革；后又跟随撒切尔政府的改革措施，转变成一个有限责任公司，并且渐渐地不再完全且单一地依靠大学和科研机构的创新和技术研发这一源头，公司推行了一系列关于拓宽技术来源的方案，在国际市场上占有一席之地，技术转移业务区域也逐渐拓宽到英国、德国、美国、加拿大和日本等众多发达国家，目前已经成为世界上最大的专门从事技术转移的中介机构，拥有 250 多种主要技术、8500 多项知识产权、400 多项知识产权授权协议。技术集团的主要活动包括合同研发、投资新技术企业、文献出版和交流服务、技术咨询、技术和人员转让、风险投资、授予专有技术权利和购买科技成果。

英国大学在知识产权经营方面做得很出色，最著名的剑桥大学、牛津大学和帝国理工学院等受内外力的驱动，在知识产权经营上取得了很大的成功。一方面，英国科技办公室下设的研究委员会为大学提供充足的创新研究经费，这些经费还为将大学研究时产出的各类成果高效率地转移和转化到企业和市场提供了重要的支撑，这是外在推力；另一方面，美国各个大学的知识产权实施效果和卓越成就促使英国学校更加注重知识产权的经营和转化，从而转化成英国大学知识产权经营的内在动力——获得非常可观的收入。英国大学根据自身的非营利性，在外部开了技术转移公司和知识产权经营机构。然而，即使英国大学在知识产权方面不断发展，政府和专家们同时也注意到其知识产权被技术集团长期垄断经营的问题。为此，英国政府有针对性地出台政策力破这种垄断行为，推动大学技术转移，为大学自主经营知识产权争取自由。

由于英国的创新环境和氛围相对较差一些，这就要求英国大学在技术转让前后要提供更多更高质量的服务才能弥补创新方面的差距，主要体现在为孵化技术和师生创业企业（企业名称可以包含校名）提供全套服务。这些增值服务给其他人带来了积极影响。

本小节主要阐述了美国、日本和英国在知识产权服务方面的发展历程和现状，并简单介绍了这三个国家具有代表性的政策、法律、机构、企业及其做法和贡献。可以看出，发达国家知识产权服务体系的发展也是在出现问题和解决问题的循环历程中积累出丰富经验，这无疑对稍落后于发达国家的、各类问题显著的我国知识产权服务体系的发展完善具重要且宝贵的借鉴意义，因而我国知识产权服务体系想要实现高质量发展并逐渐成熟，就应该出台政府层面科学合理的引导和激励措施，并规范服务市场运行秩序，形成稳定、健康的大环境，做好知识产权服务人才的储备，以及优化中介机构的功能。

1.2.5　世界主要国家及地区专利代理行业的准入制度

在当今创新引领发展的整体背景下，知识产权服务作为提升知识产权质量的重要"基础设施"，已经越来越成为促进国家综合能力提升和保证市场公平竞争的重要因素。专利代理行业是帮助企业进行专利申请书撰写、促进科技成果转化、提升专利质量、保护发明创新的重要主体。专利代理行业需要专业化的人才队伍支撑，世界上实行专利代理制度的国家，都有一套比较完善的专利代理制度和体系加以保障，同时，也形成了各具特色、各有所长的专利代理制度。

美国早在许多年前就已经建立起了数量比较庞大的专利代理人队伍，同时，美国的专利代理率也常年高居 95% 以上，这无疑为美国成为世界创新霸主提供了的重要支撑。反观德国，其专利代理机构和专利代理人数量虽远不及美国（这与国家人口有密切关系），但是其专利代理率却高达 95%，这说明德国对于专利申请的质量要求较高，其获得专利授权的专利质量相应地也非常高；日本在专利代理行业的发展模式与美国高度相似，但有所不同的是，其专利代理人考试的平均通过率极低，近年来仅有几个百分点，这说明日本的专利代理人考试极为严格，对于专利代理人的素质和能力要求也非常高，这也为其高度的创新经济和知识产权强国奠定了基础。

与上述发达国家的专利代理服务行业的发展现状相比，我国的发明专利申请量已位居世界首位。然而，我国专利代理机构和专利代理人的数量却不能有效地满足我国日益增长的知识产权申请数量。更重要的是，我国的专利代理率与上述发达国家相比非常低，常年在 70% 左右，这就造成了我国专利申请数量庞大、但专利申请质量低下的困局。这些都说明我国应该进一步扩大专利代理机构和专利代理人的队伍规模，进一步提升我国的专利代理质量。

分析其原因，一方面，可以看出我国是从改革开放之后逐步建立了自己的专利代理体系，与上述发达国家长达数百年的专利历史相比起步甚晚；另一方面，我国无论是在专利代理机构的数量上还是在专利代理人的规模上都远不及上述国家，质量方面存在较大差距。因而，我国的专利代理行业的发展赶上并超越国际上的发达国家还有着相当长的一段路要走。

通过对上述发达国家的分析可以发现，其不仅在专利代理机构和专利代理人的数量与质量上远高于我国，其专利代理率也超出我国许多。因此，通过与国际上的发达国家的比较，我们应该立足自身实际情况，找出自身问题所在，找准差距，立足我国实际提出具有针对性的政策建议。

1. 美国专利代理行业准入制度

美国专利制度的主要依据为 1790 年颁布的《专利法法案》，在资格获取方面，美国个人的专利代理行业准入按等级划分，分为专利代理人和专利律师。专利律师比专利代理人要求更为严格。专利律师的资格审查和注册工作由专利商标局和注册与纪律办公室（OED）负责，不仅需要考试还要对申请人的道德进行审查。

2. 德国专利代理行业准入制度

德国的专利商标局和律师协会共同起到管理和约束德国专利代理行业的作用。德国在专利代理方面比较严格，导致德国专利律师资格获取难度较大。德国专利代理机构有个人执业、合伙执业和有限公司三种组织形式。

3. 日本专利代理行业准入制度

日本是以《弁理士法》为基础建立的专利制度，并且由日本特许厅（JPO）和弁理士协会负责管理。相较于其他国家，日本的专利代理人考核通过率极低。

日本对在本国取得专利代理资格证书设有一系列的前提条件，如必须是日本公民或者在本国内拥有住所等。此外，日本的专利代理人资格考试极其严格，2015 年和 2016 年的通过率均在 7% 以下。除此之外，要想在日本成功取得专利代理资格，还需要通过入职前训练且在理士会有注册记录。

4. 奥地利、瑞典、欧盟等国家和组织的专利代理行业准入制度

（1）欧盟。欧洲是知识产权制度的发源地，在知识产权制度的发展和研究上领先其他国家或地区。欧洲各国政府在知识产权创造、运用和保护等全链条上都严格要求，严格管理，知识产权服务业的发展也很成熟，所提供的服务质量高，周到细致。以知识产权中最主要的也是最重要的专利为例，欧洲专利局是根据《欧洲专利公约》，于 1977 年 10 月 7 日成立，负责审查授予可以在 42 个国家生效的欧洲专利（European patent），其总部位于德国慕尼黑，有四个分局。欧洲专利局是政府与政府交流的组织，有 38 个成员国，覆盖了整个欧盟地区及欧盟以外的 10 个国家。欧洲专利局的机构设置分为 5 个等级，最高为局，最低为科，职位上只有一位局长。欧洲专利局的工作也包括专利代理人协会相关事务的处理，具体包括组建欧洲专利代理人协会，并设定专利代理人资格条件：组织的专利代理人考试，考试条件要求有两个，一是本科院校为理工类，二是具备一定的从业经历（按照学历进行划分：硕士以上 3 年，本科 6 年，本科以下 10 年）；制定专利代理人职业要求和规定，包括执业注册、加入协会等程序。

（2）奥地利。奥地利政府以《专利代理人法》为根本和依据，设置专利代理人所有的要求。在资格考试方面，报考者必须拥有本科学历（自然

科学类专业）及以上和实际工作经历时长要求。在执业要求方面，首要条件是顺利通过专利代理人资格考试，加入代理协会成为会员，可以个人、合伙或公司形式执业，也可以作为专利诉讼案件中的陪审法官、专家或律师。此外，奥地利还设立代理人惩戒委员会，只为在于管理和监督专利代理人的代理行为是否存在违反相关法律、是否违反行业条例。做出违反法律或者条例的行为的代理人由惩戒委员会裁定，视情节严重程度处以不同程度处罚，情节严重者会被取消其专利代理人资格。

（3）瑞典。瑞典的专利代理没有设置准入限制，因此任何人都可以从事专利代理服务，做专利代理人，但瑞典专利局正在积极推进立法来设定专利代理人资格认定标准和要求。瑞典国内有自由职业专利代理人协会、工业界代理人协会等。

（4）国外专利代理行业准入制度的特点。基于对美国、德国、日本的专利代理行业准入制度的梳理，将各国相关制度整理分析见表1.1。

表1.1 各国专利代理行业准入制度比较

国别	专利代理管理机构	执业形式	代理人资质考试报名条件是否需要理工科背景	代理人考试资格获得是否需要相关实践经验	执业前是否需要持有双证	执业前是否要求培训	是否对专利代理人道德诚信进行管理	是否强制要求专利代理人参加执业保险
美国	专利商标局（US-PTO）	个人执业、合伙制、有限责任制	是	是	是	否	是	否
德国	德国专利商标局（DP-MA）＆律师协会	个人执业、合伙制、有限责任制	是	是	是	是	是	是
日本	日本特许厅(JPO)＆专利理代人协会	个人执业、合伙执业	否	否	是	是	是	是

国别	专利代理管理机构	执业形式	代理人资质考试报名条件是否需要理工科背景	代理人考试资格获得是否需要相关实践经验	执业前是否需要持有双证	执业前是否要求培训	是否对专利代理人道德诚信进行管理	是否强制要求专利代理人参加执业保险
中国	国家知识产权局 & 中华全国专利代理人协会	合伙制、有限责任制	是	是	是	是	是	否

由上表专利代理行业准入制度比较可以发现，国外专利代理行业准入制度的特点如下：

①专利代理人严准入。首先，发达国家对于本国专利代理人的准入资格的设置都非常严格。专利代理人想要上岗，必须持有相关的职业资格证，并且还需要通过专利代理人资格考试取得代理人执照，这与我国的双证制极为类似。其次，其他国家还特别重视专利代理人在取得专利代理资格之前的一些实践经验。

②上述发达国家制度普遍宽松。在市场准入方面，上述发达国家与我国的做法相反。上述国家在专利机构市场准入方面普遍宽松，而我国则明令禁止专利代理人个人执业，并且对专利代理机构的发起人规模做出了详细的规定和要求。在专利代理人资格考试低通过率的背景下，代理机构的获准执业的门槛相对较高。

③注重道德诚信与监督管理。上述发达国家都对专利代理人的诚信和道德建设极其重视，并且通过颁布相关的政策法规对专利代理的诚信和道德禁区给予具体的要求和解释，如禁止专利代理人传播虚假消息、禁止其故意损害利益冲突客户等。我国在对专利代理人的诚信和道德建设方面，虽有一些相关的政策法规，如《专利代理管理办法》，但是其具体的规定尚不够翔实完备。

1.3 专利高质量发展对知识产权服务的战略需求

1.3.1 专利高质量发展的相关背景分析

1.3.1.1 我国知识产权工作面临的新形势

1. 国内经济高质量发展

伴随着我国改革开放的持续加深，这三十多年里我国经济飞速增长，经济发展方式也需要从规模速度型粗放增长转向质量效益型集约增长。"创新是一个民族进步的灵魂，是一个国家兴旺发达的不竭动力。"习近平总书记强调：创新是引领发展的第一动力，是国家综合国力和核心竞争力的最关键因素，重大科技的新成果是国之重器、国之利器，必须牢牢掌握在自己手上，必须依靠自力更生、自主创新，而创新和知识产权是密不可分的，保护知识产权就是保护创新，知识产权制度是激励创新、保护创新的制度，也是实施创新驱动发展战略的法律保障。创新科技成果必须通过实际运用转化为生产力，才能具有社会价值和市场价值。要想实现这一转化，必须加强知识产权的保护和运用，必须深化产、学、研、用结合，为全力推进知识产权强国建设提供内生动力。因此，在新形势下，知识产权的创造、运用、保护、管理和服务全链条工作都十分重要，缺一不可。"十三五"时期，党中央、国务院把知识产权保护工作摆在更加突出的位置，建立健全国务院知识产权战略实施工作部际联席会议制度，重新组建国家知识产权局，完善知识产权法律法规体系，有效提升了知识产权领域治理能力和治理水平。《国家知识产权战略纲要（2008—2020 年）》《深入实施国家知识产权战略行动计划（2014—2020 年）》及《"十三五"国家知识产权保护和运用规划》等都已经在 2020 年完美收官，我国知识产权事业取得了举世瞩目的成绩，成为了名副其实的知识产权大国。

世界知识产权组织（WIPO）2021 年 3 月发布的报告显示，2019 年，中国首次超越美国成为全球最大专利申请来源国，我国发明专利申请量仍占据世界第一的位置。截至 2020 年年底，中国专利申请量同比增长16.1%，以 68 720 件稳居世界第一，中国华为技术有限公司连续 4 年成为最大申请来源，申请量最大的前 10 所高校中有 5 所来自中国。2022 年 2 月

10 日，WIPO 发布的数据显示，2021 年我国申请人通过《专利合作条约》（PCT）途径提交的国际专利申请达 6.95 万件，同比增长 0.9%，连续第三年位居申请量排行榜首位。共有 13 家中国企业进入全球 PCT 国际专利申请人排行榜前 50 位，其中华为以 6952 件申请连续五年位居榜首。在持续取得不菲成绩之时，我们也要看到我国成绩单上的短板项和开始出现的各类亟待解决知识产权问题，以及需要提前预防的隐患。

2. 国际产业变革加速发展

经济全球化近年来在金融危机的余波中又遭遇了种种危机和风险。随着西方主要发达国家兴起的逆全球化风潮在全世界范围内迅速蔓延，保护主义、单边主义、民粹主义也给多边贸易体制带来诸多挑战。从欧洲的情况来看，2020 年 1 月 31 日英国正式"脱欧"，结束其 47 年的欧盟成员国身份；法国、意大利等国的右翼政党也气势汹汹来者不善。而在美国，自特朗普上台后就逐渐将多边主义及自由贸易规则抛之脑后，大肆宣扬"美国优先"，不仅立即退出了联合国教科文组织、《跨太平洋伙伴关系协定》及《巴黎气候协定》，而且扬言将退出联合国与 WTO 等国际组织。在这样的背景下，知识产权国际多边协助面临着严峻挑战。随着 WTO 多哈回合谈判陷入僵局，知识产权国际规则逐渐呈现由多边化向区域化转变的趋势。最近几年，美国接二连三的"退群行为"也使知识产权国际规则更加朝着双边化和单边化的方向发展。美国企图通过正在进行的美欧、美日等自贸协定谈判来重新定义国际贸易格局，这一行为很可能会改写包括知识产权在内的国际经贸规则。如果发达国家之间达成了双边自贸协定，而 WTO 改革进程却仍然踌躇不前，那么在世界贸易组织框架下的《与贸易有关的知识产权协定》将会被边缘化，该协定在原来的知识产权国际协调中居于核心地位。与此同时，我国在知识产权国际治理体系中的影响力和话语权也将受到沉重影响。2020 年以来，随着新冠肺炎疫情在全世界范围内暴发，世界各国深刻意识到了大流行病的负面影响，并且深刻体会到了全球产业链需要进一步加强和巩固，但是疫情也为反全球化主义者提供了新的"有力武器，这使全球化进程更是举步维艰"。

当前，一方面新一轮科技革命和产业变革深入发展，另一方面各种不稳定因素的增加加剧了全球化的逆流。新兴科技产业正在以前所未有的速度和力量发展，因此知识产权保护和知识产权服务在新兴技术领域及新兴技术在国际竞争方面的应用需求会持续上涨，应用程度也会加深。这会对各国的知识产权制度提出新的挑战，如何面对新挑战和新的机遇至关重要。我们必须对知识产权的各个方面做出科学、合理、及时、有力的回应。

1.3.1.2 专利事业以推动高质量发展为首要目标

推动高质量发展的核心就是要加快转变经济发展方式，变高速增长为高质量增长。2017 年 12 月，习近平总书记在党的十九大首次经济工作会议上将确定发展思路、制定经济政策、实施宏观调控作为我国未来一段时间内的重要任务。因此，聚焦知识产权层面上同样也应该将提升知识产权质量作为首要任务，其内涵上应当包括两个层面上的高质量发展。第一个层面，是将知识产权与现代化经济体系有机结合，并通过科学的知识产权战略加以合理安排。此外，我们在进行知识产权整体战略规划时，一定要跳出思维定式，不能单就知识产权谈知识产权，一定要将知识产权与我国的经济发展宏观战略结合起来，让知识产权成为我国经济迈上新台阶的催化剂。想要实现由中国制造向中国创造的顺利转型，必须发挥好知识产权对创新成果的保护作用。以前由于我国在知识产权保护方面的执行不力，造成我国粗制滥造、假冒伪劣产品盛行，我国迫切需要强化对知识产权的保护力度，净化我国知识产权领域的不良风气。党的十九大将建设现代化经济体作为战略目标，"十四五"规划将经济发展取得新成效列为主要目标之一，要实现目标就得以创新驱动、高质量供给引领和创造新需求。建设现代化的经济发展体系绝不是单一的，而是多系统的，重点是建设经济发展先行，各方协同跟上的总体格局。党的十九届五中全会曾明确指出，"坚持创新在我国现代化建设全局中的核心地位，把科技自立自强作为国家发展的战略支柱"。可以看出，知识产权在整个经济发展方式变革和重塑现代化经济体系中的重要地位。2017 年，我国商标注册申请量突破 500 万大关，因此，在了解知识产权对我国建设现代化的经济体系的重要作用之后，考虑如何制定知识产权战略规划就变成了重中之重。第二个层面，从知识产权自身进行变革以实现高质量知识产权体系的目标，从知识产权大国向强国转变，走向国际化。我国在"十四五"时期出台的《"十四五"国家知识产权保护和运用规划》（以下简称《规划》）曾指出"关键核心技术领域高质量知识产权创造不足，知识产权服务供给不够充分，知识产权制度促进经济社会高质量发展的作用需要进一步发挥等"问题，我国已经意识到在知识产权面临的"数量多，质量差"等困境。然而，这一困境并没有随着我国知识产权战略的实施得到及时有效的解决。2019年，我国有438万件专利申请，其中有227万件实用新型专利（这类专利所包含的技术性不强）。● 此外，在我国加大对知识产权保护的力度之后，出现了一系列的"副作用"。司法和行政部门首当其冲。近些年，随着执法力度加大，我国知识产权案件呈现直线增长的趋势，使我国司法和行政部门不堪重负。那么是什么原因导致这种现象出现的呢？其中一个主要原因就是国家所制定的规划中相关指标和所要达成实现的目标都过于量化，给出的是数字衡量的参照，没有给予质量型指标以充分的重视。

在这些指标的激励之下，地方政府为了完成业绩、提高绩效，自然就会制定对知识产权数量的具体规划，将实现数量作为重要目标。中央出台的一系列规划和政策文件都带有极大的"风向标"作用，想要将知识产权由数量引向质量，必须转变以往的重数量的传统观念，应以质量第一、效益优先的原则去制定政策，研究并提出新的质量导向型指标体系。因此，必须减少数量型指标的含量，增加能够反映专利质量高低的指标。另外，需要增加知识产权除创造方面的指标设计。知识产权的创造固然重要，但是如果没有后续的运用、保护和服务，知识产权的效益将会大打折扣，甚至完全成为"一纸空文"。

1.3.1.3 以实现知识产权治理现代化为基本路径

1. 推动知识产权治理的法治化

实现知识产权法理的法治化，就是要在社会主义法治思维的指引下，不断将法的精神融入知识产权的申请、授权、运用和保护的全过程中，不断在知识产权治理体系的构建和治理能力的提升上建立雷打不动的法治观念和法治原则。以往我国出现的一些知识产权事故就与缺乏法治观念有一定的关系，如我国有一段时间在驰名商标的认定上存在泛滥和低质现象；又如我国司法系统的不健全，导致我国知识产权侵权频发。针对此种情况，我国在未来可以从三方面入手提升知识产权治理的法治化水平。一是从知

● 国家知识产权局. 2019年世界五大知识产权局统计报告［R/OL］.（2021-12-21）［2022-04-02］. https://www.cnipa.gov.cn/module/download/down.jsp？i_ID = 172311 & colID = 90.

识产权立法入手。立法是法的基础和前提，如果一个国家没有科学合理和完备的法律，那么，法律执行得再好，也无法达到要求。因此，我国应该努力制订出一部符合我国实际国情和未来发展的知识产权法律，推动知识产权基础性法律落地。二是加大对执法环节的整治和建设。在法律确定之后，如果没有良好的执行，那么再完备的法律也只是一纸空文。所以，我国应该统一知识产权行政执法尺度和证据规则，提高知识产权行政执法队伍的执法能力和法律素养。三是加强知识产权法律意识的宣传，增强全民知法守法意识，在全社会形成一种尊重知识产权、尊重创新的良好风气，培养知识产权法律文化。

2. 实现知识产权治理的多元化

随着我国知识产权申请数量的不断增长和侵权案件的不断增加，实现知识产权多元化治理迫在眉睫。具体而言，可从以下两方面着手。第一，充分发挥知识产权调解和仲裁等传统替代性纠纷解决机制的作用。知识产权调解包括司法调解、行政调解和人民调解，但是目前我国主要还是以司法调节为主，行政调节和人民调解发展存在诸多短板，尤其是人民调解。司法资源是宝贵的，因此，对于一些比较简单的、琐碎的案件，应该更多由人民调解和行政调解解决，以充分解放司法的"双手"，释放司法资源。第二，更积极地探索利用行业协会、社会信用机制、互联网平台等新型社会化纠纷解决机制。随着治理理念的不断深入，各种社会中介组织和行业协会也逐渐参与治理中来并发挥着自身的作用。因此，我们一定要重视行业协会的作用，制定一套完善的第三方参与机制，引导和规范中介组织和行业协会的发展。

3. 正确处理好政府与市场的关系

处理好政府与市场的关系是中国经济体制改革的核心问题，也是知识产权领域深化改革、实现治理现代化的关键所在，是现代治理中"科学善治"的体现。中国共产党第十九次全国代表大会上的报告《决胜全面建成小康社会 夺取新时代中国特色社会主义伟大胜利》中指出，"必须坚持和完善我国社会主义基本经济制度和分配制度，毫不动摇巩固和发展公有制经济，毫不动摇鼓励、支持、引导非公有制经济发展，使市场在资源配置中起决定性作用，更好发挥政府作用"。《知识产权强国建设纲要（2021—2035 年）》明确指出，"健全以增加知识产权价值为导向的分配制度，促进知识产权价值实现……完善以市场为导向的高质量创造机制"。这无疑是对知识产权活动提出了"市场导向"的行动指向，也进一步强化了知识产权，尤其是专利承载的技术和市场之间的复杂关系。但就目前的现状来看，市场导向尚没有充分发挥出它的优势，知识产权保护方面政府必要的监管力度还有待加强，政府对知识产权的引领作用和对市场的规范约束作用没有得到充分体现，政府应该转变理念，加强主动监管、重点监管、联合市场监督局协同监管、推行信用监管和智慧监管的新方式方法。

另外，我国专利"数量大、质量差"的问题日趋显著，如何提升专利质量受到了社会各界的广泛关注。2017 年，国家知识产权局局长申长雨在国家知识产权局召开专利质量工作座谈会上指出："站在新的发展起点上，知识产权系统要认真贯彻落实中央提出的新的发展理念，努力推动知识产权创造由多向优、由大到强转变，实现专利数量质量协调发展，夯实知识产权强国建设的基础。"党的十九届五中全会强调"坚持创新在我国现代化建设全局中的核心地位"，专利质量作为创新型国家建设的重要组成部分，应该在构建新发展格局、推动高质量发展中发挥重要的支撑作用。2021 年 2 月，习近平总书记在《求是》上发表的重要文章中也特别指出："我国正在从知识产权引进大国向知识产权创造大国转变，知识产权保护应从追求数量向提高质量转变。"这说明中国正在建立高质量的经济增长模式，处于由知识产权数量大国向质量强国的重要转型阶段。然而，对于专利质量低下原因的分析和专利质量提升途径的探寻，尚未形成切实可行的思路和方案。近年来，政府部门关于专利审查、创新激励、研发投入、成果转化、市场监管等多方面推行的系列政策措施，如 2021 年知识产权代理行业"蓝天"专项整治行动，重拳打击违法违规代理行为，共约谈代理机构 2350 家，责令整改 2105 家，作出罚款与警告 220 件，吊销和停业 12 家机构，办案数量比机构改革前的总量还要多。北京知识产权局组织六区知识产权局开展专利商品联合执法检查专项行动；河南省开展了知识产权执法维权"雷霆"专项行动；湖南省长沙市开展了"护航"行动，随后又安排了长沙知识产权执法部门突击检查，来巩固"护航"行动的成效。这些行动对打击专利违法和专利侵权有着重要的作用，取得了显著的效果，但我们依然要理性地看到：光靠政府的专项行动是无法根除知识产权领域违法违规行为的，必须要让市场自身形成良好、稳定、健康运行秩序。因此，未来我国在知识产权领域的工作必须要先厘清政府与市场的边界，让市场在知识产权资源的分配和使用中真正发挥决定性作用。对于市场性质占主要的运用等环节，政府就要放权，"有所为而有所不为"；政府性质比较强的保护等环节，政府就要加强干预和管控。

1.3.1.4 以强化知识产权保护为核心环节

随着时代的变化和发展，我国在知识产权工作中的重点也在不断地发生着改变。在"十二五"时期，我国的知识产权战略部署是以创造、运用、保护和管理为重点的。到了"十三五"时期，我国将知识产权战略规划的重点就转移到了保护和运用之上，因此，笔者认为，在我国未来相当长的一段时期内，知识产权保护都应当被置于核心位置。

1. 知识产权保护是更适合列入国家知识产权战略规划的核心环节

国家知识产权战略规划作为国家级规划，其规划内容自然要与国家级规划相适应。在知识产权的各个阶段，相比于知识产权创造和运用，知识产权保护是最依赖政府和国家公权力的介入的，是依靠"司法+行政"的双重保障的形式加以保护的。而知识产权的其他环节，无论是创造还是保护，专利还是商标，国家机关都不宜干预，以防导致效率下降。就知识产权服务而言，除了知识产权公共服务需要由国家机关提供，知识产权社会服务也主要是由市场主体参与，公权力不宜介入运作。知识产权的管理也随着近些年的"放管服"改革流入了公共服务的范畴之中。而企事业单位的知识产权管理则属于市场经营行为，自然不应由国家进行"规划"。由此可知，知识产权保护作为在知识产权的各环节和各阶段中市场失灵最严重的领域，是相比之下最适宜公权力的介入和运作的。

2. 知识产权保护是我国知识产权工作中最需要强化的核心内容

2018 年，国家有关部门对我国国家知识产权战略实施十年来的绩效情况进行了评估。评估发现，战略实施十年来存在 3 个突出问题：一是高质量知识产权偏少，激励政策需要优化调整；二是知识产权保护存在维权难、地方保护等问题；三是创新主体的知识产权管理运用能力不足。这三个问题充分暴露出我国在知识产权保护方面存在的不足之处，包括政府失灵和市场失灵问题。近些年来，无论是在国内的政治声音还是在国际上的整体环境之下，有关知识产权保护的重要性都在日益加强，也同时得到了国家领导人和有关各方的极度重视。可见，未来一段时间，知识产权保护一定是我国乃至国际上知识产权工作的重中之重。

1.3.1.5 更加重视知识产权国际化战略

《知识产权强国建设纲要（2021—2035 年）》指出，为"全面提升我国知识产权综合实力，大力激发全社会创新活力，建设中国特色、世界水平的知识产权强国"，我国必须全方位、多层次参与推动知识产权全球治理的国际合作格局形成，构建多边和双边协调联动的国际合作网络。

1. 更加积极主动地参与知识产权全球治理

无论是面对中美的贸易摩擦，还是知识产权国际多边协作体制的不稳定，我国应该把反对单边主义和保护主义贯彻到国际知识产权领域的活动中，要始终维护多边贸易体制，增强在国际中的话语权，完善国际对话交流机制，积极主动参与国际相关组织关于知识产权规则的制定和修改完善，提出有建设性建议，促进形成更加普惠包容、平衡有效的知识产权国际规则，提出有利于我国和国际知识产权发展的见解，贡献中国方案，化解新一轮技术革命的多重挑战，积极推动国际知识产权领域在保护、运营、维权等多方面的平台建设、网络化、合作深入化，始终维护世界贸易组织、世界知识产权组织有关知识产权的协议或改革，以及体系构建。除此之外，我国还应在民族传统节日、传统饮食、遗传资源、各类民间工艺艺术等方面及申遗和转化为知识产权上下功夫。这些方面的国际法律也要不断完善，减少国外侵权行为的发生，保护我国优秀传统文化；积极推进与经贸相关的多双边知识产权谈判；妥善应对国际知识产权争端，加强与主要贸易伙伴的知识产权合作磋商。

2. 加强涉外知识产权沟通合作与援助服务机制

一是充分利用多元化的国际交流平台，积极推动国际合作的达成，宣传我国对知识产权发展的积极态度和中国观点，呼吁各国共同维护知识产权，加强知识产权领域的国际学术交流；完善国内知识产权立法，统筹推进《中华人民共和国专利法》《中华人民共和国商标法》《中华人民共和国著作权法》《中华人民共和国反垄断法》《中华人民共和国科学技术进步法》《中华人民共和国电子商务法》等相关法律法规的修改完善；促使其与世界知识产权组织、世界贸易组织的规则更好地衔接和适用。还要加强司法保护，加强司法保护与行政确权、行政执法、调解、仲裁、公证存证等环节的信息沟通和共享，促进行政执法标准和司法裁判标准统一，以法律为准绳审理侵权案件，不因国籍等问题而有所偏差，切实履行国家一视同仁地保护知识产权的义务和承诺；加强并利用好与外国企业、行业协会和媒体的交流，增进互信，通过外媒讲好中国故事；树立尊重和保护知识产权的优秀大国的国际形象，逐步修正一些发达国家及其国民对我国在知识产权方面的一些固有偏见和因信息滞后造成的误解；促进更高水平的对外开放，创造一流的国际商业和知识产权服务环境。

二是进一步加强海外知识产权保护，尤其是维权服务的配套机制建设，有序地构建起中国境外企业、有海外业务企业或权利人知识产权保护服务机制。还应拓展服务平台的覆盖范围，建立国际服务网络，完善跨境司法协作安排，加强防范打击侵犯知识产权犯罪国际合作，为在华外国企业的合法权益保护提供信息服务、法律援助和指导，积极营造有利于知识产权保护的环境；加强知识产权海外维权援助；建立国际知识产权风险预警和应急机制，建设知识产权涉外风险防控体系。

1.3.2 新发展阶段下知识产权服务的优化需求与现实条件

《中华人民共和国国民经济和社会发展第十四个五年规划和2035年远景目标纲要》明确指出我国在新发展阶段下的发展战略导向及目标："'十四五'时期推动高质量发展，必须立足新发展阶段、贯彻新发展理念、构建新发展格局。展望2035年，我国将……经济实力、科技实力、综合国力将大幅跃升……关键核心技术实现重大突破，进入创新型国家前列。"这表明如今，随着创新经济水平的不断提高，知识产权成为新时代产权的核心内容。从全球经济的角度来看，目前，知识产权已经成为世界各国进行综合国力竞争的关键和核心，谁在国际上掌握了知识产权的话语权，谁就占据了国际产业链的前沿和高端。近些年，各方有关统计数据显示，虽然我国的知识产权申请量早已跃居世界首位，这并不意味我国已经成为知识产权强国。实际上，我国的知识产权总体质量偏低。2019年数据显示，知识产权工具需求呈长期增长之势并推动全球经济朝着越来越全球化和数字化方向发展。2020年报告显示，2019年中国专利申请数量为140万件，位居世界第一，专利申请量近24年来首次出现下降，主要原因是中国实行了旨在优化申请结构和提高申请质量的整体监管转型，从而导致其申请量有所下降。由于知识产权与技术、创新和数字化有着密切关系，对中国而言，知识产权将会变得更加重要。2019年11月，中共中央办公厅、国务院办公厅印发的《关于强化知识产权保护的意见》

指出"加强知识产权保护，是完善产权保护制度最重要的内容，也是提高我国经济竞争力的最大激励"，并且要"重点提高实用新型和外观设计专利审查质量，强化源头保护"。2021 年 10 月，《"十四五"国家知识产权保护和运用规划》明确指出要坚持"质量优先"的原则，"坚持高质量发展方向不动摇，加快推动知识产权工作由追求数量向提高质量转变"。

随着我国开始重视知识产权事业的发展及一系列政策和措施的不断实施，我国的知识产权数量呈现爆发式增长，各领域和层面上的需求不断增大。知识产权服务作为知识产权提质增量的重要"基础设施"，其发展和完善对于我国实现知识产权强国目标具有重大意义。近年来，随着国家连续出台一系列关于知识产权服务的重要政策文件，知识产权服务的建设逐渐被提上日程，成为知识产权战略中的一项重要发展内容。2020 年 5 月，财政部办公厅和国家知识产权局办公室近日联合下发《关于做好 2020 年知识产权运营服务体系建设工作的通知》，其中明确经过 3 年的时间，在重点城市构建起规范化、市场化的知识产权运营服务体系，建立健全知识产权运用促进的制度规范，促进知识产权市场价值充分实现，支撑区域经济高质量发展。此外，通知还提出，中央财政对每个城市支持 1.5 亿元，其中 2020 年拨付 1 亿元。2021 年 9 月，《知识产权强国建设纲要（2021—2035 年）》指出，要"全面提升知识产权创造、运用、保护、管理和服务水平"，"协调好政府与市场、国内与国际，以及知识产权数量与质量、需求与供给的联动关系"。

在我国，知识产权服务机构主要是根植于我国的技术创新企业对于高质量的知识产权需求，其主要功能在于为技术创新企业提供各种知识产权服务，从而增强企业的创新竞争力。随着技术的快速变革及世界经济的进一步交融，以往的"单打独斗"式的创新已经不能适应当今时代发展的需要，越来越多的企业认识到与利益相关者进行合作创新的重要性。而且，随着我国知识产权事业的不断发展和国家知识产权战略的深入实施，越来越多的主体认识到只有不断地进行高质量的知识产权创新才能提升企业的整体竞争实力，单纯依靠质量低下的知识产权形成数量优势并不是长久之计。因此，借助知识产权服务，提升创新效率，将知识产权优势转化为核心竞争力优势是合作创新的必然选择，更能体现出在知识产权服务中开展合作创新的重要性。

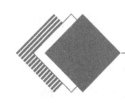

第2章 专利质量提升视域下知识产权服务的理论内涵

2.1 知识产权服务相关概念界定

2.1.1 知识产权服务业人才定义及分类

首先，知识产权服务业人才是一种专业型人才，即为确立、使用、维护知识产权而提供专业服务，具有本领域专业知识与执业资格的人员。其次，知识产权服务业人才是一种复合型人才，理想的知识产权服务业人才应有一定的理工背景和扎实的法学基础，并掌握一定的工商管理和经济学知识。单纯拥有法律知识的学生难以胜任知识产权的管理和应用工作。具体而言，知识产权服务业人才包括专利代理师、商标代理人、版权代理人、知识产权律师、技术经纪人、无形资产估价师、知识产权鉴定人等。具体情况如下。

（1）专利代理师。专利代理师是指取得专利代理师资格证书、执业证书，代理他人进行专利申请和办理其他专利事务的服务人员。专利代理师从业应具备一定的条件，首先通过专利代理师考试，由国家知识产权局颁发专利代理师资格证；然后在具有专利代理行业资质的企业实习满一年，在专利代理管理系统进行执业备案，取得专利代理师执业证，持资格证、执业证上岗。专利代理师的主要业务包括：为专利申请、运用、转让和保护等事项提供咨询，代理专利申请人撰写、修改、提交申请文件等手续，维持专利有效、帮助申请人代理专利审批中所需的各种手续及权利有效期间的缴费、权利公开项目等事务，担任诉讼代理人等。目前，专利代理师是我国知识产权服务业的主体力量和骨干。专利代理师资格考试制度自1992 年建立以来，其影响力逐年增加。经过 30 年的发展与完善，专利代理师资格考试已成为选拔培养知识产权服务人才的重要途径，为国家选拔和储备了一大批优秀的知识产权服务人才。截至 2020 年 10 月 31 日，全国共有 53 009 人获得了专利代理师资格证书，其中执业专利代理师约 22 768 人，专利代理机构数量达到 3156 家。❶ 在庞大的专利代理师队伍中，大部分还同时从事商标、地理标志等其他知识产权的代理，甚至有专利代理师还通过了国家司法考试并具有了律师资质，既是专利代理师又是律师。综上所述，专利代理师行业的特点有三个：一是产生时间早，存在时间长；二是资格评价体系完善；三是最具代表性，体现在专利代理师目前是我国从事知识产权服务的主体力量和骨干。换句话说，专利代理师专业水平高、资格评价体系完善、相对知识产权服务行业其他方面发展健全，因此可作为其借鉴对象，为其他行业的人才培养体系的完善提供指导建议。

（2）商标代理人。商标代理人的认证经过了从严格到简单的过程。1994 年的《商标代理组织管理暂行办法》指出，商标代理人是指获得资格证书并在商标代理组织内从事商标代理业务的专业人员。具体而言，资格证书与工作在商标代理组织是成为专利代理师的必要条件，缺少其中一个条件，都被法律禁止代理关于商标的事务。然而，2003 年国家取消了"全国商标代理人资格考试"。也就是说，商标代理人的认证无须经过专业考试，只需要向国家知识产权局备案通过的商标代理机构从事商标代理事务即可。准入门槛的放低给商标行业带来数量巨大的从业人员，但不可避免导致从业人员素质良莠不齐、层次复杂。而考虑商标事务的强法律性和高专业性，国家规定商标代理人个人不得直接接受委托从事商标代理业务，只能通过国家知识产权局备案的商标代理机构进行代理。

（3）版权经纪人（版权代理人）。版权经纪人指从专业的角度，保护出

---

❶ 国家知识产权局. 2020 年专利代理师资格考试顺利举行［EB/OL］.（2020-11-16）［2022-02-03］. https://www.cnipa.gov.cn/art/2020/11/16/art_53_154941.html.

版社与作者的利益，在法律上、权益的界定和保护上为客户方提供全方位服务的人才。版权经纪人的主要职责包括以下几个方面：一是发掘作品，对作者的创作能力进行评估，发掘作品市场中的优秀作品，以自己独到的眼光发掘作品的可开发度，并定期给作者提供一些创作的素材；二是策划编辑，与作者讨论、提供编辑意见，帮作者找到合适的被授权人，并保持被授权人与作者的联络，确保作品在设计和包装方面的质量；三是合约谈判，代表作者签订出版合同，与被授权人接洽谈判，同时要站在被授权人的角度去跟作者进行沟通，保证合作成交和利益最大化之间达到一种均衡；四是销售和市场推广，授权出版、销售其他附属权力，以及设计方案参与市场推广；五是版权保护，和律师合作，处理版权事务、打击盗版维权，以及可能产生的纠纷。版权经纪人作为作者与出版商沟通的桥梁，发挥自身的交际公关能力、谈判能力、市场经营和策划能力，代替作者处理出版流程所需的手续、包装和推销，并对后续的版权纠纷事务进行处理。保护版权这些举措一方面避免作者的作品不被市场接受的投资风险，让作者放手出版和发行；另一方面创造利于写作的环境，使作者安心创作。

（4）知识产权律师。知识产权律师是按专业划分的律师的一个分类，是指取得律师执业证书，同时也取得了专利代理人资格证书，主要处理专利、商标、著作权、商业秘密、不正当竞争等方面的诉讼和非诉讼法律相关事务和法律服务的执业人员。目前，知识产权律师包括三种情况：一是绝大部分知识产权律师是既取得律师资格证，又取得专利代理师资格证的专业人员；二是在律师事务所中取得专利代理师资格的专职律师；三是取得其中一项资格证且从事知识产权法律诉讼的专门执业人员。

（5）专利律师。专利律师是按专业划分的律师的一个分类，并非专有职业，是指取得律师执业证书，同时也取得专利代理师资格证书，且在律师事务所执业的律师。其主要工作内容包括但不限于：专利司法和行政诉讼、专利复审服务等涉及专利的各种法律服务。

（6）技术经纪人。技术经纪人指从专业的角度，在技术市场中保护技术交易双方的利益，目的是达成技术交易，以促进科技成果转化。其中，技术经纪人充当的是中介作用，其工作依法享有相应的佣金。

（7）无形资产评估师。无形资产评估师是指在无形资产评估机构注册无形资产评估师，对商标权、专利权、商业秘密等知识产权价值进行评估的专业人员。而在将知识产权名义上变现的过程中，需要遵循相关法律法规及业内的评估准则，并运用科学的方法。

（8）专利信息检索分析师。专利信息检索分析师是指拥有理工科背景，了解行业的基本技术和产业走势详情，使用专利检索工具从国际、国内专利数据库中进行专利检索分析，为社会各界提供全方位、专业化的专利战略分析、侵权分析、专利预警咨询和知识产权管理咨询等高端信息增值服务的专门人员。

（9）知识产权司法鉴定人。知识产权司法鉴定人是按专业划分的司法鉴定人的一个分类，并非专有职业。知识产权鉴定人需要依法取得鉴定人职业资格证书和鉴定人执业证书，并从事有关知识产权鉴定资格的鉴定机构。鉴定人受司法机关或当事人委托，运用自己的专业知识和技能，同时运用必要的检测、化验、分析等手段，判定知识产权的技术特征和有效性等内容。

2.1.2 专利质量的概念内涵

专利质量作为专利制度的一面镜子，其优劣能够反映出专利制度本身建立和运行是否完善，而欲探究知识产权服务对专利质量的影响机理研究首先需澄清专利质量之意义。外国学者对专利质量概念内涵的研究，大致分为两个视角：一是直接角度，直接对专利质量的概念内涵进行界定阐释；二是间接角度，通过对优劣专利的界定来反映专利质量的内涵。概括而言，主要有以下几种观点。

（1）法定标准说。这种观点将专利质量等同于法定的授权标准，即专利质量就是专利与法定授权标准的一致性。如旺格（Wanger）认为，专利质量是指授权专利满足可专利性法定标准（最为重要的是对新颖性、创造性、清晰且充分的描述），从合法性角度对专利质量进行阐释。科特比亚（Cotropia）也持有类似观点，其从间接角度认为专利若符合有效性要求，即其发明具实用性、新颖性、创造性，且公开要求和实施例皆充分，那么其专利即为优质专利。李（Lee）则从反面出发，将不满足可专利性标准的专利等同于问题专利或低质量专利。

（2）双重标准说。这种观点认为专利质量是两个方面的问题，一是专利是否满足法定授权标准，二是对技术指标的描述是否充分。如本（Ben）

将满足新颖性、创造性并对技术指标充分描述的专利定义为具有质量的专利。在这种情况下，专利在被挑战时不致无效。

（3）综合标准说。这种观点是对法定标准说的发展，从三个视角界定专利质量。一是对法定标准的满足度："专利是否满足可专利性范围、实用性、新颖性、创造性及充分公开要求和实施例。"二是专利权利要求效力及范围的确定性。三是从经济视角考虑，认为能够进行商业转化，创造经济价值的专利为有质量的专利。

此外，还有一些外国研究者通过比较专利价值与专利质量，来厘清专利质量的定义，主要有以下三种观点。

（1）等同说。该观点认为专利质量等于专利价值，专利的市场经济价值越高，专利质量就越高。

（2）区别说。该观点与等同说相反，认为专利质量与专利价值没有任何相同之处，两者之间关系密切程度不高。如瓦格纳（Wagner）认为，专利质量与专利价值虽然有时存有关系（理想上，两者之间具有高度相关性），但在其他场合拥有各自的特点。

（3）交织说。该观点认为专利质量与专利价值相关性甚高，关系甚密。如艾莉森（Allison）和蒂勒（Tiller）都认为，专利质量和专利价值相互交织在一起，无法区分："专利质量和专利价值密不可分""价值等同于质量加上其他因素"。

由此可见，大部分外国研究者对专利质量概念内涵的界定首先考虑授权专利是否满足法定的授权标准，即发明专利是否符合新颖性、创造性、实用性等标准。同时，有些研究者认为，以确定性角度考察专利权利要求的效力和范围也是评价专利质量的重要方面。除此之外，还有研究者突破法律的视域，认为专利价值依赖于那些远超法律考虑范畴的因素，比如把经济价值纳入考虑，认为有价值的专利可使有价值发明商业化。

"专利质量"的概念最早被我国学者关注可追溯到 21 世纪初，近年来学术界对"专利质量"问题的关注和探讨呈上升趋势。目前，与国外对专利质量的界定异曲同工，我国学者对专利质量的概念内涵界定也分为两种路径：一是直接角度，直接对专利质量的概念内涵进行界定阐释；二是间接角度，通过对优劣专利的界定来反映专利质量的内涵。总体上主要有以下观点。

（1）法定标准说。该观点认为，专利质量是授权专利是否满足法定的授权标准。如有学者认为，将专利质量界定为满足法定的授权标准的专利是恰当的，其底层逻辑在于这些学者认为专利质量中的"专利"是指受专利法保护的发明创造。还有学者认为，专利质量的概念内涵，从专利制度的基本出发，可简单地界定为专利与法定授权标准的一致性程度。那些被称为"问题专利"的劣质专利，就指的是不符合《专利法》所设定的标准和不满足《专利法》的要求而被错误或不当授予专利权的专利。这又从间接角度指出专利质量指的是授权专利在技术、文件等实质或形式的各方面与《专利法》所提出的法定授权标准和要求存在一致性，同时，专利质量还指满足《专利法》为推动技术应用提出的更高要求的程度。

（2）双重标准说。这种观点是对法定标准说的延伸和发展，其认为专利质量一是指专利是否满足法定授权标准，二是专利是否满足权力要求的范围。如有学者认为，专利质量本质上是指授权专利具有新颖性、创造性、实用性及满足说明书充分公开要求的程度。也就是说，如果一件专利技术水平高、说明书充分详细、具有市场经济价值并且能够经得起审查、无效和诉讼程序，那么这件专利就拥有专利质量。

（3）综合标准说。该观点认为专利质量是专利对一系列综合因素符合的程度。有学者从专利独占属性所包含的要素来界定专利质量的概念内涵，认为专利质量由三个要素构成：①专利长度，又称"专利寿命"，是指专利受到法律保护的年限，通常是政府通过专利法来明确规定；②专利宽度，是指专利保护范围，对侵权行为的惩罚力度；③专利高度，即专利权的三性，包括新颖性、创造性和实用性，它体现专利质量的技术含量。还有学者另辟蹊径，聚焦专利权人拥有的排他性，认为专利质量是指专利权人对法定授权专利的专利权行使排他性的程度，其观点从四个角度阐释：一是专利权作为一项纯技术角度，专利质量指专利本身的技术含量和创新性；二是专利申请符合审查标准的程度角度，包括专利申请书的质量和得到专利有关部门的授权程度；三是专利权所享受的权利范围，审查部门授予专利所占据的权利范围；四是经济价值角度，专利在商业市场中的价值，包括目前价值和未来潜在价值。

综上所述，我国学术界对专利质量概念内涵的界定与外国研究者的界定类似，研究者关注的角度、方法和内容各有侧重，但都先考虑专利的法定授权标准等法律范畴之内的要素。在众多观点当中，"综合标准说"突破法律的视域，除了考虑专利法的标准、充分公开要求和权力范围之外，还认为专利质量依赖于那些远超法律考虑范畴的因素，如专利长度、专利保护范围、专利高度等内容，增加了专利质量评价的难度，也丰富了专利质量的概念内涵。

通过对相关文献的整理可以发现，早期学者的研究主要遵循发现问题、分析问题和解决问题的思路。随着研究的不断深入，越来越多的学者开始运用多元视角看待问题，逐渐将目光转移到企业寻求知识产权服务的经济理性和投机倾向上。随着我国知识产权事业逐渐步入正轨，我国学术界对于知识产权的相关研究也逐渐丰富，我国学者的主要观点集中在知识产权服务职能方面，认为知识产权服务行业是企业进行技术创新及科技成果转化的重要辅助和支撑，如不断帮助企业进行知识产权申请、运用和转化等一系列相关工作。

虽然目前对于知识产权服务的研究取得了一定的成果，但大多数研究都是以定性分析为基础，实证研究的身影很少。更没有研究提出过一个完备的理论框架或者基于一个理论框架进行分析，探讨各因素间的相互作用及对合作创新行为形成机理的研究成果。因此，本书试图基于计划行为理论，通过实证方法构建合作创新行为形成机理模型，并且检验此间的中介因素和各因素之间的相互关系，以期全面了解我国知识产权事业中的专利代理行业的发展现状，为我国政府制定相关政策加强知识产权服务中的合作创新提供参考和借鉴。

专利代理师是与专利质量密切相关的专利制度实践者。截至 2020 年 10 月底，全国共有 53 009 人获得了专利代理师资格证书。其中执业专利代理师约 23 193 人，专利代理机构数量达到 3156 家。❶ 国家统计局的数据显示，我国专利代理率长期低于发达国家的水平，只有 70% 左右。针对此，国家知识产权局出台了一系列的办理办法，旨在增强专利代理师的综合素质和业务能力，加强专利代理师的职能划分。但是，如何才能做到有效提升专

---

❶　国家知识产权局. 2021 年全国知识产权服务业统计调查报告［R/OL］.（2021-12-01）［2022-03-24］. https：//www. cnipa. gov. cn/module/download/down. jsp？i_ID＝172507 & colID＝88.

利代理师的综合素质，又如专利代理师应该具备什么样的素质是一个值得深入研究的问题。

自从麦克莱兰（McClelland）在 1973 年首次提出"胜任特征"概念后，国内外学者从不同的角度对胜任特征进行了大量的理论分析与实证研究。主要有"特征观"和"行为观"两种派别。

但是以往的研究存在着诸多的问题。比如以往的研究大多是对专利代理师应该具备何种知识能力的研究，缺少对其个性素质的研究；以往的研究主要以定性和理论分析为主，缺乏实践基础。对于专利代理师绩效标准和知识结构的研究重数量、轻质量，同时存在要求不明确等问题。那么专利代理师应当具有怎样的胜任特征结构？如何借助高质量的专利代理服务提升专利质量？如何才能使专利代理师更好地服务于我国知识产权事业？这些问题显得尤为重要。因此，本书试图运用胜任特征词典，结合实际，运用实证分析方法，构建专利代理师胜任特征模型以系统性地解决上述问题。

2.1.3 专利分类

对于企业而言，知识产权并不仅仅是品牌形象的代言、获取高新技术企业的必备要素，它更是在激烈的国际化市场竞争中一支威力无比的航空母舰。但是，并非所有的知识产权都能发挥作用，以专利为例，专利的实质在一定程度上是法定的垄断技术，但是这种垄断和盈利不能等同，主要取决于对什么进行的垄断。如果垄断的东西没有人需要，就不算盈利，但反之就是一种盈利的行为。因此专利不一定都是有价值的，其价值由其质量决定。根据专利的质量可以将专利分成关键专利、外围专利以及垃圾专利。

1. 关键专利

所谓的关键专利，就是确实体现在产品之中的专利。但如果它已经作为产品同行的一个标准部分，就可以称为"标准专利"。此类专利一般无可替代，具备极强的盈利能力，就拿在风电行业起步较晚的美国通用公司来说，其关键专利在市场中体现着巨大的价值。例如，专利号 US5083039，有关提高发电机运行效率的变速控制技术，几乎成了风电领域内无人不知的杀手锏。其他的制造商如果想进入北美的市场之中，就需要支付许可或者是绕过这一专利进行新技术的研发。Opti-Slip 技术就由此诞生，歌美飒对 RCC 发电机进行研发，爱纳康对无齿轮箱的直驱低转速永磁交流发电机进行研发等，都绕过了这项专利，并使得机组的效率得到较高的保持，实现了技术的创新。除此之外，通用公司对 WindRIDE-THRUTM 技术进行了研发，并就此进行了专利的申请。此技术借助于对改变风机和变频器的控制及保护的功能，让风机在电网故障时可以拥有穿越能力（LVRT）。此专利的诞生立刻占据了市场的重要位置，US6921985（低电压穿越技术）与 US5083039（风力发电机变速控制技术），二者作为许可率最高的两项专利，一度为通用公司带来千万美元的利润。

2. 外围专利

外围专利虽没有在产品中体现出来，但是仍然有着自身的价值。外围专利是以关键专利基础的形式存在的。例如，进行研发的时候，先对一种方法进行考虑，并进行了专利的申请，但是在进行研发的过程中发现其中存在的问题，就此提出另两种更好的方法，这两种方法也进行了专利的申请。在一系列的权衡过后决定采用第三种方法，前两种方法在实际的产品中就没有体现出来，因此就属于外围专利。但是如果没有前两种方法作为研发过程中的关键，第三种方法就不会产生，从而外围专利在进行研发的过程中属于附属品或者中间产品。对企业的研发经验及研发能力实现了积累，虽然不能直接体现其市场价值，但是在对其他产品进行研发的过程中可能会体现出它们的价值。对于外围专利而言，其另外的一个价值就是对诉讼的避免，如果两家公司在进行竞争的过程中，一家公司对另一家公司的类似技术进行使用，并进行了另一个外围专利的申请，另一家公司对其侵权诉讼的企图就会受到抑制，因为该公司难以取证对手应用的是自己的技术还是类似的技术。

3. 垃圾专利

垃圾专利并不是实际研发专利的附属品或者中间品，它不能在任何的产品中体现，没有任何的价值。这样的结果是因为较低的研发水准造成，或者专利的指标不切实际而导致的凑数现象。因为垃圾专利也有着高昂的研发及申请费用，因此对于企业而言，属于负资产，应该严格杜绝。如果研发部门为了使任务尽快完成，对专利进行大量的输出，控制的环节十分薄弱，就会有垃圾专利不断产生，对研发的投入进行吞噬，造成企业财产的损失及名誉的破坏。对关键专利、外围专利及垃圾专利这三者的比例进行优化就是企业进行专利资产优化的实质。企业综合研发的实力可以从关键专利的数量来加以反映，因此企业要进行长期的投入及积累，专利的研发不是一蹴而就的。因此在进行突破方向的确定过程中，应该将企业实际的水平结合进来进行考虑，进而实现长期的企业竞争及专利研发计划的有效制定。对于外围专利而言，对这一类的专利进行大量的撰写，是企业在知识产权的竞争能力上实现进一步提高的必要手段，可以在研发的过程中进行大量的经验积累及实力提高，进而向着关键专利冲击。日本的很多企业对知识产权十分注重，精心进行布局，静待时机，使外围专利成为自己赚钱的工具。因此，企业应该对专利质量进行提升，对专利的资产进行优化。

2.2 知识产权服务的属性和特征

2.2.1 知识产权服务的特征

2.2.1.1 服务的团队与内容专业化

知识产权服务秉持"专业的人做专业的事"原则，是一项既包含法律服务，又包含专业技术服务的特殊服务。知识产权服务指对专利、商标、版权、著作权、软件、集成电路布图设计等的代理、转让、登记、鉴定、评估、认证、咨询、检索等活动。知识产权服务提供方借助"互联网+"的东风，构建专业的知识产权服务网络平台，服务提供人员包括但不限于专业申请人员、专业案件评估人员、专利布局专家和国际知识产权申请专家等，这些来自知识产权领域且具有多年从业经验的专业人才形成了专业的知识产权服务团队，为企业、高校及科研院所提供申请、评估、申诉等专业的知识产权相关服务。知识产权服务提供者先对服务需求方的领域和难易程度进行评估分析，最终确定合适的专业人士进行具体案件服务。知识产权服务借助专业化的服务团队、信息化的评估系统、专业化的服务流程、个性化的精准服务为企业或高校及科研院所提供技术评估、环境分析、撰写文本、专利挖掘、金融服务等，依靠各类市场主体的推动和相对完善的市场机制，促进知识产权的发展。

2.2.1.2 服务的响应与递交快速化

随着大数据时代的来临，知识产权服务提供者可以对需求方的诉求进行很快的响应，而这一优点得益于云计算、物联网、移动互联网等"互联网+"技术的发展。如知识产权服务者凭借知识产权服务网络平台可以在半小时内对消费者的需做出回应,在 24 小时内对经消费者确定的权利要求书移交国家知识产权局。这个速度相比传统服务机构的加急服务速度还要更胜一筹。在提供稿件撰写、知识产权咨询、代理、评估、诉讼等服务时,知识产权服务提供者借助平台在经由专业化的服务团队和信息化的评估系统评估之后,将案件分配给最合适最专业的人员,同时保持与用户实时沟通,根据其具体要求以最快速度完成个性化的服务提供,提高了知识产权服务的效率,真正做到了响应高效,递交快捷。

2.2.1.3　服务的质量与保密性好

由于知识产权具有专有性,所以知识产权服务企业设置了严格的审核流程和技术保障,并且服务全程都有强力的监督。在服务质量方面,知识产权服务提供者借助平台在经由专业化的服务团队和信息化的评估系统评估之后,将案件分配给最合适最专业的人员,并且通过两个以上专业审核员审核,同时保持与用户实时沟通,根据其具体要求以最快速度完成个性化的服务提供,确保产品和服务的高质量。在保密工作方面,知识产权服务企业秉持最大限度保护消费者信息原则,制定严格的保密措施,凭借高级信息加密技术和网络安全防护技术,实现案件智能化管理,同时确保案件保密性、完整性、可控性,防止数据泄密和丢失,加强安全性能。

2.2.1.4　服务的高效与低成本

得益于云计算、物联网、移动互联网等"互联网+"技术的发展,知识产权服务响应高效,递交快捷,降低了消费者费用的同时也为消费者省时间和心力。第一,消费者通过知识产权服务提供方的平台和网络化运营,将享受精简的服务流程,只需注册、下单、提交资料及支付就可以完成服务委托,若其中有任何问题,知识产权服务提供者都将实时与消费者进行沟通,足不出户就可以得到优质的知识产权服务,节省消费者的时间和心力。第二,借助于深化改革的东风,在实施知识产权强国战略大背景下,知识产权服务业高速发展,市场趋向饱和,服务价格下降,服务质量提高,同时"互联网+"技术的发展降低了知识产权服务企业的成本,节省了消费者的费用,做到物美价廉。

2.2.1.5　服务的业务与地域广

随着网络技术的发展，知识产服务逐渐冲破了以往的地域限制和空间限制，并且其业务范围和服务对象上也发生了较大的变化。现如今的知识产权服务企业不仅可以为客户提供一站式的知识产权服务，还可以不受地域与时间的约束，向全国各地甚至全世界的客户提供服务。此外，在服务对象上，知识产权服务企业不仅为大型公司提供相关服务，还可以为广大初创型小企业提供全程的知识产权指导。

2.2.2　我国知识产权服务业的成长特点

2.2.2.1　服务产业规模大、人员文化程度高

我国服务业作为产业结构优化升级的重点，在"十三五"规划期间得到了快速发展，知识产权服务业也呈现高速的上升趋势。图2.1是我国31省（自治区、直辖市）的知识产权服务机构数量分布图。从图中可以看出，我国知识产权服务机构在地域上分布不平衡，其主要集中在广东、北京、江苏、山东、浙江、上海等经济发达的城市和省份，整体上呈现出一种东部多、西部少，南部多、北部少的格局。这与我国经济发展格局基本吻合，也符合知识产权的本质特征。未来五至十年间，我国服务业产值将进一步超越基础产业的总产值，随着"放管服"改革的深入推进、营商环境的不断优化，可以预见知识产权服务业的未来发展充满机遇。各省（自治区、直辖市）知识产权服务机构数量分布如图2.1所示。

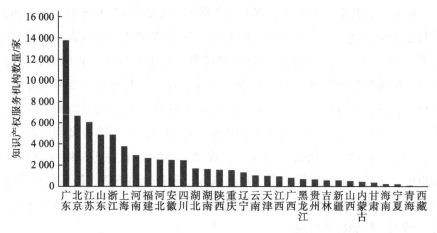

图2.1　31省（自治区、直辖市）知识产权服务机构数量分布

据统计，2020 年，我国知识产权服务业从业人员约为 86.5 万人，较 2019 年年底增长 5.6%。其中，大学本科以上学历比例为 75.4%，整体比例较高。从执业专利代理师学历情况看，拥有研究生以上学历执业专利代理师占 41.0%，大学本科学历占 53.5%；大学本科以上学历的执业代理师占比合计达 94.5%，学历结构优于其他从业人员❶。

2.2.2.2　人才聚集呈洼地效应

从分支机构的设立来看，截至 2020 年年底，全国共有 1802 家专利代理分支机构，其中位于北京的专利代理机构设立的分支机构最多，共计 911 家，超过 50%。从地区分布看，东部地区的知识产权服务机构数量最多，约占 66.8%，中部地区、西部地区和东北地区分别占 14.8%、14.5% 和 3.8%。其中，表现突出的地区：①以北京为中心的京津冀地区，该地区知识产权服务业从业人员数量截至 2020 年年底达到 28.4 万人，占全国从业人员的 34.2%。京津冀地区，尤其是北京服务机构呈现出多业态齐头并举的态势，新技术、新资本的进入推动北京地区知识产权信息、运营机构呈现聚合势头。②以上海为中心的长三角地区，该地区知识产权服务业从业人员数量截至 2020 年年底达到 18.4 万人，占全国从业人员的 21%。③以广州为中心的粤港澳地区，该地区知识产权服务业从业人员数量截至 2020 年年底达到 18.9 万人，占全国从业人员的 22%。广东省知识产权服务机构开展涉外业务的超过 2000 家，为粤港澳大湾区企业海外发展及知识产权国际交易等提供了有力保障。❷ 一个地区的知识产权创造、运用、保护能力直接关系着该地区知识产权服务机构和人才的多寡，而经济发展程度及结构又正面影响知识产权创造、运用、保护能力。也就是说，经济越发达，创新能力越强，知识产权服务发展就会越好，对人才的需求也就越大。知识产权服务人才及机构的区域分布差异导致的东南地区洼地效应，在于东、中、西部经济发展不平衡，"孔雀东南飞"的现象在知识产权服务业也就更为显著。

❶　国家知识产权局. 2021 年全国知识产权服务业统计调查报告［R/OL］.（2021-12-29）［2022-03-25］. https://www.cnipa.gov.cn/module/download/down.jsp? i_ID = 172507 & colID = 88.

❷　国家知识产权局. 2021 年全国知识产权服务业统计调查报告［R/OL］.（2021-12-29）［2022-03-30］. https://www.cnipa.gov.cn/module/download/down.jsp? i_ID = 172507 & colID = 88.

2.2.2.3 服务领域进一步扩展

随着我国知识产权领域的改革不断深化，我国知识产权事业在人才、内容和保护方面的数量和质量也在不断提升。具体而言：①知识产权的创造、运用、保护等服务范围和领域扩大；②由于知识产权投融资等相关政策的完善，商业银行的知识产权金融业务逐渐将中小企业纳入业务范围，延伸了知识产权服务内容；③在知识产权服务范围和领域扩大、服务内容的延伸的背景下，知识产权服务业催生了多种类、多数量、高质量的服务人才，其中包括许多新型服务人才。

随着知识产权服务业的快速发展，知识产权信息服务也呈现高速上升的趋势。国家知识产权局大力推动专利信息公共服务体系及其人才队伍的建设，2015 年确定 32 人为第四批全国专利信息领军人才，入选全国专利信息专家库；同时确定 81 人为第四批全国专利信息师资人才，入选全国专利信息师资库。[❶] 2015 版国家职业分类大典将"专利信息分析师"纳入其中是知识产权服务领域进一步扩展的佐证。国家知识产权局的直属单位，如专利检索咨询中心、中国专利技术开发公司、知识产权发展研究中心、知识产权出版社、中国知识产权培训中心、国家知识产权局机关服务中心、国家知识产权局专利审查协作中心等专利信息服务机构，这些直属单位一方面承担政府部门分配的公共服务任务，另一方面充分利用信息、人力、技术等资源，面向市场提供专利数据建设、加工、检索、软件研发等服务和相关应用培训，为企业、专利信息服务机构、知识产权政府部门、高校及科研院所搭建国际化服务和人才交流平台，推动国内外专利信息利用与分析。

2.2.2.4 专利信息公共服务体系的建设渐成规模

在国家知识产权局的主导下联合其他机构建成了初现规模的专利信息公共服务体系。首先，为便捷获取专利信息，国家知识产权局建设的规划和服务指南起了引导作用。其次，国家知识产权局网站建立了国家专利信息公共服务平台和地方信息服务中心及利用基地，提供专利检索、专利预

---

❶ 国家知识产权局. 2015 年全国专利信息领军人才和师资人才名单公布［EB/OL］.（2015-07-31）［2020-05-30］. https://www.cnipa.gov.cn/art/2015/7/31/art_53_116510.html.

警、专利申请进度查询、专利分析等功能。再次，为了鼓励支持行业转型升级，转变经济结构，促进技术创新，国家知识产权局联合国资委，针对行业协会建设了信息平台，已取得突破性进展。此外，民营机构，如北京东方灵盾科技有限公司、保定市大为计算机软件开发有限公司等民营专利数据服务公司在云计算、大数据、物联网、移动互联网等新兴"互联网+"技术的发展环境下，不断提高技术含量、创新服务形态、提升服务质量，并聚集了一批专门的知识产权服务业高端人才。最后，许多地方知识产权局搭建了省、市、县、镇四级纵向服务网，帮助中小微企业利用专利信息发展和进行从业人员培训。

2.2.2.5　建立专门的知识产权研究与教学机构

自2008年我国将发展知识产权上升到国家战略高度之后，为适应我国知识产权事业高速发展，支撑知识产权强国战略实施有效推进，知识产权服务业逐渐建立专门的知识产权研究与教学机构。①国家知识产权局在高校设立国家知识产权战略实施研究基地。现在基地队伍包括北京大学、大连理工大学、厦门大学等。研究基地的主要任务是对我国知识产权战略的资源、面临的国际形势、实施情况及进一步的发展政策建议进行研究。②高校成立知识产权研究所或教学研究中心，如中国社会科学院知识产权研究中心。此类中心的主要任务是承接国家部门的课题研究，针对我国知识产权事业发展的实际情况，总结借鉴国外的优秀经验，为相关法律、政策的修订和制定提供理论支撑，同时提供培训活动，力图为国家培养高质量的知识产权复合型人才。落地于高校的研究与教学机构，拥有高层次的专业人才、充足的资源资金支持，能够有效地培育一批高质量的知识产权人才。

2.2.2.6　复合型人才需求凸显

自国务院2008年发布《国家知识产权战略纲要》，将发展知识产权上升到国家战略高度之后，越来越多企业"走出去"与国际接轨，知识产权服务范围不断扩大，服务内容不断延伸，知识产权服务型人才也越来越受到企业的重视，需求也越来越多。反过来，知识产权服务人才的数量、质量和类型也不断增多。一些知识产权服务机构整装待发，在代理、申请、诉讼等基本业务的基础上，拓展新的服务内容，开发知识产权战略制定、高端咨询和审议、专利检索等新的服务领域。例如，北京东方灵盾科技有限公司将知识产权信息咨询服务作为主营业务，致力于为社会各界提供全方位、专业化的专利战略分析、侵权分析、专利预警咨询和知识产权管理咨询等高端信息增值服务。新领域的开发毫无疑问对知识产权服务行业人才学历、经验、心理、身体、道德素养等人才素质提出了更高的要求。如专利检索分析师的招聘要求包括：本科以上学历；拥有理工科背景；英语六级以上，需要熟练阅读英文专利文献（精通第二外语优先），能直接从国际专利数据库中进行专利检索分析；熟练使用常规检索工具；了解行业的基本技术和产业走势详情等。企业"走出去"的国际化战略带回来的除了业务的增加、先进的经验等好处，也带来了在发达国家日益增多的知识产权纠纷，这就需要企业在国际化道路上实施知识产权先行战略。具体而言，企业在进军发达国家之前，需要先对外国同行企业的专利、商标、版权、著作等知识产权的申请、挖掘布局、新颖性、法律状态、无效宣告等实施情况进行检索分析，尽可能避免知识产权纠纷，提高专利授权率，避免重复研发，减少企业成本，提高经济效益。而不可避免的知识产权纠纷，必须有专门的知识产权律师协助进行处理，这在一定程度上呼唤知识产权服务业培养更高素质、国际化的复合型专业人才。

2.2.2.7 知识产权培训服务发展潜力巨大

如上所述，我国目前主要由政府部门、高校组织负责知识产权人才教育与培训，内容较为简单、方式单一、市场化不够。随着国家知识产权战略实施以来，知识产权服务业人才需求日益旺盛，同时对知识产权服务行业人才学历、经验、心理、身体和道德素养等人才素质提出了更高的要求。这就对知识产权培训服务提出了更高的要求，市场亟须专业化、个性化、实用化的培训内容及素质化、国际化、复合型的培训服务。以知识产权培训为核心业务的服务机构作为传统教育与培训的补充，也逐渐崭露头角。如北京科慧远咨询有限公司、深圳崇德广业知识产权运营顾问有限公司等以专业的知识产权培训为业务特色，为从事知识产权工作的在职人员提供系统、规范、有效的知识产权专业培训，培养高层次的知识产权专门人才，同时向企业提供知识产权管理培训和顾问等服务，为今后知识产权服务业发展和人才培养开辟了新路径。

企业作为科技创新的主力，同时也是知识产权服务的主体。虽然我国已有多家企事业单位在专利代理、申请和技术秘密保护等方面取得巨大发展，拥有自主品牌，形成了一些国家或行业的技术标准。但大部分企业面临的情况是投入精力、财力、人力研发，却没有获得相应专利权力。只有少部分高度重视知识产权、有自己独创的具有较高市场价值的技术、有完善的知识产权体系的企业建立了独立的知识产权部门，如腾讯、华为、富士康等。目前企业拥有的研发人员数量和知识产权管理人员数量之间还未达到理想的平衡状态，知识产权管理人员缺口仍很大。这也从侧面反映出我国企事业单位知识产权意识亟待加强。自国务院将发展知识产权上升到国家战略高度之后，各省、市（区）知识产权战略也随之推进。在国家政策的支持下，京津冀地区、长三角地区及粤港澳地区等一批数量相当的科技企业开始重视知识产权的创造、运用、保护和服务，设置专人从事知识产权的服务和管理，甚至着手设置独立的知识产权部门。但还有为数相当的中小企业缺乏知识产权意识，缺少专业从事知识产权服务的人才，更别说建立专门的知识产权管理机构和工作机制。因此，我国技术企业和大中型企业的首要任务是建立与国际接轨的知识产权管理机构，培养高素质、国际化、复合型的知识产权管理、服务专业人才。

2.2.3　知识产权服务的内涵

知识产权，又称"知识所属权"，指权利人对其智力劳动所创造的成果和经营中的标记、信誉所依法享有的专有权利。知识产权属于无形资产，具有专有性、双重性、时间性等特征，其获取需要通过法定程序的认可，且只在有限时间内有效。

目前，关于知识产权服务概念的界定，国内外学者的理解各不相同，还没有形成完整统一的论述。国际学者经过探讨研究将知识产权服务业归类为知识密集型产业。根据美国研究者赫托格（Hertog）的观点，知识密集型产业即借助专业的知识、技术、信息技能来提供服务的中间型服务产业或组织。例如，美国商务部对知识产权服务业的定义本质上是将知识产权服务业归类为知识密集型产业，其认为知识产权服务业是为支持其他产业科技创新、技术进步等，以技术、信息、专利权为产品，融入科学、工程、技术等提供知识产权服务的产业。国内研究者对知识产权服务的定义各有侧重，有的学者从宏观上针对知识产权服务的主体、对象和内容来定义，如学者虞文武、王冬林和范丽恒等；有的学者从微观上针对具体的知识产权服务的特点来定义的，如学者邓社民等。其中微观层面主要有以下几种观点：①聚焦于知识产权服务的内容。杨武、付婧和郑红认为，知识产权服务即知识产权服务提供方以各类知识产权服务机构、社会组织为组织形态对专利、商标、版权、著作权、软件、集成电路布图设计等的代理、转让、登记、鉴定、评估、认证、咨询、检索等活动，而这一系列活动是以知识产权法律为基础的。②聚焦于知识产权服务流程。吴桐等指出知识产权服务是为了促进知识产权权利化、商业化、产业化而提供的知识产权"获权—用权—维权"等全过程相关服务。③聚焦于国家战略角度。国务院发展研究中心代表国家战略，认为知识产权服务是运用大数据、物联网、云计算、移动互联网等新兴"互联网+"现代化信息技术提供现代知识服务，其价值体现在信息服务的输送和知识产权上"。

2.2.4 知识产权服务与专利质量的关系

专利质量不仅能够保持专利制度的利益平衡机制平稳运行、评价政策措施及政策绩效、促进技术的开发和实施、影响市场主体对专利技术转移的投资信心，更能进一步促进创新及科技进步与发展、参与国际竞争。因此，针对目前的形势，对专利质量的研究成为专利界亟须解决的问题，但从不同的角度和不同的立场会有不同的看法，目前主要有以下几种观点：①技术性评价标准。朱雪忠和万小丽、艾莉森（Allison）和亨特（Hunter）、谷丽等认为专利质量与专利技术价值高度相关，评价专利质量的主要标准是专利技术的重要性和先进性。②法定性评价标准。学者斯科奇姆（Scotchmer）、格拉夫（Graf）、瓦格纳（Wagner）从发明创造满足"三性"和充分公开要求的程度来判断专利质量成为主要的法定性标准。③商业性评价标准。钱伯（Chamber）、刘玉琴、陶华等从商业化方面确定专利质量的评价标准，认为专利质量评价应包括对专利的价格或经济价值评价。

而从我国政策抉择的实际需要看，确立专利质量标准时考虑政府立场也是非常重要的。从政府立场出发，评价专利质量的标准，首先应该兼顾考虑法律、技术、经济等知识产权自身特性，同时更要在标准中体现政府鼓励创新和调控市场的政策导向。法律方面的评价标准主要从专利被授权后具备法定效力稳定性的角度对专利质量做出评估；技术方面的评价标准主要从专利技术创新水平的角度对专利质量做出评估；经济方面的评价标准主要从专利转化后创造经济效益的视角对专利质量做出评估；政策导向方面，由于市场失灵的不可避免性及市场主体的盲目性、自发性、自利性，企业趋利避害的本能导致产业结构调整及风险性较高的创新活动不被选择，需要政府鼓励引导，以弥补市场失灵。政府通过制定财政、法律、金融、投资、研发、采购、环境和战略等政策，引导各主体参与知识产权研发投入，推动各主体找准自身关键定位，营造良好的知识产权创新创造环境，为发明创造和智力创新成果提供有效的制度保障。

随着知识产权服务的重要性日益加强，我国于 2008 颁布《知识产权战略强国纲要》，这标志着我国的知识产权强国事业正式拉开帷幕。在此之后，2017 年 6 月，国家知识产权局发布的《知识产权人才"十三五"规划》所要实现的发展目标之一就是让人才对知识产权创造、运用、保护、管理和服务的支撑作用充分显现。2020 年，国家知识产权局发布的《推动知识产权高质量发展年度工作指引（2020）》要求加强全国知识产权信息公共服务体系基础设施建设，加快推进国家知识产权大数据中心和公共服务平台立项建设，并且落实《关于新形势下加快建设知识产权信息公共服务体系的若干意见》，新建一批技术与创新支持中心、高校国家知识产权信息服务中心，支持地方完善知识产权信息公共服务网点建设。2021 年 9 月，中共中央、国务院印发了《知识产权强国建设纲要（2021—2035 年）》，提出培育国际化、市场化、专业化知识产权服务机构，开展知识产权服务业分级分类评价。这说明知识产权服务是专利制度有效运转的重要支撑。知识产权服务的水平和质量对增强我国自主创新能力、科技成果转移转化、知识产权保护等具有重要影响。

2.2.5　知识产权服务的制度内涵

2.2.5.1　知识产权的制度内涵

21 世纪初，自主创新就已经上升到国家战略高度。2004 年 12 月召开的中央经济工作会议指出，"自主创新是推进经济结构调整的中心环节"，提高自主创新能力，是推动经济发展从要素驱动向创新驱动转变的中心环节，是保持经济长期平稳较快发展的重要支撑。中国共产党第十七届中央委员会第五次全体会议通过的《中共中央关于制定国民经济和社会发展第十二个五年规划的建议》指出，"增强自主创新能力，壮大创新人才队伍，推动发展向主要依靠科技进步、劳动者素质提高、管理创新转变，加快建设创新型国家。"同时，"十二五"规划强调知识产权在自主创新中的重要作用，提出"实施知识产权战略，完善知识产权法律制度，加强知识产权创造、运用、保护、管理"，以完善科技创新体制机制。党的十九大报告指出，"倡导创新文化，强化知识产权创造、保护、运用"，以加快创新型国家建设。上述论断表明，自主创新在转变经济发展方式的重要环节，而知识产权制度在自主创新体系中具有重要地位，建设创新型国家必须建设服务于自主创新发展目标的知识产权制度体系。在创新经济理论第二阶段中，创新经济学形成技术创新经济学和制度创新经济学两大分支。知识产权制度从创新环境、创新资源、创新主体、知识产权创新成果培育和产业化五个方面形成对科技创新的作用机理，构建公平竞争环境、全链条优质服务和安全稳健环境，从培育和激励两个方面直接影响创新行动能力，同时推动知识产权创新成果转移转化，以知识产权标准化促进产业化发展，通过资金扶持、产业化载体建设、产业化激励、专利标准化四个方面推动创新成果价值实现。可以说，知识产权制度是自主创新的基础和保障。

知识产权制度的规范与完善能够激发人类自主创新的动力，推动科学技术的进步，从而促进社会经济的发展。

（1）提供激励机制。人力资本是任何一个行业健康有序发展的源泉。知识产权事业的不断发展离不开创新型人才的不断涌入。加大知识产权保护使新产品利润提升，促进人力资本流入研发部门，激励更多的企业和技术人员持续不断地投入创新活动中去，实现创新活动的持续进行。显然，高技术产业迅猛发展必将能够加快经济高质量发展。

（2）提供创新资源。知识产权制度提供包括技术、智力、信息等资源，形成创新活动的必要条件。通过资源的提供和配置，推动科学技术的进步，从而促进社会经济的发展。创新主体方面，以知识产权管理运用能力促进创新主体竞争力提升，以知识产权宣传培训和奖励激励增强创新动力，从培育和激励两个方面直接影响创新行动能力。

（3）促进产业升级。知识产权的运用和保护能够促进转变经济发展方式，而产业升级是转变经济发展方式的结果，也是实现科技进步、经济高质量发展的必由之路。政府出台知识产权政策，促进知识产权的科技成果转化和保护，为知识密集型产业提供良好的发展环境，引导其布局，激励其发展，提升知识密集型产业的竞争力，增加创新在产业发展中的重要性，推动产业结构优化升级，实现经济高质量发展。此外，知识产权政策的出台，促进资本、技术、劳动力等生产要素优化组合，提升企业品牌知名度，增强品牌软实力，为产业结构优化升级奠定基础，从而带动经济走向高端化。

（4）营造创新环境。作为创新活动的"土壤"，创新环境发挥的是基础性作用。政府通过出台知识产权政策，建设知识产权制度，促进知识产权的创造、加强知识产权的转移转化、增加对知识产权的保护力度、优化知识产权服务，激励创新主体开展创新活动的积极性、促进创新要素的流通和配置，进而构建良好的创新环境，以公平竞争环境、全链条优质服务和安全稳健环境为创新保驾护航。同时，知识产权政策通过完善法律法规、加强司法保护、推进行政执法，以法律为创新发展的底线，有利于塑造尊重知识、崇尚创新知识产权人才发展环境建设，促进知识产权高质量发展的人文社会环境。

打通知识产权创造、运用、保护、管理和服务全链条，更大力度加强知识产权保护国际合作，建设知识产权强国，是《知识产权强国建设纲要（2021—2035 年）》（以下简称《纲要》）对我国知识产权事业发展提出的总体性要求。实际上为我国今后知识产权制度建设指明了方向。

（1）完善我国知识产权法律体系。20 世纪 80 年代，知识产权政策体系发展开始进入立法阶段，目前已形成了一系列政策体系：①国家层面的法律。目前，全国人大常委会颁布的相关法律有《中华人民共和国商标法》《中华人民共和国反垄断法》《中华人民共和国电子商务法》等相关法律，从立法层面确定了知识产权保护与发展的重要性。②行政法规。行政法规在规制行为中起到承上启下的桥梁作用，国务院制定的现行有效的知识产权保护与发展领域的行政法规主要包括：《实施国际著作权条约的规定》《计算机软件保护条例》《信息网络传播权保护条例》等文件，由全国人大和国务院制定的法律和行政规定为知识产权保护和发展提供了一个法律框架。③部门规章。其与国家层面的一般法律框架相配套，是有关法律和行政法规的具体化，如《专利代理管理办法》。④地方性法规。地方性法规在特定区域范围内具有法律效力的政策。然而该政策体系并未完善，因此为促进知识产权发展，加强知识产权保护，应当继续制定和完善相关的法律法规，真正做到有法可依；同时还要加大知识产权保护的执法力度，做到有法必依、执法必严，保证知识产权工作真正落实，使其更好助力我国创新型国家的建设。

（2）加快知识产权人才培养。发展科技教育和壮大人才队伍，是提升国家竞争力的决定性因素。《纲要》指出，要"营造更加开放、更加积极、更有活力的知识产权人才发展环境。完善知识产权人才培养、评价激励、流动配置机制"，"依托相关高校布局一批国家知识产权人才培养基地，实施知识产权专项人才培养计划"，努力建设一支精通国内外知识产权规则的高级专业人才队伍。通过保护知识产权、营造良好的人才发展环境、增加激励等方面，吸引高质量人力资本集聚知识产权产业，进一步促进科技创新。

（3）深度参与全球知识产权治理。《纲要》指出，"积极参与知识产权全球治理体系改革和建设"，"构建多边和双边协调联动的国际合作网络"。知识产权政策的出台，第一，通过产业转型升级和转变经济发展方式，有利于全面推进知识产权国家治理体系和治理能力现代化，从而全面提高我国综合国力；第二，通过实行知识产权国内保护和国际保护的双重保护体制，不断提高知识产权国际保护水平，扩大保护范围，构建公平合理、互利共赢的知识产权国际保护环境和国际政治经济新秩序，构建多边和双边协调联动的国际合作网络，有利于我国积极参与知识产权全球治理体系改革和建设，有效开展知识产权全球治理。

2.2.5.2 专利制度内涵

专利制度是能够有效配置市场资源的基础性制度，其与稳健的价格货币体系、开放市场、契约精神和其他形式的财产制度共同构建市场竞争秩序的基石，为国家实现由投资型、资源型驱动向知识驱动提供基础制度保障。作为专利制度运行的产物，专利权是最高形态的私有产权，不但能够有效引导市场竞争和商业发展，而且也正在成为国家财产存在和价值流转的重要载体。基于专利的私有权利及政府治理的双重属性，其完全能够在改进国家传统科技治理模式中发挥基础性作用。

创造、运用、保护是专利制度有效运行的三个重要过程。现阶段我国创新主体专利活动基本情况、社会公众对知识产权公共政策的需求，以及专利制度运行的情况可以通过专利调查一探究竟。在专利创造环节，现阶段国家专利体系中"小专利"所占比重越来越高，研发周期和成本降低；在专利运用环节，我国专利的实施比率高位运行，但也同时存在低实施收益情况；在专利保护阶段，在研发激励方面，现行的专利保护有待进一步加强。

1. 专利的研发周期与成本

虽然专利质量因行业、主体而异，但通常都需要达到一定的研发投资程度。因此，专利的研发成本可以看作衡量专利质量的一个关键要素。在专利创造环节，现阶段国家专利体系中"小专利"所占比重越来越高，研发周期和成本降低。2015 年中国专利调查显示，专利研发周期在 1~2 年的比例最高，占比达到 37%；其次是一年级以下的研发周期，占比为 29.1%；2020 年的调查数据显示，专利研发周期主要在 2 年以内，其中，研发周期在"半年到一年"和"1~2 年"的比例分别为 34.3% 和 33.4%。这表明我国授权专利研发周期呈现缩减趋向。从专利类型看，相对于实用新型专利和外观设计专利的研发周期，发明专利研发周期较长。在专利的研发成本方面，2015 年个人专利权人所拥有专利的平均研发成本集中在 10 万元及以下，占被调查个人专利权人的 66.9%；2020 年，我国专利研发成本在 5 万元以下区间的专利占比最高，为 22.1%；其次在 10 万元~50 万元区间，占比为 20.7%，且发明专利研发成本较高，在 10 万元~50 万元、50 万元~100 万元和 100 万元~500 万元区间的比例均明显高于其他类型专利。❶

2. 专利的实施与运用

在专利的实施转化环节，我国专利的实施比率高位运行，但也同时存在低实施收益情况。为了将脑力劳动者的成果转化为生产力，将专利由"虚拟"变为实际，通常可以通过自有、购买、转让、许可、产业化等多种形式实现专利的商业价值。专利的实施变现，是将专利从成本转化为社会资产与福利的重要途径。调查显示：2020 年我国国内有效专利实施率达到 57.8%。从专利权人类型看，企业的有效专利实施率相对较高，为 62.7%；高校相对较低，为 11.7%。从专利类型来看，有效外观设计专利实施率最

---

❶　国家知识产权局. 2015、2020 年中国专利调查报告［EB/OL］.（2016-07-01）（2021-04-28）［2021-09-30］. http://www.cnipa.gov.cn/art/2021/4/28/art_88_158969.html.

高，达到 65.0%；有效发明专利实施率相对较低，为 50.7%。❶ 在具体专利的实施方式方面，调查显示，2015 年至 2020 年，有效发明专利许可率在 4.5%~8.2% 范围内波动。许可实施的有效专利中，采用普通许可方式的占比最高，为 60.1%；其次为采用独占许可方式，占比 29.9%；采用交叉许可方式的占比为 9.3%。此外，我们也发现，我国自行实施专利的收益不高。如 2020 年专利自行实施收益在 100 万元~500 万元的占比为 12.3%；在 50 万元~100 万元的占比为 10.9%，在 10 万元~50 万元占比为 10.5%，还有 8.5% 的专利没有收益。❷

3. 专利制度的保护强度水平

专利制度的研发激励不完善、专利诉讼机制运转不畅，现行专利保护有待于进一步强化。关于专利保护的增强能否促进企业增加研发投入进行创新，学界存在两种不同的观点：一方面，有学者认为专利保护期的延长实际上是一种垄断，而垄断无可置疑是不具有激励作用的，也就是说专利保护实际上不利于创新。另一方面，其他学者在承认专利制度运行、保护过程中存在问题的基础上，指出专利保护有利于企业、高校及科研院所等增加研发投入，激励创新行为。《2019 年专利调查报告》显示，54.0% 的专利权人认为国内知识产权保护的水平需要逐步强化；认为保护需求迫切，应大幅强化的专利权人比例略有上升，占 19.1%。从专利权人类型来看，高校和科研单位认同国内知识产权保护需要逐步强化的比例最高，分别为 63.8% 和 61.0%。其他方面，专利拥有量越多、规模越大及战略性新兴产业，认为国内知识产权保护需要逐步强化的比例就越高。这表明高价值专利拥有者偏好更强的保护政策，反过来，专利保护也会反哺专利的创造研发。调查显示：77.8% 的被调查企业认为加强知识产权保护可以"激励企业进行创新"；70.6% 的被调查企业认为加强知识产权保护可以"提高企业的创新收益"。❸

---

❶ 国家知识产权局. 2020 年中国专利调查报告 [EB/OL]. （2021-04-28）[2021-12-09]. http://www.cnipa.gov.cn/art/2021/4/28/art_88_158969.html.

❷ 国家知识产权局. 2020 年中国专利调查报告 [EB/OL]. （2021-04-28）[2021-10-11]. http://www.cnipa.gov.cn/art/2021/4/28/art_88_158969.html.

❸ 国家知识产权局. 2019 年中国专利调查报告 [EB/OL]. （2020-03-20）[2021-01-15]. https://www.cnipa.gov.cn/module/download/down.jsp? i_ID=40213 & colID=88.

4. 专利侵权诉讼机制的运转情况

专利制度体系的有效运行依赖侵权诉讼机制对知识产权的保护力度。侵权诉讼机制能够保障知识产权人的权益，为其提供了一条避免其智力成果免受侵权的路径，促进了知识产权成果转化和产业化，是专利制度有效运行的重要保障。根据《2020 年中国专利调查报告》显示，我国专利侵权诉讼情况有以下几个特征：第一，专利权人遭遇侵权比例下降；2012—2020 年调查显示，我国遭遇过专利侵权的专利权人占比总体呈下降趋势，2020 年为 10.8%，较 2012 年下降 17.6 个百分点，较 2015 年下降 3.7 个百分点。第二，专利侵权诉讼高额赔偿比重逐步加大；2020 年我国专利侵权诉讼法院判定赔偿 100 万元以上的占比为 7.3%，较 2015 年增长 4.4 个百分点，知识产权侵权违法成本不断提高。但侵权成本仍然很低，超六成的诉讼只须承担低成本侵权赔款，其中：赔偿金额在 10 万元以下区间的专利权人占比为 25.7%，无赔偿占比 35.7%。总体而言，我国知识产权保护水平逐渐增强，但专利侵权成本仍然很低。❶

2.3 知识产权服务对专利高质量发展影响的相关理论基础

本书以知识产权服务对专利质量的影响机理为研究主题。其构思的理论源头包括但不限于：新古典经济学理论、新制度经济学、创新经济学理论、演化经济学、社会心理学和网络理论、服务经济相关发展理论、知识产权基础理论等理论。梳理和借鉴上述理论研究成果，一方面为本书的写作奠定理论基础，是本书研究的起点；另一方面为本章后续的研究工作提供理论支撑。

2.3.1 新古典经济学理论

新古典经济学有三个主要假设。①经济人假设。当一个经济主体在经济活动中面临若干不同的选择机会时，其总是倾向于选择能给自己带来更

---

❶ 国家知识产权局. 2020 年中国专利调查报告 [EB/OL]. （2021-04-28）[2021-10-11]. http://www.cnipa.gov.cn/art/2021/4/28/art_88_158969.html.

大经济利益的那种机会，即总是追求最大的利益。对于知识产权主体而言，要想获得高质量专利，提高收益水平、促进科技进步，甚至在国际上拥有国际竞争力，其必然会提高知识产权的创造、运用、保护和服务水平。②经济自由化。充分发挥市场机制的作用，这是经济交往国际化所带来的必然结果。但是政府可以发挥其在配置和提供公共产品方面的重要作用。知识产权虽然是一种私权，但在经济全球化的今天，其公共属性日渐凸显。从国家层面看，知识产权不仅是知识财产私有的权利形式，更重要的是知识产权是政府公共政策的制度选择，各国对知识产权制度的考量和选择，体现的是国家坚定的利益本位和强烈的政策立场。③资源的稀缺性。资源的稀缺性是指相对不足的资源与人类绝对增长的需求相比造成了资源的稀缺性。知识产权属于稀缺的范畴，国家对于知识产权的配置及制度设计出于对知识产权的保护，从而促进知识产权主体增加投入，进行科技创新，有利于知识资源的配置及增加社会福利。

2.3.2 新制度经济学视角

新制度经济学（New Institutional Economics）是一个侧重交易成本的经济学研究领域，交易成本是指在建立商品交易过程中，没有被交易主考虑到而损耗掉的成本。知识产权是最大限度降低交易成本的有效制度。交易费用是新制度经济学最基本的概念，该思想是斯科特在 1937 年的论文《企业的性质》一文中提出的。科斯认为，只要财产权是明确的，并且交易成本为零或者很小，那么，无论在开始时将财产权赋予谁，市场均衡的最终结果都是有效率的，实现资源配置的帕累托最优。交易成本理论的根本论点在于对企业的本质加以解释。在交易成本理论框架下，由于有限理性、投机主义、信息不对称等原因，会造成搜寻、信息、议价、决策、监督和违约等各种成本。明确产权是降低交易成本的最佳制度安排。交易成本较低的制度会带来资源配置较高的效率，交易成本较高的制度会带来资源配置较低的效率。

2.3.3 创新经济学视角

奥地利经济学家熊彼特（Schumpeter）提出完善以创新理论为基础的独

特的创新经济学理论体系。西方经济学界对于技术创新理论的研究主要经历了以下几个阶段：①技术创新经济学阶段。该阶段的代表人物是索洛（Solow），他认为技术创新是经济增长的内生变量，是经济增长的基本因素，但其不可避免受到市场失灵因素的影响，需要适当的政府加以干预。这一阶段的研究主要集中在将经济学与统计学理论进行有效结合，以经济部门的历史数据为依托，通过统计学解释经济增长的原因。②制度经济学和市场创新经济学阶段。第二阶段学者们开始关注除了技术以外影响创新和经济的其他因素。诺斯（North）聚焦于制度，提出制度经济学，将制度创新划分为五个阶段来解释经济增长。卡曼（Kaman）和施瓦茨（Schwartz）则关注市场，他们探讨了技术创新与市场结构的关系，提出了最有利于技术创新的市场结构类型—垄断竞争型市场，这实际上从垄断与竞争的角度对技术创新的过程进行研究。③国家创新系统理论阶段。英国学者弗里曼（Freeman）是该阶段的代表人物，他首次提出"国家创新系统"的概念，认为技术创新是由国家创新系统推动的。国家创新系统指的是政府、企业、中介机构等参与和影响创新资源的配置而形成的系统。在国家创新系统的关系网络中，行为主体们共享共同的目标，力图通过国家制度的安排促使技术创新。

2.3.3.1　长期增长理论和技术经济范式

有关国家创新体系动态研究的成果是一篇由弗里曼和佩雷斯（Perez）撰写的著作，重点论述技术经济范式的产生和发展、而弗里曼也采用这一范式去阐释现代科学技术如何为发展中国家的经济发展提供契机，促使其赶上移至超过先进的发达国家。

国家创新体系概念基于以下假设，即技术的利用是解释经济发展成果的一个重要依据，同时国家体制结构对经济发展和应用新兴专业技术的能力产生重要影响。因此，这并不意味着掌握了新兴技术的国家将最终成为主导经济体。对于这些掌握新兴技术的国家而言，更重要的在于控制这些技术的广泛应用和高效生产，即技术的传播。很多情况下，新技术最成功的推广应用及使用案例多发生在其他国家，而不是那些最先掌握该技术的国家。北欧国家很好地证明了小型经济体如何在几乎没有重大技术突破的情况下，在生产力方面取得了领先成果。

对于国家经济体兴衰的解释及一些能在较长历史时期内建立"绝对化势"的主要经济体的研究有助于明晰国家创新体系的概念。狭义的国家创新体系的概念只关注支持创造新技术和早期使用的国家是远远不够的，那些能够吸收、传播和应用新技术的国家也同样重要。

2.3.3.2 演化经济学

对创新体系文献贡献最大的是演化经济学家，且这一概念深深植根于演化经济学之中，也反映在对经济行为的基本假设中。据推测，行为人（个人和公司）在不确定性和有限理性的基础上开展工作，其追求的是令人满意的结果而非最佳解决方案。

演化经济学中最基本的分析单位是公司和程序。公司的差异性是由它们按照不同的管理程序运行而产生不同的结果。公司会制定新的程序以求在与其他公司的竞争中生存下来。另外，市场和机构扮演着选择机制的角色。凭借一些运气和操作技巧，一家公司可能会比其他公司实现更有效的常规运作，从而提高市场份额，而其他不那么幸运和缺乏技巧的公司则会走向消亡。从整个经济层面上看，这一演变的过程要慢于经济发展。

尼奥斯（Niosi）等人在一篇早期著作中提出，国家创新体系的概念应该更加明确地植根于演化经济学，并明确地使用其基本概念，如选择、多样性和再生产等。相反，演化论观点则隐含在创新研究的经验和历史研究中，包括纳尔逊（Nelson）、弗里曼（Freeman）和伦德瓦尔（Lundvall）在内的所有早期贡献者都指出演化经济学对经济行为（满意度）及管理程序的重要性。

创新研究及其对创新过程的深入分析包括了超出演化经济学核心范畴的思想。他们提出了确定研究对象的重要性，包括由虚拟网络构成的组织和将一个国家作为一个特定研究的对象。他们也将"距离"作为一个重要的分析维度。虽然演化经济学是作为一个替代性的经济理论而建立的，但是国家创新体系已经进一步朝着跨学科理论的方向展。

2.3.3.3 社会心理学和网络理论

基于经验的观点认为创新是一个互动过程，这与以米德（Mead）和杜威（Dewey）为代表的实用主义思想有着重要的共同之处。他们均认为社会由人与人之间的互动构成，并推测个体的思想通过与其他个体的交流而修正完善。此外，他们还提出了一个基于问题解决和学习讨论的社会变革理论，该理论认为重点关注互动交流对于理解社会如何发展和如何适应变化十分必要，国家创新体系理论在这些方面采纳了米德和杜威的理念。

同时，米德将假设检验与基于经验的学习相结合，提出了对于知识产生和学习的理解。更具体地说，他在实证研究和实践经验的基础上发展了其教育理论。该理论从未被视为最终的和封闭的演绎体系。这种观点在国家创新体系理论中是随处可见的。对创新过程的理解，即将创新视为"一个互动过程"，得到了实证研究的支持。该研究表明大多数公司都会与其他公司，以及从事新产品或工艺开发相关活动的研发机构进行互动交流。这与将创新视为"一种线性过程"的观点形成了鲜明的对比，这种线性过程认为新的科学成果或多或少都会促使新技术创新的自动产生。创新研究表明，虽然科学是创新的重要源泉，但并非所有科学都与创新有关，只有少数创新源自新的科学进展。

将创新理解为一种生产者和使用者以网络和非贸易形式相互依存建立长期互动的关系，是将国家经济体理解为国家创新体系的重要一步。

2.3.3.4 知识与学习地理学

在国家层面上运作的理论基础与基于知识的创新过程存在密切关系，创新被视为将不同的知识要素结合在一起，创新带来的经济影响将取决于不同的细识类型。约翰逊（Johnson）和伦德瓦尔（Lundvall）在其理论中制定了一种用于区分隐性知识和显性知识的知识分类法。詹森（Jensen）提出了一种适用于基于科学和基于经验学习的创新模式分类法。阿舍因（Asheinr）和克嫩（Coenen）对分析（科学）、合成（工程）和象征（艺术）知识库进行了区分，显示出截然不同的地理分布格局。

创新植根于不同类型的知识，这一观点与传统经济学理论形成了鲜明的对比。在传统经济学理论中，知识等同于可作为公共资源的信息。对隐性和显性知识，或基于科学和基于经验的知识学习进行区分十分重要。因为显性知识信息在地理空间上受到的限制较少，更容易在世界范围内自由传播。但隐性知识并非如此，它是通过基于经验积累的学习而获得的，往往具有高度隐含性，因此只存在于特定地点。

可以认为这种对创新的理解植根于经济地理学，哈格山德（Hagershand）是证明本地知识库如何及为何对城市和区域发展起到重要意义的先驱之一。地理知识和学习理论表明，隐性知识的传播需要一定程度的信任，地理空间上的邻近可以促进这种信任的达成。因此，隐性知识往往具有地域上的局限性。

不可否认，围绕知识与学习地理学的大部分理论工作都强调区域的功能，但这并不意味着国家边界会影响系统的定义。许多创新研究学者已经指出，创新过程包含跨国界的互动交流。

2.3.4　知识产权基础理论

1. 知识产权的概念

目前，学术界主要从法律、经济和技术三个角度对知识产权进行界定和研究。在知识革命兴起与经济全球化的今天，知识产权作为一种私权，其公共属性日渐凸显，知识产权的公共属性与国家的利益密切相关。微观上，知识产权有利于知识创新技术进步；宏观上，知识产权会对国家经济与社会发展产生不可估量的影响。

2. 知识产权的特征

知识产权最大的特征是无形财产。除此之外，从法律上讲，知识产权还具有其他特征：地域性、时间性及独占性。

知识产权的无形性是指其客体具有非物质性。具体而言，知识产权的客体相对于物权、债权、人身权来说，具有无体性，必须依赖一定的物质载体而存在，它是通过人们智力劳动所创造的精神财富或精神产品，如具有非物质性的作品、创造发明和商誉等。知识产权与物质载体的分离意味着取得、转让、侵犯物质载体都不等于获得、转让、侵犯其所承载的知识产权。

地域性是指知识产权除非有国际条约、双边或多边协定的特别规定，否则只有在其法定的国家或地区范围内才具效力。地域性的底层逻辑在于知识产权作为一国公共政策产物，依附于法律的强制规定而存在。世界各国依据自己国家的政治、经济、社会、文化制度制定了不尽相同的知识产权制度体系，因此具有一定的独立性。知识产权权利的范围、内容、获得、保护也完全取决于本国法律的规定。

时间性是指知识产权受到法律保护的年限，也即知识产权的长度。具体而言，大多数知识产权的保护期是有限的，只有在法律规定的特定时间范围内知识产权才具有法律效力，一旦超过法律规定的保护期限就不再受保护了。过了保护期限的创造成果将进入公有领域，成为人人都可以利用的公共资源，这是出于防止知识产权垄断、促进科技创新、社会进步的考量。

独占性是知识产权的专有性，又称"排他性"。未经知识产权的权利主体许可或法律特别规定而实施了控制知识产权专有权利的行为都会被视为侵权。知识产权的独占性与物权的专有性不同：首先，知识产权的独占性具有法定性；其次，知识产权与物质载体相分离；最后，知识产权受到的限制远多于物权。知识产权的独占性实质上是法律对知识产权的保护。维持知识产权排他性的法定性，有利于激励知识产权主体及全社会对知识产权的创造、运用、保护，促进科技创新从而推动社会经济的进步，以及提高国家的竞争力。

3. 知识产权的保护范围

世界知识产权组织（WIPO）在《建立世界知识产权组织公约》规定中界定的知识产权保护范围被大多数国家认可。知识产权保护范围包括下列客体的权利：著作权及其相关权利、科学发现、人类一切活动领域的发明、工业品外观设计、商标，制止不当竞争及各领域内由于智力活动而产生成果的一切其他权利。

2.3.5　计划行为理论

2.3.5.1　理性行为理论

作为研究认知行为最具有影响力的理论之一，发源于社会心理学的理性行为理论（Theory of Reasoned Action），认为行为的产生是由行为意愿所决定的，而行为意愿则是由行为态度与主观性规范共同决定的。该理论的前提假设是人都是有理性的个体，能够对所搜集到的信息资源进行系统整理和分析，并以此为判断依据，充分考虑是否要采取某项特定的行为及采取行为后会产生的影响。理性行为理论具有较强的开放性和适用性，它成功预测了多个领域的行为意向与行为，包括一般社会活动和消费活动等，其理性行为理论模型如图 2.2 所示。

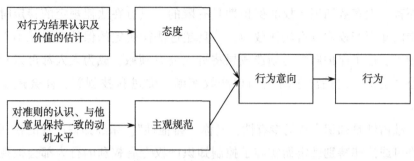

图 2.2 理性行为理论模型图

2.3.5.2 计划行为理论

计划行为理论是在理性行为理论的基础上演化发展而形成的。理性行为理论（Theory of Reasoned Action，TPB）认为人的行为的产生是由人的主观意愿所控制的，而人的主观意愿受到主观规范和主观态度感知的控制。该理论的前提是人都是理性的，有点类似于决策理论中的完全理性，但是这一前提假设逐渐受到了抨击，其解释力度也逐渐下降。因此，阿杰恩（Ajzen）在理性行为理论中引入了知觉行为控制这一变量来改进这一模型，从而提出了更具合理性的计划行为理论（Theory of Planned Behavior），如图2.3 所示。

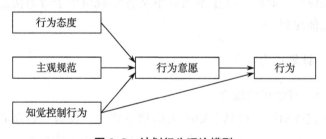

图 2.3 计划行为理论模型

在计划行为理论的三个变量之中，行为意愿是指主体对于进行某项行为的主观感知强度，是预测行为最直接的变量；行为态度是主体对于执行某一项行为正面或者负面的评价，反映了行为主体的积极或消极态度。主观规范是指行为主体所感知到的外界社会压力，主要表现为重要的他人或团体对行为决策的影响；知觉行为控制是指行为主体在采取某特定行为时所感知到的难易程度，反映了其对促成或妨碍采取行为因素的知觉。

2.3.6　服务经济理论

服务经济（Service-based Economy）是以人力资本为基本生产要素，以服务活动为主导的经济结构、增长方式和社会形态。具体而言，服务经济是指服务经济产值在国内生产总值中的相对比重超过 60% 的一种经济状态。它是经济发展的一个重要阶段，人力资本成为经济增长的主要来源，土地和机器的重要性都大大下降。以服务经济为基础形成的"服务产业"自 1957 年首次提出以来一直沿用至今。国内学者将服务产业等同于"第三产业"，即除第一产业、第二产业以外的其他行业。学界关于服务经济的研究中涉及了经济成长阶段论、配第—克拉克定理等。

1. 经济成长阶段论

经济成长阶段论又称作"罗斯托模型"，是由美国社会学家罗斯托（Rostow）从事件进展来分析经济成长的理论，是经济发展的历史模型。罗斯托认为人类社会发展分为 6 个经济成长阶段：传统社会、起飞阶段、起飞阶段、成熟阶段、大众消费阶段及追求生活质量阶段。起飞阶段，劳动力从第一产业转移到制造业；成熟阶段，投资重点转向资本密集型产业；大众消费阶段，主要经济部门从制造业转向服务业。随着经济的发展，人们日益重视休闲、教育、保健等消费的服务性与体验性。也正是这些需求推动社会经济不断向服务经济转变，即实现向大众高消费的跨越。

2. 配第—克拉克定理

配第—克拉克定理也称"就业关系理论"，其是关于劳动力产业间转移的分析的理论。配第基于 17 世纪末英国的实际情况指出，根据商业、工业、农业利润排名，劳动力转移方向为农转工，工转商。20 世纪中期，克拉克研究发现，随着人均国民收入水平的提高，劳动力从第一产业转向第二产业，再转向第三产业。配第—克拉克定理认为劳动力产业转移存在两个因素：第一，需求因素，随着人均收入的增加，服务业的需求将一直上升；第二，效率因素，不同部门存在不同的生产效率，服务业劳动力比重不断上升的原因在于服务业产品需求增长快于服务业劳动生产率的增长。

2.3.7 知识产权服务

1. 服务内容

知识产权服务是指以知识产权相关法律法规和政策为依据，各类知识产权服务机构或社会组织，利用自身高附加值的密集知识和技能为知识产权创新主体（企业、高校、科研机构）在知识产权创造、运用、保护和管理过程中提供全方位服务，旨在实现知识产权的创新价值。具体而言，知识产权服务是一项既包含法律服务，又包含专业技术服务的特殊服务，包括对专利、商标、版权、著作权、软件、集成电路布图设计等的申请、质押、代理、转让、登记、鉴定、评估、认证、咨询、检索等活动。

2. 知识产权服务分类

根据分类标准的不同，知识产权服务也有不同的分类方式。从知识产权创造、运用、保护的过程出发，知识产权服务主要分为以下7种。

（1）代理服务。知识产权代理服务是伴随着我国知识产权制度的实施而出现的，其主要目标是保证脑力劳动者的利益最大化。目前，我国代理服务服务内容已经得到普及，非常成熟，拥有数量可观的从业人员和机构，制定了行业标准规范。代理服务是指对知识产权权利人提供专利、版权、商标等多形式的知识产权申请、转让及维持服务。

（2）咨询服务。知识产权咨询服务是进行其他服务的前提和基础。广义上，客户对于任何涉及知识产权问题的请教、询问、商议等内容，都可作为知识产权咨询服务。狭义上，它是指服务机构为知识产权权利人提供的知识产权创作方向、知识产权预警、有效性判断与分析等法律咨询服务活动。

（3）知识产权交易服务。知识产权交易是将脑力劳动者的成果转化为生产力，是知识产权由"虚拟"变为实际的重要过程。它主要是指知识产权服务机构对专利、商标、著作权、植物新品种、版权等所进行的交易、转让、许可等一系列市场行为。

（4）知识产权运用服务。知识产权运用是知识产权过程的核心阶段，即将创新成果转化为生产力，是知识产权经济社会价值实现的重要渠道，是推动知识产权价值实现，促进经济创新发展的一个关键环节。主要是指围绕知识产权成果转化而产生的相关服务，包括专利技术转移转化、产业化、版权使用、专利维持、专利许可、专利转让等。

（5）知识产权保护服务。知识产权保护是知识产权的核心。知识产权保护是指对已经取得法律授权的知识产权依法维护其正当权益，保护发明人的劳动所得。

（6）知识产权信息服务。知识产权信息服务是指服务机构为知识产权权利人提供数据深加工、信息分析、数据库开发、软件开发等服务，以帮助知识产权权利人在研发方向和思路方面做出更好的选择。

（7）知识产权培训服务。这项服务指培训服务提供者（包括高校、政府、企业及行业协会等）为从事知识产权工作的在职人员提供系统、规范、有效的知识产权专业培训，培养高层次的知识产权专门人才，同时向企业提供知识产权管理培训和顾问等服务，为今后知识产权服务业发展和人才培养开辟新路径。

另外，从知识产权政策的内容出发，知识产权服务包括对专利、商标、著作权、商业秘密、集成电路布图设计、植物品种权等对象在创造、运用、保护、治理全链条过程中涉及的服务，具体内容整理如表 2.1 所示。

表 2.1　知识产权服务分类

领域	服务内容
专利领域	专利申请、代理、诉讼、调解、仲裁、司法鉴定、咨询、维权援助服务，专利技术孵化转移、投融资与商业化，专利许可贸易，专利技术秘密与技术标准，以及专利信息服务
商标领域	商标注册代理、转让、司法、咨询、信息、许可贸易服务，与商标、"著名商标""驰名商标"有关的工商服务，商标行业社团等
版权领域	包括与新闻出版、广播、电视、电影、音像、文化艺术、娱乐和体育有关的版权代理、转让、海外作品登记、版权使用报酬收转、版权贸易等
植物新品种领域	品种权申请代理、展示交易、品种特许，新品种咨询、销售、推广、信息提供及司法、社团服务等
地理标志领域	为地方名、特、优产品申报地理标志提供咨询、策划和代理服务，在地理标志产品注册、产品质量证书、生产许可证、计量与标准化管理、技术标准、生产工艺、操作流程和质量控制提供帮助

领域	服务内容
其他	知识产权的资产评估与会计审计、信息检索与分析加工、教育、培训和对外交流，以及其他与知识产权相关的金融、现代商业和公共基础建设方面的服务

第3章 知识产权服务人才与专利质量

3.1 知识产权服务人才的相关理论分析

3.1.1 问题的提出

随着经济发展方式的不断转变，知识产权的重要性和地位不断加强。知识产权强国建设意味着经济强国和科技强国的建设，是世界各国在当今时代参与国际竞争的关键。如今，我国正在加快转变经济发展方式，由以往的负责全球产业链底端的制造任务为主向产业链高端的创新为主转变，知识产权是保护创新的重要屏障，在科技创新中发挥着重要作用。

《2012 年世界知识产权指标》显示，2011 年，我国的专利受理数量已经超过美国，成为世界上最大的知识产权申请和受理国家。但随着我国专利数量的爆发式增长，相关的配套机构和设施却没有得到有效供应。其中，以专利代理机构和专利代理师的缺乏最为严重。专利代理是影响专利质量高低的重要因素，也是专利最终得到受理的重要一环。我国专利代理机构和专利代理师的缺乏与我国与日俱增的专利数量之间出现了较大的不匹配现象，在一定程度上制约着我国专利数量的进一步提升和专利质量的发展。相关统计结果显示，截至 2018 年，我国的职业专利代理师数量有了长足的提升，达到了 1.8 万人，但是，即便是这样的数量也远远滞后于我国的专利增长速度。随着我国近些年来专利政策的不断实施和专利制度的不断完善，我国每年新申请专利中通过专利机构渠道进行申请比重的不断上升。2014年全年新申请的专利中，有72.8%的专利为专利代理机构完成。但是，这样的数据还远远不及发达国家，发达国家每年提交的专利申请有95%以上都是通过专利代理机构完成的。这些数据说明，我国专利申请中的专利申请书多是由申请人或专利权人自己撰写，这样做虽然节约了成本，但是不利于专利后期的保护和专利质量的提升。2014年，建设知识产权强国成为我国未来发展的重要目标。专利代理行业的健康发展对于我国提升专利质量、建设知识产权强国具有重要意义，国家知识产权局于2015年颁布并实施最新的《专利代理管理办法》，旨在规范并提升我国的专利代理水平。2019年开始正式实施的《专利代理条例》，进一步明确了参与专利代理的各方主体的合法权益与义务。

国家知识产权局于2010年发布《知识产权人才"十二五"规划（2011—2015年）》报告中指出：我国的知识产权人才建设存在高端人才短缺、人才结构不合理、人才布局失衡等一系列问题，这些问题使得我国知识产权事业的发展大受掣肘。2017年发布的《知识产权人才"十三五"规划（2016—2020年）》中提到："十三五"时期是我国知识产权事业发展的攻关期和初创期，知识产权事业的各项需求都极为突出。本领域内的高水平专业人才不仅是知识产权事业良好发展基础，也是其核心，知识产权事业比任何时期都更加渴求人才。人才工作是一项基础性、长期性和系统性工作。人才队伍的建设和培养需要多渠道多部门的联合与协作，高校作为培养人才的第一站应该起到带头作用，同时政府也应该出台相关的政策法规对人才培养起到积极引导的作用。目前，我国的专利工作全流程可以分为"创造、运用、保护和管理"四个阶段。其中，专利代理师的职责主要体现在专利前期的申请方面。我们应该扩展专利代理师的职责范围，使其可以覆盖系统工作的全流程，进一步强化专利代理师的优势和作用。专利代理师不仅可以在专利申请阶段为专利申请人撰写专利申请书，还可以在后期的专利运用、转化阶段，为专利权人提供专业知识的指导，是专利发明人、企业与市场之间的桥梁。然而，目前对专利代理师的整体素质考评还是以量化指标为准，单方面考虑专利代理师所代理的知识产权数量，缺乏对专利质量的评价指标体系。那么，对于专利代理师应具备何种胜任特征结构和素质结构，以及如何设计专利代理制度才能促进我国知识产权事业的良性发展的研究就显得尤为重要。

因此，本章运用量化研究方法和扎根理论探索专利代理师的胜任特征，并且基于此开发胜任特征量表，以期建立专利代理师胜任特征理论模型。本章通过发放调查问卷的方式对专利代理师的各方面素质与能力进行量化测评，以验证我们开发的专利代理师胜任特征模型，以及为培养和储备中国自己的知识产权人才建立基础的指标体系。

但是对于专利代理师在实践工作中应该具备怎样的素质，现有的研究还没有形成一致的共识。再加上目前的相关研究多是以定性研究为主，现有的研究结论缺乏一定的指导意义和可操作属性。因此，建立一套具备实际操作可能性的指标体系，使其应用到具体的专利代理师的遴选和培养工作之中就显得尤为重要。

（1）理论意义。对于专利代理师胜任特征的研究可以丰富有关专利代理师的胜任特征理论模型。同时，其也是一种对以往的传统定性思辨方法的突破和创新，运用定量研究方法开发并构建模型，以崭新的视角为专利代理模型进行构建。

（2）实践意义。对专利代理师胜任特征的研究，对于培养专利代理行业的人才，推进我国知识产权事业的发展和实现我国知识产权强国建设目标具有重要意义。

为规范研究，本章对相关关键词进行阐释，如图 3.1 所示。

本章的主要研究方法及技术路线如下。

（1）定性分析与定量分析相结合的方法。本章首先从大量的原始文献中提取可能影响专利代理师素质的因素，然后进行加工处理形成一个调查问卷量表，通过发放调查问卷收集最初的量化指标，最终通过量化分析方法检验问卷中各项度的有效性，形成一个总体的指标模型。

（2）规范分析与实证分析相结合的方法。本章首先通过搜集整理大量国内外的有关文献，为后续研究的展开奠定坚实的理论基础；同时，在相关理论的支撑下，本章选择运用实证分析方法达到研究目的。

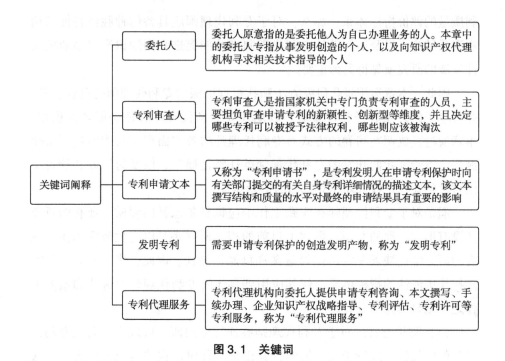

图 3.1 关键词

3.1.2 相关概念

3.1.2.1 知识产权人才与服务的相关研究

1. 知识产权人才相关概念综述

人才是我国知识产权事业良性发展的关键，人才的竞争是知识产权代理机构竞争的核心。

学者刘友华认为，我国知识产权人才的分类与我国高等教育中人才的分类类似，分为研究型人才与实践型人才。研究型人才注重理论的研究和创新，而实践型人才主要是社会中知识产权领域的主力军，这类人才通常需要且具有较强的专业性和实践能力。学者王璟、陶丽琴、严永和、胡允银在此基础上，将知识产权实践型人才依据其所从事的主要任务的不同进行了进一步细分。田文英认为知识产权人才还应该包括理论创新型人才，同时，也根据实践型人才在工作中的不同专项将人才分为法律实务人才和中介服务人才。学者们认为，知识产权中介服务人才是知识产权从申请到运用全链条过程中的润滑剂，在知识产权不同的阶段都发挥着重要的作用。

通过对相关文献的梳理和提炼，可以将知识产权人才分为两大类：知识产权实践型人才和知识产权研究型人才。实践型又可以根据其所从事的具体事务的差异分为管理类、法律类和中介类。知识产权创新人才则是相对于实践型人才而言的，主要是指从事知识产权理论研究的人才。研究发现，专利代理师是知识产权中介服务人才的一种，属于知识产权实务型人才。专利代理师的素质和职业技能水平的高低直接影响专利最终质量的高低，而专利质量的高低对于我国专利在国际竞争中的实力而言至关重要。因此，探究专利代理师应该具备什么样的特征及一个优秀的专利代理师具有什么样的特征，对于提升我国的专利代理质量和专利的国际竞争力具有重要的意义。知识产权强国的建设不能仅仅着眼于专利的数量，提升专利质量是目前我国知识产权领域最为紧迫的重要任务。因此，从专利代理环节入手，注重专利代理师的培养和培训尤为重要。

2. 知识产权中介服务研究内容综述

知识产权服务业属于高技术服务业，是知识密集型服务业。学者们将知识产权服务业分为管理服务层、中介服务层、企业内部服务层三个层次。但是对于知识产权中介服务层的研究角度各不相同，每个角度具体的研究现状、成果如下文所述。

针对知识产权中介服务体系构建的研究，学者吴桐、王勉青、杨红朝、唐恒、傅文园、洪群联认为知识产权中介服务是根据自身所拥有的知识产权方面的专业知识为委托人提供诸如专利申请书撰写等专业服务。这种服务可以贯穿知识产权从申请到运用的全过程，对知识产权最终的结果有着重要影响。同时，我国多位学者通过对我国特定地区和典型城市的相关研究发现，我国专利代理服务还只是停留在初级的代理申请书撰写、专业知识咨询等方面，对于一些涉及企业长远发展和知识产权战略布局方面的服务提供极少。关于知识产权中介服务中专利代理师的综合素质和服务态度的研究，我国许多学者对其进行了绩效与服务质量指标体系的构建，并将专利代理师的工作实际绩效纳入指标考核体系中，以期准确把握业务人员的工作能力和工作态度，提升专利代理行业的整体水平。

综上所述，学者们分别从定性与定量的角度对知识产权中介服务进行了比较全面和系统的研究工作。学者们对知识产权中介服务的研究不仅使知识产权的研究内容更加全面，同时也丰富了知识产权研究方法。通过相关的文献梳理可以发现，知识产权中介服务的好坏直接影响专利的最终质量及商业化程度。提升知识产权中介服务的水准，眼前看是为了提升知识产权申请质量，长远看则是为将我国建设成为创新型国家、"知识产权强国"打好坚实的基础。现有的研究中无论是定性研究还是定量研究，都没有对我国目前知识产权中介服务中存在的现实问题给予正面回应，且研究方法过于单一。本书旨在融合社会科学研究方法，从一个全新的视角切入，以期解决我国知识产权中介领域存在的问题，为我国知识产权中介服务领域的发展和完善贡献一己之力。

3.1.2.2 专利代理师相关研究

1. 专利代理师概念界定

专利代理师是取得执业资格，代理他人进行专利申请和办理其他专利事务的人。朱海滔形象地将专利代理师称作知识创新的"第二发明人"。它不仅是专利发明人与专利审查机构之间的桥梁，帮助真正有价值的专利获得专利授权与保护，还是我国提升专利质量、建设知识产权强国的重要抓手。

专利代理师的工作主要是分析一件发明专利的新颖性、创造性和实用性，并且在知识产权的全过程中为他们的客户提供专业咨询和实用建议。当他们客户的知识产权遭受侵权时，他们还能临时化身法律顾问，为其知识产权的维护提供帮助，这也同时要求他们要具有一定的法律背景。

在美国，具有专利代理人资格证书的人被称为"专利代理人"；同时拥有专利代理人资格证书和律师资格证书的代理人被称为"专利律师"。根据数据收集分析显示，兼具这双重身份的人占专利代理人总数的95%。通过对"patent agent"关键词的搜索，该词在外文文献或相关研究报告中并不常见，常见的用词是"patent attorney"。在不同的国家，专利代理人不仅在名称上不同，而且他们的具体职责范围也存在着较大差异。法国的专利代理人所从事的工作大多是基础性的专利代理工作，主要角色就是专利审查人之前的"预审人"；相比之下，德国的专利代理人不仅要负责评估专利的各种属性是否满足授权的条件，还负有帮助客户处理工业产权中的专利和商标的义务；日本的专利代理人称为"弁理事"，弁理事可以代理委托人提出专利申请，并为其提供、准备专利申请文件、提起诉讼等专业性服务。

综上，专利代理人同时具有实务性人才和技术应用型人才双重属性，以自身的理工科知识为背景，通过取得专利代理资格证书上岗，为客户提供各种专利申请书撰写、专利技术战略意见、专利的后期保护等工作的职业人。目前，专利代理师在整个专利工作的过程中都发挥着至关重要的作用，发达国家已经对专利代理师的职责范围进行了扩展和详细说明。因此，研究专利代理师到底应该具备什么样的素质和专业技能，对于我国专利行业的发展和知识产权事业的成功具有重要意义。

2. 专利代理师能力素质研究

由于专利代理师的多重属性，应该从多角度探究专利代理师的素质与能力结构。

学者王璟、田文英、胡允银、何铭、刘平、朱雪忠、季景书将专利代理师所需要具备的能力分为两个层次：知识层面和能力层面。在知识层面，法学基础知识、理工科背景、管理常识及一定的外语能力是必需的；在能力层面，专利代理师自身的学习能力、沟通表达能力、计算机相关能力同样重要。同时，我国学者又进一步对专利代理师所需的能力进行了阐述，如谷丽、朱雪忠、李永瑞、李荔认为在素质构型层面上，专利代理师应当具备以客户为中心、自律、时间观念、积极性、交流能力、学习能力、注重细节、自我调节、创新、政治素养、人品、道德、责任感、思考与洞察的能力、管理组织的能力、谈判能力、团队精神等个性指标。

通过对目前现有文献的检索和梳理可以发现，目前我国对专利代理师的知识要求主要集中在专业技能、法律知识、外语能力和一些管理方面的能力上，能力要求则集中在学习和沟通的能力上。然而，对专利代理师的个人素质方面的研究相对较少。在研究方法上，定性研究始终占据主要地位。但是考虑到定性研究的缺陷，有必要运用定性和定量相结合的研究方法对专利代理师的个人素质进行系统化的研究。

3. 专利代理师研究方法综述

在对国外专利代理师选拔制度的充分研究的基础之上，发现我国专利代理师选拔制度存在权利单一、选拔方式单一，不能全面地评价候选人素质的问题。在对知识产权代理人采取的培养模式方面，我国目前存在着专利代理师数量不足及专利代理师整体结构不合理的问题，尤其是高端人才缺乏，同时，我国专利代理师往往重视理论的培训，导致实践能力不足。

现有的研究主要集中在专利代理师制度及知识产权专业人才的培养模式上，但是这些研究只是通过定性的方法在宏观层面上对其展开研究，其建议缺乏一定的针对性，没有从根本上提升专利代理师的综合素质，也没有改变我国目前专利代理行业的现状。因此，本书将运用胜任特征研究范式对专利代理师的能力素质进行系统性、规范性研究，对专利代理师的胜任特征指标进行量化。

3.1.2.3 胜任特征理论研究

胜任特征一词的英文为 Competence，其最早在拉丁语中的表现形式是 Competere，译为"适当的"。外国学者在进行文献撰写时常常使用 Competency 或 Competence 这两个词来描述胜任特征。然而，这两个词之间也有区别。首先，Competency 是指一系列可以度量和评估一个人的行为规则的计量单位。相反，Competence 具体指一种表达，一种抽象层面上的表述。迈克尔·阿姆斯顿（Michael Armstrong）和安吉拉·巴伦（Angela Baron）也指出，Competency 指的是一种行为表现，一种能够使员工在工作的过程中产生高绩效的行为表现；而 Competence 主要是一种描述性和解释性的词语，主要用来说明工作特点和工作性质。但是，尽管二者之间存在着区别，现有的文献却证明二者正在趋向于融合，两者之间的差异正在弥合。

有关胜任特征的研究最早可以追溯到 19 世纪的西方，在西方的司法领域及后来的心理学研究中，有关胜任特征的研究都越来越频繁。在泰勒的科学管理原理盛行的年代，评价人才和选拔人才的基本方法都是各种测评问卷。然而，到了 20 世纪 60 年代以后，泰勒的理论的弊端逐渐暴露，人们开始对测评问卷的效度产生了怀疑。1970 年，美国哈佛大学的一次选拔优秀外交官的实验验证了这种猜疑。在实验中，哈佛大学的著名心理学家大卫·麦克莱兰（David McClelland）首次采用行为事件访谈法对 50 名美国官员进行访谈。结果发现，人们曾经一度认为的诸如学习能力、知识能力并不是影响个体绩效的关键因素；相反，那些平时容易被人们所忽视的诸如人际交往能力、政治判断力等能够在极大程度上影响工作绩效。随后，麦克莱兰（McClelland）教授于 1973 年在他的文章《测量胜任力而非智力》中概括性地提出了"胜任特征"的概念，此后便引发了国外研究学者对胜任特征含义的广泛关注。主要可以分成以下三个方面。

1. 胜任特征内涵研究

自从麦克莱兰首次提出"胜任特征"概念后，各界学者都对其进行了广泛的研究，但对其内涵依旧是众说纷纭。目前，对胜任特征内涵观点有特征观、行为观和折中观三种。有关胜任特征内涵的代表性观点如下图3.2～图3.4所示。

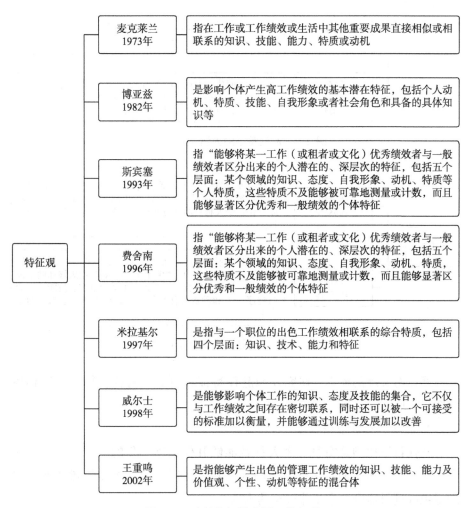

图3.2　胜任特征的内涵（特征观）

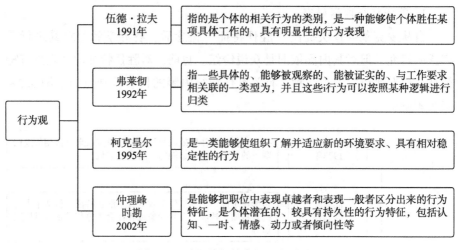

图 3.3　胜任特征的内涵（行为观）

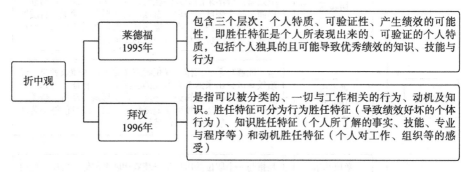

图 3.4　胜任特征的内涵（折中观）

通过对文献的梳理，研究发现胜任特征具有五个特征，每个特征具体如图 3.5 所示。

2. 胜任特征的理论模型

胜任特征模型是衡量一个人是否能够胜任某项工作的一个模具，它包含了对一个人多方面、多维度的测评。胜任特征模型最重要的意义就是帮助组织找到最适合这个工作岗位的人选。

现如今，胜任特征模型主要包括特征性和情境性两类。二者之间的区别在于侧重点不同。

（1）特征性模型。1973 年美国著名心理学家麦克莱兰提出了素质冰山模型（Iceberg Model）。该模型将个体的素质分为显性和隐形两部分：显性的对应漂浮在水面上的冰山，诸如知识技能；隐形的对应水下的冰山，诸如自我使命感、性格和特质等。随后，美国学者博亚特兹（Boatz）在此模型的基础上又提出了一个新的模型，叫作"素质洋葱模型"（Onion Model），相比素质冰山模型该模型可以更好地展现出胜任特征的层次性。如图 3.6 所示的冰山模型和图 3.7 所示洋葱模型为特征性模型的代表。

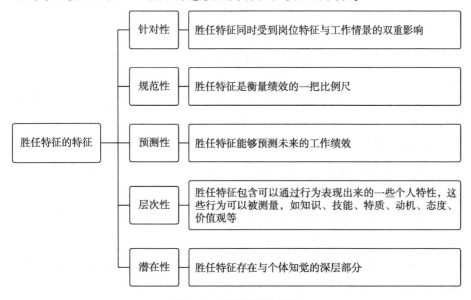

图 3.5 胜任特征的特征

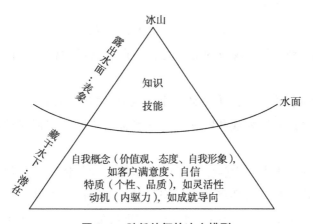

图 3.6 胜任特征的冰山模型

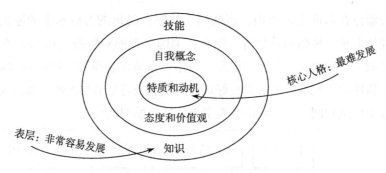

图3.7 胜任特征的洋葱模型

特征性模型主张将胜任特征分为五个层次：知识、技能、自我概念、特质、动机。其中前两个层面是显性的，容易被观察。同样，对这些表层胜任特征的考察和培训也是相对来说比较简单的，可以通过诸如考试、简历、组织培训等形式完成。相对地，后三个层面是比较隐形的，不能被直接观察和测量，属于隐性层面的胜任特征。

①知识。知识指的是个体在某一特定领域所具备的专业知识及经验信息。

②技能。技能是指掌握与运用某一专业领域内的知识、技术和方法的能力。

③自我概念。自我概念通常指个人所具备的对待事物的看法及态度，是一种价值观的体现。

④特质。特质是指一个人身上所发展出来特有的一种品质。

⑤动机。动机是实现目的的动力，是自身意识中催促肉体产生行为的力量。

（2）情境性模型。该模型认为个人的胜任特征与组织环境和工作环境密不可分。且持有行为观和特征观的学者都认为胜任特征对情境具有一定依赖性。

综上所述，本书认为胜任特征模型是特征性与情境性的结合体。个体具备的胜任特征会随着环境和工作岗位的改变而改变，胜任特征模型的目的是描述理想员工应该具备哪些特质，侧重的是"应该是怎样的"。

（3）胜任特征建模研究方法。构建胜任特征模型是为了获得能够产生优异绩效所具备的胜任特征集合。胜任特征建模的方法主要有行为事件访谈法、关键事件访谈法、工作分析法、问卷调查法和专家小组讨论法五种研究方法。各方法具有各自的优缺点，见表 3.1。

表 3.1　胜任特征建模研究方法比较

研究方法	行为事件访谈法	关键事件访谈法	工作分析法	问卷调查法	专家小组讨论法
操作过程	将访谈对象分为绩效优秀者和一般者，并各自描述出三件成功与失败的案例，找到能够区分两组样本产生绩效差异的胜任特征的关键要素，建立模型	请访谈对象描述导致工作成功与失败的关键案例，并分析统计这些关键要素，建立模型	通过归纳访谈内容或只为调查问卷确定相关工作中个人应该具备的知识、技能和特质，构建模型	使用访谈法或者文献分析，收集胜任某一项工作具备的核心胜任特征，编制问卷调查题项，通过对大样本进行调查、统计和分析后，建立适用于某一岗位的胜任模型	通过专家小组的交流与讨论，获得大量的信息，构建模型
优点	有较高的可信性和有效性；建立绩效与影响绩效的胜任特征关系	操作简单，覆盖面较广	具有较高的系统性、成本较低	快捷简单、可信度高	效率高
缺点	操作烦琐、难以控制误差	费时，无法解释工作绩效高的人群特点	操作复杂，费时费力	需具备丰富的行业知识，并具备一定的统计与分析知识	受主观性影响较大

各种方法各有优劣，没有绝对的好与坏，研究者要在实际的研究中具体问题具体分析。

（4）胜任特征的研究成果。根据情境模型的特点，不同的行业和领域所开发出的胜任特征模型不尽相同。本书的研究主要侧重于知识产权人才的建设，因此，构建知识产权人才的胜任特征模型是本书的目的。

通过对现有文献的梳理可以发现，现阶段对胜任特征模型的探讨主要集中在研究对象、研究方法和研究内容三个方面，然而，三个方面均存在不足。在研究对象上，侧重于对领导者的研究，缺乏对非领导者的重视；在研究方法上比较单一；在研究内容上多是探索胜任特征与绩效之间的关系，缺乏实质性的建议。

3.1.2.4 胜任特征与绩效关系的研究

经过上文的描述，本书认为那些能够对工作产生作用的知识、技能、特征、价值观及态度等的绩效才能够被称作工作绩效。因此，对工作绩效的评价上，本书从专利质量视角出发，评价专利代理师的工作绩效。详见第六章。

（1）工作绩效的结构。绩效一般来讲分为关系绩效和任务绩效两种，关系绩效体现在一系列良好的人际交往和面向组织的活动之中，这些活动能够帮助组织建立起一个良好的组织氛围。而任务绩效则是在一定的工作职责范围内被规定做出的行为。

实践表明，对专利代理师的考核不能仅以专利数量作为唯一标准，还要充分考虑专利质量的问题。专利质量可以通过未来该专利的商业化价值，以及为我国知识产权事业做出的贡献来测量和体现。

（2）胜任特征与绩效的关系。可以划分为表层与深层两个部分的特征要素，这些要素之间合作发生作用、产生影响，共同决定人的绩效。其中，深层次的胜任特征显得更为重要，可以直接左右个人行为的结果。

王重鸣的研究结论指出通过工作绩效的高低可以评定胜任特征，提出三类绩效标准，分别是工作表现、职能绩效和组织绩效，并以此建立绩效结构。2004年金杨华探索得到胜任特征和工作绩效关系的实证结果，且指出解决问题绩效更能影响任务绩效和社交关系，关系绩效则对人际关系发展和工作分析有一定的预测作用。

通过上述研究可以发现，现有研究认为不同的胜任特征对最终的绩效具有不同程度的影响。因此，本书旨在建构出一种专利代理师的胜任特征模型，并且找出模型中对专利代理师绩效具有重要影响的因素。

3.2 专利代理师胜任特征的理论框架

3.2.1 专利代理师的理论基础

3.2.1.1 专利代理师的相关分析

1. 专利代理师的职业特点

专利代理服务是整个专利工作中的核心和关键，专利代理服务质量的高低，不仅直接影响所申请专利的质量，而且从长远来看，对于我国知识产权事业的整体提升、建设知识产权强国具有重要影响。专利活动目前可以大致分为四大类：创造、运用、保护和管理。专利代理服务可以被看作专利活动全流程中的润滑剂，在专利活动的不同阶段起到不同的作用。在创造阶段中，专利代理师对专利是否具备创新性提供专业指导；在专利申请阶段，专利代理师主要为客户提供专利申请书的撰写服务，帮助客户申请到高质量专利；在专利审查阶段，专利代理师利用专业知识充当专利申请人和审查人之间的"翻译"；在专利授权后进入专利维护阶段，专利代理师利用自身具备的法律知识为申请人提供各种专业化的咨询服务；在专利运用阶段，专利代理师通过专利的技术覆盖范围帮助专利进行科技成果的转化。

2. 专利代理师的个人品质要求

代理人无论是在行业分类上还是在个人品质分类上都具有一定的特殊性。专利代理行业既属于服务行业又带有高新技术的特点，同时，专利代理师既具备应用型人才的特质又具有服务人群的特征。因此，属性之间的交叉决定了对专利代理师多方面素质的要求，不仅需要其具有扎实的基础知识能力和学习能力，还需要其具有一定的沟通表达能力和理解能力。

首先，如果专利代理师在进行专利服务过程中出现失误导致专利没有获得授权，那么就必然会面临着客户的诉讼。这样的诉讼对于各方来说都是一个不理想的结果，也同样都会造成不良的影响。专利代理师的任务包括帮助申请人撰写专利申请书、提供专业的技术咨询等，如果涉及涉外专利代理师，那么还会面临着大量的翻译工作和文化与法律上的冲突，这对专利代理师的抗压能力和整体素质都是一个巨大的考验。其次，随着全球经济的迅速发展，创新已经成为第一生产力，专利代理行业与各个领域之间的联系都非常紧密，每天都需要面对新的技术与发明，可以说，专利代理行业的从业人员是最先了解到社会中的新技术和新知识的一群人，他们就是整个社会创新的"守卫"。不断保持持续创新的精神与头脑同样对专利代理师提出了新的考验。专利代理师必须不断地更新自身的知识结构，不断地了解市场的变化，不断地在第一时间获取相关情报，如果稍有不慎，就有可能因为滞后于某种发展而出现纰漏被淘汰。在这些基本的专利技能与知识都满足的前提下，专利代理师的道德素养也同样重要。专利代理师有责任和义务必须为申请人也就是客户的新发明专利保密，这不仅关乎申请人的个人利益，也同样关乎整个行业的长足发展和信用建设。专利代理师最重要的职业精神体现在以客户的需求为中心，以维护客户的利益为导向。

3. 专利代理师的工作对象

专利代理师的工作主要面向三类人：委托人、审查人及相关的技术人员。与专利代理师联系最为紧密的便是专利委托人，二者之间形成了一种特殊的商业关系，专利委托人希望代理人能够帮助自己的专利申请到授权，同时代理人也需要向委托人充分了解其技术发明的所有特征，以便更好地撰写专利申请书，增加专利最终获得授权的概率。专利代理师还会运用自己的专业知识帮助委托人更好地规避竞争者的限制及扩大自身专利的权利边界，给予其更好地保护。由于专利代理师是具有较高的教育背景和知识水平，他们从事的工作内容要求他们具有以下心理特征：严谨细致、善于思考、热情自信、注重职业精神。专利代理师需要面对的第二个工作对象便是专利审查人，专利代理师需要不断地与专利审查人进行沟通，了解专利审查人对申请专利的意见并积极地完成审查答复。由于专利代理师不可能是全能的，因此，在专利代理师遇到自己不熟悉的领域时，便会求助于相关的专业人员。

这就决定了专利代理师的主要职责是如何帮助委托人申请到更加高质量的专利，如何充当好委托人与审查人之间的桥梁，以及及时扩充和加强自身的专业知识储备。

4. 我国目前国情的特殊性

我国知识产权事业起步较晚，始于 1978 年。随着中央对知识产权的不断重视，我国知识产权事业也取得了长足的发展，知识产权领域内的人才无论是从数量上还是从质量上都得到了质的提升，但这一领域依旧存在着诸多的问题。首先就是我国更加注重运用法律和制度的模式来保护知识产权，忽视了专利代理行业的作用。但知识产权事业与专利代理行业必然是一种相辅相成、密不可分的关系。

3.2.1.2 专利代理师的主要职责

1. 提供专利事务咨询

专利代理师在受理申请人的委托之前，会首先依据我国的《专利法》的相关规定对申请人的发明专利做出评估；其次，专利代理师还会结合专利与实际的经济态势判断该发明是更适合争取专利保护还是技术秘密；再次，在满足上述条件之后，专利代理师还会就发明专利的技术价值与可实施性进行评估；最后，专利代理师还会对发明专利的经济价值进行评估。

2. 撰写专利申请文件

在专利申请过程中，各种专利文件都具有较强的法律性和专业性，因此，只有拥有专业知识和受过专业技能的专利代理师才能够准确地撰写各种专利文件。

当专利代理师接受了一份委托之后，他的任务就变得极为繁重了。专利代理师必须透彻地了解申请人的技术交底书，并且通过各种渠道了解其发明所涉及的专业知识和相关背景，这样才能为撰写出一份高质量的申请文件打好基础。在撰写专利申请书时，同样要求专利代理师本着认真严谨、一丝不苟的态度，因为这份文件的质量会直接影响到最后的专利申请结果和申请质量。如果申请文件中所要求的权利保护范围过小，那么申请到的专利授权的质量也会大打折扣。

3. 答复专利局审查员反馈意见

在专利申请书提交之后，便进入了专利审查的环节。在此环节中，专利审查员会仔细地阅读专利代理人所撰写的专利申请书，并且会指出申请书中一些不符合法律规定及与实际情况不相符的地方，发回专利代理师修改。专利代理师要在规定的时间内按照相关的要求进行修改或者作出不修改陈述。在这个环节中，专利审查员与专利代理师之间的沟通是极其频繁的。

4. 提供专利诉讼意见

在发明人的专利受到侵害后，往往需要通过专利诉讼维护自身的合法权益。在我国，专利代理人没有律师资格，固不能在法庭上起到律师的作用，但是，这并不是说专利代理师在专利诉讼中就失去了作用。相反，由于专利代理师对专利的透彻性的了解，其往往在诉讼团队中起到不可或缺的作用。专利代理人根据委托人的需求，制定相应的解决方案，使专利能够得到充分的保护，实现专利代理师在诉讼中的价值。

5. 对专利进行管理与运营

创新是第一生产力。随着世界各国对创新的不断重视，知识产权发展战略显得日益重要。专利代理师在进行专利申请时，不能仅仅考虑当前专利申请的成功与否，要具有更加长远的眼光，着眼于未来的专利布局。通过各种专利组合使申请专利达到保护效果最大化和经济效益最大化，帮助企业建立并优化自身的专利布局。同时，专利代理师还要通过各种途径与手段盘活专利的经济价值，不能让申请到的专利沉到柜子里，加强知识产权的运用能力。

3.2.2　专利代理师的情境理论研究

3.2.2.1　情境理论研究

20 世纪六七十年代出现的情境理论系统地研究了组织和环境之间的关系。理论的核心观点是，组织的运行是与其自身所处的环境密不可分的，无论是内部环境还是外部大环境。情境理论也称"权变理论"，其主要特点有三个：系统性、情境观、动态性。

系统性是指各个子系统与大系统之间都是相互联系的，存在着密切的关系，故而可以通过分析各子系统之间的关系及所处的环境来预测整体未来的发展。情境观可谓是情境理论的核心，情境观认为环境是不确定且随时变化的，因此，组织内部的管理方法和原则也需要跟着环境的变化不断地发生改变。动态性认为，没有一套放之四海皆准的管理方法或原则，要根据组织自身所处的实际环境灵活变通。

情境理论要求我们在建立胜任特征模型时要关注环境的变化及采取动态的视角。

3.2.2.2　专利代理师的情境理论分析研究

汤普森（Thompson）根据情境理论提出了胜任特征框架。专利代理师作为社会大系统下的一个子系统，其发展受到社会大环境的推动与制约。从宏观层面出发，专利代理师的胜任特征可以受到一个国家的文化、政治环境及经济政策的深刻影响。目前，实施知识产权战略已经成为世界各国增强自身国际竞争力的关键一步。世界各国的知识产权战略都是在依据自身发展实际的基础之上制定的，具有强烈的本国特色。

近年来，随着我国知识产权事业的快速发展，我国知识产权数量和质量不断提升。相应地，我国对专利代理行业的人才需求也在不断地扩大，我国与外国企业在知识产权人才方面的竞争也在不断地加剧。专利代理师在企业的专利申请和专利保护方面发挥着重要的作用。由于专利代理师的重要作用及特殊地位，其必须充分具备多种胜任特征才能良好地完成自身的工作。首先，专利代理师要具备扎实的基础知识，这里的基础知识主要包括各种理工科的知识，因为几乎所有的发明专利都是具有理工科知识背景的。同时，专利代理师还必须熟悉相关的法律知识。由于目前各国之间的贸易往来愈发频繁，所以专利代理师常常需要为外国的客户提供服务，此时就需要专利代理师具备一定的外语技能。专利代理服务的基础工作就是撰写申请文本，同时也需要掌握一定的书面表达技能和计算机操作技能。专利代理师除了需要掌握专业的知识技能以外，还需要掌握一些有利于自身长远发展的能力，如学习能力、战略思维能力等。如今的专利代理师必须具备理工科的专业背景、具有法律基础和一定的外语能力，已经成了典型的复合型高端人才。同时，专利代理师还要具有一定的管理者特质，要具备一定的战略眼光，着眼于专利的长远布局，帮助个人或企业更好地发挥专利的价值。此外，在道德方面，专利代理师作为第一个接触到全新技术和发明的人，必须具有一定的保密意识，替申请人保护好技术秘密。同时，专利代理师对工作要保持一定的激情和创新，发挥出在知识产权中的价值，为企业提供优质的服务，提高我国专利质量。

结合上文所述的情境理论的分析，我国专利代理师的能力和有关的胜任特征要随着我国的知识产权发展的整体大环境的变化而变化，以便更好地与我国的知识产权事业的发展相吻合，为我国知识产权事业的发展提供助力。

3.2.3　专利代理人的胜任特征模型研究

3.2.3.1　专利代理人胜任特征模型理论研究

胜任特征作为一种行为和品质的结合，它是指在一定的环境下，个体能够达成特定的目标所必须具备的某种能力。这种能力既包括专业知识能力也包括个人素质。

通过对相关文献的整理和结合实际，本书认为我国的专利代理师胜任特征结构可以分为知识技能、能力特征、人格特质和职业态度四个维度。

知识技能代表在工作岗位上完成与工作密切相关的具体任务的能力，它绝大部分是通过后天学习所获得的，并且受到特定的职位和心理素质的影响。由于国内和国际形势的不断变化，专利代理师需要不断地更新和扩充自身的知识储备，如在国际化进程日益加深的当下，掌握外语技能就显得尤为重要。

能力特征不同于知识技能，它更多地是一种先天的天赋型特征，而且一旦形成，就具有稳定性。智力、情商等因素在能力特征中占据着重要的地位，对能力特征的高低产生着重要的影响。专利代理师的能力特征主要在其实际处理业务的过程中体现，具有良好全面的胜任特征能力结构不仅能够增强自身的行业竞争力，还能为促进我国知识产权事业的发展做出贡献。

人格特质属于心理胜任特征，它是支配人们行为的基本特性，是人格的有效组成元素，典型的行为模式包含价值观、自我形象，成就动机等。专利代理师的人格特质指的是其运用自身所带有的某种价值观念和成就动机，帮助委托人更好地获得专利授权，逐渐提升自身绩效的一个过程。

职业态度同样是价值观的一种，具体表现为个人如何看待其所处的工作岗位及所从事的工作。专利代理师的职业态度中最重要的就是认真诚信，帮助委托人保密、尽职尽责。

3.2.3.2 胜任特征框架的提出

通过对胜任特征的理论分析，结合专利代理师的工作职责，对专利代理人应具备的胜任特征进行了归纳，总结出 9 个胜任特征，如图 3.8 所示：

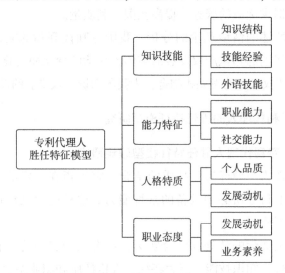

图 3.8 专利代理师胜任特征模型理论框架

专利工作的复杂性决定了如果专利代理师只具备单一的知识结构是无法胜任这一工作的，专利代理师必须同时拥有法律知识、管理学知识、理工科背景及外语技能等多元的知识结构。掌握一定的管理学知识能够帮助专利代理师更好地与组织进行协调与沟通，掌握一定的外语知识可以帮助专利代理师更好地扩展国外市场。同时，专利代理师还需要具备一定的沟通表达能力和较强的计算机能力。虽然这些只是一些基础能力，但对于专利代理师的日常工作来说至关重要。

一个发明专利必然是具备新颖性的，完全没有新颖性的发明专利不可能获得授权，所以，这就要求专利代理师能够不断提升自身的学习能力，更新自己的知识库，应对不断面对新知识新技术的挑战。实际的代理服务要求专利代理师具备较高的实践能力和战略思考能力，不仅能帮助委托人解决实际过程中出现的各种难题，还能够为委托人提供专利未来的长远布局规划。

有一些隐性的胜任特征，如自信心、道德感、价值观等，虽然不能像显性的胜任特征一样直接影响专利代理师的工作绩效，但是他们往往具有更大的威力，对专利代理师未来的发展起到重要的作用。

如果说前面的胜任特征可以算是"硬胜任特征"，那么职业素养就可以算作是"软胜任特征"。专利代理师的工作性质决定了其必须具有严谨认真的工作态度及保密负责的个人品质，与此同时能够与同事进行良好的沟通，加强组织合作，促进工作顺利开展。

3.2.4　理论假设

通过上面的探讨，本书提出以下的研究假设：

问题一：专利代理师应该具备哪些胜任特征？这些胜任特征之间又具有什么样的关系？

假设一：专利代理师胜任特征模型是一个多维度、多层次的结构。

通过上面的分析可以得出，专利代理师的能力素质和胜任特征是多元和多层次的。专利代理师要顺利完成代理工作，不仅需要具备基础的知识技能，还需要各种个人能力和品质。本书首先运用扎根理论对前人的研究结果进行剖析，总结提炼出关于专利代理师的胜任特征要素；其次建立专利代理师胜任特征模型；最后，通过问卷回收的数据运用定量方法对模型进行检验。

问题二：专利代理师胜任特征与工作绩效之间是否存在相关性？

假设二：专利代理师胜任特征与工作绩效之间存在正向影响，并且对工作绩效具有预测效应。

本书首先建立专利代理师的工作绩效模型，并且进一步探究不同的影响因素对工作绩效的具体影响程度，其次探索专利代理师胜任特征与工作绩效之间的关系，讨论胜任特征子维度对工作绩效子维度之间的影响强度。

3.3　专利代理师胜任特征模型构建

3.3.1　问卷的生成

3.3.1.1　初始问卷

本书为了保证研究结果的科学性与有效性，研究对象选择从事专利代理服务行业的各级工作者，如专利发明人、专利代理师、专利审查人、相关技术人员等。本书首先通过预调研的方式净化与修改调查问卷，各专利行业的从业者的高水平知识结构与素质为我们完成这一点提供了保障。

本书的量表是建立在斯宾塞（Spencer）提出的胜任特征词典、相关研究问卷与测量量表之上的，并且是通过充分借鉴了现有的国内外的研究成果及深入剖析我国目前知识产权人才领域的实际情况而设计出来的。量表的整体效度和信度都具有一定的保证。

为了进一步保证本量表的书面表达符合规范，问题设计科学合理，本书特意邀请了数位多年来从事知识产权领域相关工作的专业人员及资深的人力资源专家对本问卷进行修改和完善。初步修改之后，题项从原本的88项缩减到55项，达成了净化和过滤垃圾题项的目的。最后，本量表采用传统的李克特5级量表的形式对各变量关系的变异情况进行区分。

在专利代理师所需的全部技能当中，知识技能是最重要也是最基础的；一定的法律基础可以使专利申请书更加专业，增加专利获得授权的概率，也可以为发明人的专利提供更好的保护；外语技能不仅可以增强自身的学习能力，扩展国际视野，还可以扩展自身的业务范围和客户群体，优化自身职业发展道路；拥有一定的专业技能能够对专利进行充分的阐释和挖掘，最大限度地扩大专利的保护范围，为申请高质量专利打下基础。

在专利代理师知识技能的具体测量项目设计中（图3.9），主要设计专业技术知识、法律知识、管理与经济知识、口语与文字表达、信息检索、外语技能等方面的内容以进行测量判断。

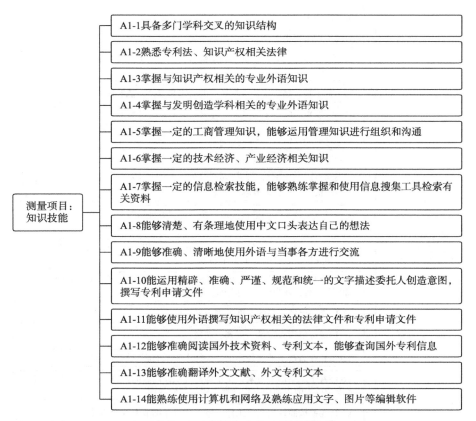

图3.9　专利代理师知识技能测量题目

　　能力特征是专利代理师做好本职工作的基础和核心，能力特征体现在知识产权从申请到运用的全过程中。首先，在申请阶段，要求专利代理师具备扎实的基础知识和一定的法律素养，帮助申请人撰写申请书；在审查阶段，要求专利代理师具有良好的语言沟通能力和理解能力，能够理解并完成专利审查人的意见；在专利的运用和保护阶段，要求专利道理人能够着眼于全局，拥有战略眼光，为专利的布局和组合提出建设性意见。

　　在专利代理能力特征的具体测量项目设计中（图3.10），主要是学习能力、沟通能力、协调能力、战略思考能力、服务能力等内容的测量判断。

　　专利代理师的人格特质相对于能力特征来说显得更加的隐性，不像能力特征那样能够明显地、直接地对专利代理工作的质量产生影响。专利代理师的人格特质主要包括那些能够影响专利代理师工作热情及能体现对突

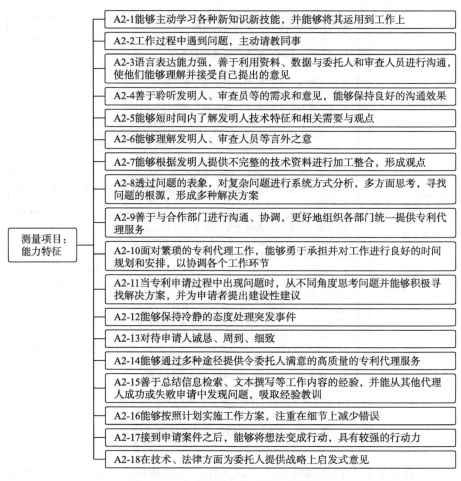

测量项目：能力特征

A2-1能够主动学习各种新知识新技能，并能够将其运用到工作上

A2-2工作过程中遇到问题，主动请教同事

A2-3语言表达能力强，善于利用资料、数据与委托人和审查人员进行沟通，使他们能够理解并接受自己提出的意见

A2-4善于聆听发明人、审查员等的需求和意见，能够保持良好的沟通效果

A2-5能够短时间内了解发明人技术特征和相关需要与观点

A2-6能够理解发明人、审查人员等言外之意

A2-7能够根据发明人提供不完整的技术资料进行加工整合，形成观点

A2-8透过问题的表象，对复杂问题进行系统方式分析，多方面思考，寻找问题的根源，形成多种解决方案

A2-9善于与合作部门进行沟通、协调，更好地组织各部门统一提供专利代理服务

A2-10面对繁琐的专利代理工作，能够勇于承担并对工作进行良好的时间规划和安排，以协调各个工作环节

A2-11当专利申请过程中出现问题时，从不同角度思考问题并能够积极寻找解决方案，并为申请者提出建设性建议

A2-12能够保持冷静的态度处理突发事件

A2-13对待申请人诚恳、周到、细致

A2-14能够通过多种途径提供令委托人满意的高质量的专利代理服务

A2-15善于总结信息检索、文本撰写等工作内容的经验，并能从其他代理人成功或失败申请中发现问题，吸取经验教训

A2-16能够按照计划实施工作方案，注重在细节上减少错误

A2-17接到申请案件之后，能够将想法变成行动，具有较强的行动力

A2-18在技术、法律方面为委托人提供战略上启发式意见

图 3.10　专利代理师能力特征测量题目

发事件及压力事件处理能力的一些人格特质，如激情、抗压性、自信心等。人格特质关注长远，能力特质关注当下，二者共同构成一个优秀的专利代理师的胜任特征。

在专利代理师人格特质的具体测量项目设计中（图 3.11），主要设计自信心、主动性、激情、成就动机、耐心、创新思维等内容的测量判断。

职业素养相对来说显得更加的隐性，职业素养是专利代理师对待自己工作的态度，是一种职业道德感的体现，这种职业道德感建立在人格特质的基础之上，拥有较高职业素养的专利代理师会以客户利益为中心，保守技术秘密，爱岗敬业，充满责任心与道德感。

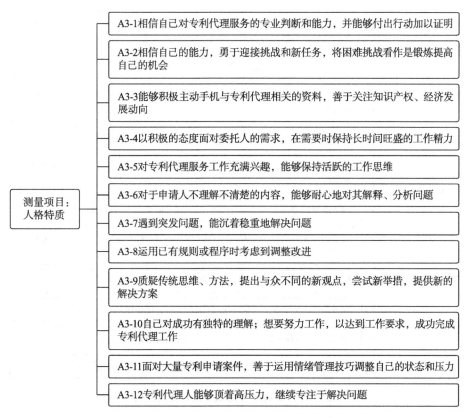

图 3.11　专利代理师人格特质测量题目

　　在专利代理师职业素养的具体测量项目设计中（图 3.12），主要对道德感、责任感、诚信、保密意识、团队精神等内容的测量判断。

3.3.1.2　初始问卷的数据分析与结果

　　1. 问卷描述性统计

　　在问卷发放的形式上，本书主要通过对专利代理公司、科研机构进行实地走访、电话咨询和邮件沟通等方式，运用网络平台搜集并获取数据，通过思博知识产权网（www. mysipo. com）辅助发放电子版问卷。为确保问卷的信度和效度，所选调查对象都是在业界具有高认可度、高知名度的高质量机构和网站。问卷回收的具体情况见表 3.2。

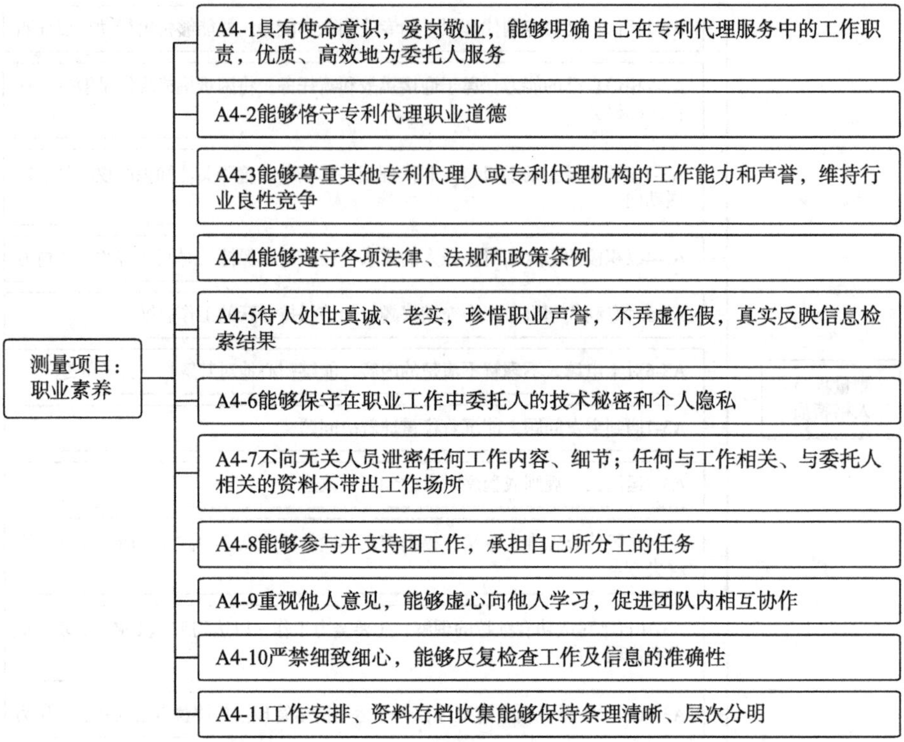

```
                ┌─ A4-1具有使命意识，爱岗敬业，能够明确自己在专利代理服务中的工作职
                │   责，优质、高效地为委托人服务
                │
                ├─ A4-2能够恪守专利代理职业道德
                │
                ├─ A4-3能够尊重其他专利代理人或专利代理机构的工作能力和声誉，维持行
                │   业良性竞争
                │
                ├─ A4-4能够遵守各项法律、法规和政策条例
                │
                ├─ A4-5待人处世真诚、老实，珍惜职业声誉，不弄虚作假，真实反映信息检
测量项目：        │   索结果
职业素养   ──────┤
                ├─ A4-6能够保守在职业工作中委托人的技术秘密和个人隐私
                │
                ├─ A4-7不向无关人员泄密任何工作内容、细节；任何与工作相关、与委托人
                │   相关的资料不带出工作场所
                │
                ├─ A4-8能够参与并支持团工作，承担自己所分工的任务
                │
                ├─ A4-9重视他人意见，能够虚心向他人学习，促进团队内相互协作
                │
                ├─ A4-10严禁细致细心，能够反复检查工作及信息的准确性
                │
                └─ A4-11工作安排、资料存档收集能够保持条理清晰、层次分明
```

图 3.12 专利代理师职业素养测量题目

表 3.2 样本基本情况 (N=110)

类目	分类	人数	比例/%
性别	男	76	69.1
	女	34	30.9
年龄	25 岁以下	2	1.8
	25-30 岁	68	61.8
	31-35 岁	26	23.6
	35-40 岁	8	7.3
	41-45 岁	6	5.5
	46 岁以上	0	0

类目	分类	人数	比例/%
学历	专科	0	0
	本科	26	23.6
	硕士	58	52.7
	博士	24	21.8
	其他	2	1.85
职业	专利代理人	24	21.8
	发明人/技术人员	20	18.2
	专利审查人	12	10.9
	与技术相关其他工作人员	54	49.1
职称	初级	70	63.6
	中级	32	29.1
	高级	8	7.3

2. 重要性分析

通过描述性统计的结果对各题项的重要程度按照从高到低进行排序，并且剔除掉重要性过低的题项，以最大限度保证最终研究结果的有效性。经检验，所有题项的重要性均值在 3.40~4.64 之间，均符合要求，因此全部保留。

3. 信度检验

对问卷进行信度效度检验是为了检验各题项之间是否存在多重共线性及回收数据的准确性。本问卷采用内容一致性信度检验方法，如表 3.3 所示，各维度 Cronbach'α 系数在 0.788~0.902 之间，符合大于 0.7 的标准，因此说明问卷具有较强的可信度。

为了使后续研究顺利进行，需要对每个维度的信度分别进行分析，估算信度系数。同时，校正项目总分相关系数 CITC（Corrected Item-Total Correlation）小于 0.4，说明该题项与总体相关性不强，可考虑将该题项删除。因此，将题项 16、23、28、35、36、40、38、52 删除。

表 3.3　初试问卷的分层面信度分析

分量表 Cronbach'α	题项	CITC	删除题项后 α 值	题项	CITC	删除题项后 α 值	题项	CITC	删除题项后 α 值
知识技能 0.902	1	0.409	0.902	6	0.613	0.894	11	0.555	0.897
	2	0.653	0.893	7	0.548	0.897	12	0.700	0.890
	3	0.687	0.891	8	0.555	0.897	13	0.748	0.888
	4	0.635	0.893	9	0.608	0.894	14	0.568	0.896
	5	0.474	0.900	10	0.567	0.896			
能力特征 0.896	15	0.427	0.894	21	0.464	0.892	27	0.689	0.885
	16	0.361	0.896	22	0.522	0.891	28	0.361	0.895
	17	0.590	0.889	23	0.378	0.894	29	0.673	0.886
	18	0.545	0.890	24	0.644	0.887	30	0.672	0.886
	19	0.445	0.893	25	0.572	0.889	31	0.461	0.892
	20	0.533	0.890	26	0.558	0.890	32	0.462	0.892
人格特质 0.788	33	0.543	0.759	37	0.518	0.765	41	0.640	0.745
	34	0.581	0.752	38	0.344	0.784	42	0.468	0.768
	35	0.353	0.781	39	0.476	0.767	43	0.485	0.892
	36	0.301	0.788	40	0.368	0.780	44	0.564	0.890
职业素养 0.864	45	0.689	0.830	49	0.673	0.835	53	0.400	0.854
	46	0.756	0.823	50	0.406	0.851	54	0.765	0.825
	47	0.487	0.848	51	0.493	0.836	55	0.445	0.852
	48	0.558	0.841	52	0.358	0.854	56		

4. 探索性因子分析

为了进一步寻找专利代理师的胜任特征结构，需要对数据进行探索性因子分析。在进行探索性因子分析之前，对其进行 KMO 检验和 Bartlett's 球形检验。然后，采取主成分分析法，使用最大方差法进行因子旋转，估计因子负荷量，具体见表3.4。

数据通过因子分析检验，各项指标符合要求。

表 3.4 胜任特征 KMO & Bartlett's 球形检验结果

KMO 样本充分性检验		0.827
Bartlett's 球形检验	近似卡方值	417.283
	df	91.000
	Sig.	0.000

然后采用主成分分析法进行因子分析,得到的胜任特征因子提取负荷矩阵结果如表 3.5 所示。

表 3.5 胜任特征因子提取结果

题项	因子								
	F_1	F_2	F_3	F_4	F_5	F_6	F_7	F_8	F_9
5	0.868								
1	0.829								
6	0.671								
7		0.840							
8		0.705							
14		0.665							
2		0.672							
10		0.637							
11			0.837						
4			0.777						
13			0.752						
9			0.735						
3			0.655						
29				0.885					
32				0.782					
30				0.766					
15				0.601					
26				0.558					
31				0.539					

题项	因子								
	F_1	F_2	F_3	F_4	F_5	F_6	F_7	F_8	F_9
22					0.895				
21					0.735				
19					0.722				
17					0.539				
25					0.531				
43						0.862			
44						0.871			
34						0.814			
33						0.654			
39						0.650			
42							0.788		
41							0.756		

通过表3.4和表3.5的分析，根据各因子题项设计的内容，对探索性因子分析得到的9个因子所代表的含义进行归纳。表3.6给出了每个因子的命名及每个因子所包含的题项。

表3.6　因子包含的题项编号及命名

因子	因子命名	因子编码	包含的项目编号	说明
F1	知识结构	ZSJG	1、5、6	涉及内容包含专业技术知识、法律知识，以及管理知识和经济知识，这些是专利代理师应当掌握的知识
F2	技能经验	JNJY	2、7、8、10、14	涉及口语与文字表达技能，法律及其实施细则经验、计算机操作技能，以及信息检索技能，这些体现专利代理师工作中具备的从业技能和储备的经验
F3	外语技能	WYJN	3、4、9、11、13	涉及阅读外文文献、撰写外文专利文本、检索外文信息，以及外语口语交流等内容，这些内容体现了专利代理师应当掌握的外语技能

续表

因子	因子命名	因子编码	包含的项目编号	说明
F4	职业能力	ZYNL	29、32、30、15、26、31	涉及学习能力、服务意识、执行能力、归纳总结能力、战略思维能力等，这些内容体现了专利代理师完成一项任务所具备的职业能力
F5	社交能力	SJNL	22、21、19、17、25	涉及沟通协调、人际理解力，以及解决问题能力等内容，这些内容体现了专利代理的交往能力
F6	个人品质	GRPZ	43、44、34、33、39	涉及面对突发事件或艰巨复杂工作任务时的抗压能力，对自己充满自信、耐心及心态平和等，这些方面均是专利代理师所具备的个人特质
F7	发展动机	FZDJ	42、41、37	内容包含工作激情、成就动机、创新性思维，体现出专利代理师对个人事业发展的追求和向往
F8	职业素养	ZYSY	54、46、45、49、48、47、50、51	涉及道德品质、责任感、保密意识、法律意识、诚信等内容，这些方面体现了专利代理师从业资格所具备的素质
F9	业务素养	YWSY	53、55	内容涉及对待工作的严谨细致和团队合作精神，这些内容体现了专利代理师的工作态度

5. 效度检验

效度检验有多种方式，主要有表面效度、内容效度和构念效度。本书在设计问卷的过程中邀请了多位知识产权与人力资源领域内的专家和学者为问卷设计把关，因此，可以认为本书的问卷具有较高的表面效度和内容效度。构念效度指的是理论构想与测验题目是否具有一致性。探索性因子分析的结果（表 3.5）显示，专利代理师特征与理论模型较接近，结构清晰，因子负荷值均在 0.5 以上，累计方法解释率为 66.834%，即题项的平均共同性在 0.6 范围内，接近 Kaiser 建议的一般标准（0.70），这说明胜任特征初始问卷具有较好的构念效度。

6. 正式问卷的生成

经过一系列的检验与验证，共剔除不符合要求的题项 13 项，最终生成一份由 35 个行为题项组成的正式胜任特征测量问卷。

3.3.2 专利代理师胜任特征模型的检验

3.3.2.1 样本与统计方法

调研对象为专利代理师、发明人/技术人员、专利审查员和与技术相关的其他工作人员，总共发放问卷 430 份，回收问卷 398 份，问卷回收率 92.56%，删除无效样本 24 份，有效回收问卷 374 份，问卷有效率 93.87%。研究对象涉及高校科研院所、专利代理机构、专利局等单位。从表 3.7 可知，在个体水平方面，样本中男性被访者 248 人，占总数的 66.3%，年龄以 25~30 岁为主，占总数的 35.8%；在学历水平方面，硕士及以上学历占绝大多数（61.5%）。具体情况见表 3.7。

表 3.7 样本基本情况 （N=374）

人口特征	分类	人数	比例/%
性别	男	248	66.3
	女	126	33.7
年龄	25 岁以下	124	33.2
	25~30 岁	134	35.8
	31~35 岁	56	15.0
	36~40 岁	34	9.1
	41~45 岁	18	4.8
	46 岁以上	8	2.1
学历	专科	10	2.67
	本科	128	34.2
	硕士	146	39.0
	博士	84	22.5
	其他	6	1.6

人口特征	分类	人数	比例/%
职业	专利代理师	48	12.8
	发明人/技术人员	132	35.3
	专利审查员	14	3.7
	与技术相关其他工作人员	180	48.1
职称	初级	84	22.5
	中级	76	20.3
	高级	40	10.7
	其他	200	53.5

3.3.2.2 探索性因子分析

为了验证专利代理师胜任特征因子分析可行性，将 374 份有效问卷随机分成两半，在一个样本（$N=187$）上先用探索性因子分析找出变量的因子结构。首先，对胜任特征重要度数据进行 KMO 检验和 Bartlett's 球形检验，确认数据是否适合进行因子分析，检查结果如表 3.8 所示。KMO 值为 0.875，结果大于 0.05，Bartlett 球形检验的 χ^2 值 512.475（自由度为 65），显著性水平小于 0.001，正式调查数据适合进行因子分析。

表 3.8 胜任特征因子可行性 KMO & Bartlett's Test 检验结果

KMO 样本充分性检验		0.875
Bartlett's 球形检验	近似卡方值	512.475
	df	65.000
	Sig.	0.000

其次，采用主成分分析法对数据进行因子分析。使用最大方差法进行因子旋转，所有题项均符合要求，全部保留。本书提取了 9 个因子，累计方差贡献率是 69.014%。得到的胜任特征因子负荷提取矩阵如表 3.9 所示。

表3.9 胜任特征正式问卷因子负荷提取结果

题项	因子								
	F_1	F_2	F_3	F_4	F_5	F_6	F_7	F_8	F_9
A3	0.839								
A4	0.837								
A2	0.769								
A1	0.536								
A9		0.813							
A6		0.792							
A7		0.711							
A8		0.708							
A5		0.668							
A11			0.871						
A12			0.868						
A10			0.840						
A13			0.791						
A16				0.845					
A14				0.825					
A15				0.779					
A20				0.670					
A18					0.867				
A17					0.849				
A19					0.740				
A22						0.880			
A23						0.839			
A21						0.800			
A24						0.794			

题项	因子								
	F_1	F_2	F_3	F_4	F_5	F_6	F_7	F_8	F_9
A25							0.865		
A26							0.856		
A27							0.819		
A30								0.844	
A32								0.844	
A31								0.811	
A28								0.787	
A29								0.786	
A33									0.872
A35									0.846
A34									0.835

通过表 3.9 可知，专利代理师胜任特征正式问卷的因子分析结果与初始问卷的探索性因子分析结果一致，同样得到了 9 个因子。

3.3.2.3　验证性因子分析

验证性因子分析（CFA）是指测试一个因子与相对应的测度项之间的关系是否符合研究者所设计的理论关系。本书通过对余下的 187 个数据进行验证性因子分析，以确定最佳的匹配模型，并进一步验证模型的效度。本书提出独立模型、一维模型和九因子模型三个假设。

本书选取 5 个研究指标，具体标准参数如图 3.13 所示。

通过验证性因子分析得到的专利代理师胜任特征三种结构模型对数据的拟合情况如表 3.10 所示。通过数据可以看出，说明本书的整体测量结构比较具有合理性和稳定性。与独立模型、一维模型相比，九因子模型的契合更加理想，是可以接受的，如图 3.14 所示。

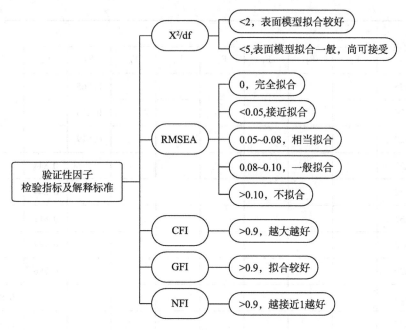

图 3.13 验证性因子分析检验标准

表 3.10 专利代理师胜任特征三种结构模型拟合指数比较

模型	独立模型	一维模型	九因子模型
χ^2	2266.077	466.420	1909.53
df	1133.000	77.000	524.000
χ^2/df	2.000	6.057	3.640
RMSEA	0.053	0.118	0.050
GFI	0.863	0.826	0.970
IFI	0.860	0.852	0.910
CFI	0.858	0.851	0.910
NFI	0.755	0.828	0.957

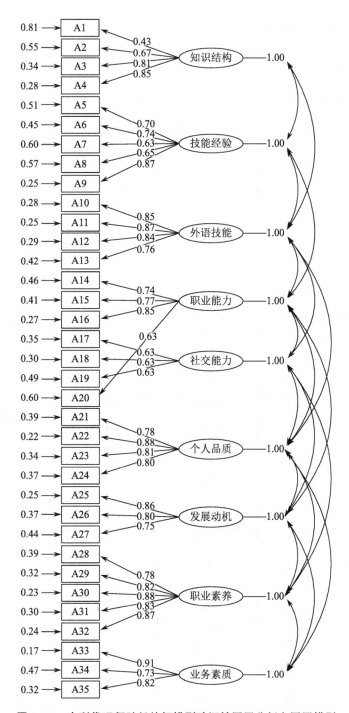

图 3.14　专利代理师胜任特征模型验证性因子分析九因子模型

3.3.2.4 信度效度检验

1. 信度检验

本书问卷的信度检验符合各项指标，通过各项标准。因此可以认为，本问卷具有良好的信度。具体如表 3.11 所示。

表 3.11 正式问卷的分层面信度分析

类目	题项	CITC	Alpha if Item Delete	Cronbach'α
知识结构	A1	0.365	0.952	0.741
	A2	0.504	0.951	
	A3	0.467	0.951	
	A4	0.533	0.951	
技能经验	A5	0.541	0.951	0.789
	A6	0.592	0.950	
	A7	0.527	0.951	
	A8	0.552	0.951	
	A9	0.607	0.950	
外语技能	A10	0.606	0.950	0.863
	A11	0.607	0.950	
	A12	0.557	0.951	
	A13	0.595	0.950	
职业能力	A14	0.606	0.950	0.787
	A15	0.642	0.950	
	A16	0.699	0.950	
	A20	0.615	0.950	
社交能力	A17	0.641	0.950	0.753
	A18	0.623	0.950	
	A19	0.564	0.951	
个人品质	A21	0.626	0.950	0.848
	A22	0.685	0.950	
	A23	0.680	0.950	
	A24	0.662	0.950	

续表

类目	题项	CITC	Alpha if Item Delete	Cronbach'α
发展动机	A25	0.579	0.951	0.802
	A26	0.511	0.951	
	A27	0.622	0.950	
职业素养	A28	0.550	0.951	0.870
	A29	0.654	0.950	
	A30	0.510	0.951	
	A31	0.553	0.951	
	A32	0.602	0.950	
业务素养	A33	0.690	0.950	0.808
	A34	0.581	0.951	
	A35	0.651	0.950	

2. 效度检验

效度分为内容效度、构想效度和判别效度三类。通过表 3.12 中数据可知，本研究问卷的各种效度良好。

在偏最小二乘法中，如表 3.12 所示，本量表的组合信度均在 0.8 以上，且平均方差提取值均在 0.5 以上，因此本模型显示出很高的收敛效度。

表 3.12 正式问卷的收敛效度

类目	观测变量	样本估计值	T 值	组合信度	平均方差提取值
知识结构	A1	0.510	6.134	0.835	0.767
	A2	0.742	16.663		
	A3	0.851	28.133		
	A4	0.856	35.489		
技能经验	A5	0.602	6.021	0.855	0.744
	A6	0.803	26.389		
	A7	0.745	14.255		
	A8	0.755	15.146		
	A9	0.602	6.021		

类目	观测变量	样本估计值	T 值	组合信度	平均方差提取值
外语技能	A10	0.820	24.907	0.907	0.710
	A11	0.880	37.064		
	A12	0.868	37.139		
	A13	0.799	21.272		
职业能力	A14	0.814	24.863	0.863	0.732
	A15	0.776	17.682		
	A16	0.837	27.776		
	A20	0.696	9.696		
社交能力	A17	0.838	29.540	0.860	0.673
	A18	0.859	33.633		
	A19	0.760	15.827		
个人品质	A21	0.801	23.441	0.897	0.687
	A22	0.873	46.814		
	A23	0.852	32.270		
	A24	0.786	21.628		
发展动机	A25	0.846	30.689	0.883	0.716
	A26	0.846	22.639		
	A27	0.846	34.033		
职业素养	A28	0.784	22.564	0.907	0.693
	A29	0.813	25.367		
	A30	0.815	19.830		
	A31	0.801	25.005		
	A32	0.852	38.411		
业务素养	A33	0.882	42.582	0.887	0.724
	A34	0.824	25.134		
	A35	0.845	32.975		

判别效度。如表3.13所示，通过比较构念之间的相关系数与平均方差提取值（AVE）的大小进行判定。对角线元素（AVE）的最小值为0.673，均大于构念相关系数中的最大值0.671，说明各构念之间的相关性较低，每个构念相对独立。能够与其他构念区分开来，则说明该胜任特征测量问卷具有良好的判别效度。

表 3.13　正式问卷的相关系数和 AVE 值

类目	业务素养	个人品质	发展动机	外语技能	技能经验	知识结构	社交能力	职业素养	职业能力
业务素养	(0.724)								
个人品质	0.440	(0.687)							
发展动机	0.510	0.638	(0.716)						
外语技能	0.455	0.507	0.507	(0.710)					
技能经验	0.523	0.449	0.506	0.543	(0.747)				
知识结构	0.428	0.472	0.362	0.620	0.432	(0.767)			
社交能力	0.623	0.645	0.534	0.411	0.602	0.451	(0.673)		
职业素养	0.641	0.577	0.389	0.367	0.586	0.358	0.659	(0.693)	
职业能力	0.617	0.586	0.560	0.518	0.645	0.489	0.514	0.570	(0.732)

注：括号中的数字代表各潜变量的 AVE 值。

3.3.2.5　因子含义分析

综合现有文献的理论成果及本书的最新成果，本书将专利代理师的胜任特征大体分为四个维度：知识技能、能力特征、人格特质及职业态度。并且本书还建立了专利代理师胜任特征三级结构。

专利代理师胜任特征模型因子定义及其内涵说明如下：

1. 知识技能

（1）因子一：知识结构。

定义：完成本职工作所必备的一种基础知识。

内涵说明：专利代理师的工作所需要涉及的知识面非常宽广，而且经常会接触新的知识。因此，具备一种包含法律知识、管理知识、外语知识等的多元知识结构，对于专利代理师出色地完成本职工作至关重要。

①专业技术知识：专利代理师必须精通的某个细分领域内的知识，以便能清楚地了解申请人的技术发明和读懂技术交底书。

②法律知识：具备法律知识可以让专利代理师撰写出更高质量的专利申请书，理解专利审查员的意见，以及为申请人的专利提供更好的保护。

③管理与经济知识：运用管理进行组织沟通知识，掌握技术经济、产业经济等相关经济知识。

（2）因子二：技能经验。

定义：技能经验是指运用自身的结构化知识完成本职工作的能力。

内涵说明：专利代理师要想出色地完成工作必然是要进行理论和实践的不断学习和锻炼才能实现的。这项维度包括：

①口头与文字表达：主要包括良好的逻辑能力和语言表达能力，能够在专利申请中流畅的阐述自身的观点，同时，还包括良好的文字功底能力，能够撰写出一份优质的专利申请书。

②法务经验：熟悉与专利有关的基础法律。

③计算机技能：能够熟练使用计算机中的各种办公软件。

④信息检索技能：搜集信息与整理信息的能力。

（3）因子三：外语技能。

定义：专利代理师具有良好的外语口语、阅读、翻译、写作能力。

内涵说明：在当今全球化的背景下，专利代理师不免需要服务外国的客户，因此，一个良好的英语口语表达能力与书写能力显得越发重要。这项维度包括：

①交流与阅读：良好的英语口语能力和阅读能力。

②翻译与写作：能够准确翻译外文知识产权类文章和外文专利文本，并能够用外语撰写专利申请文件。

2. 能力特征

（1）因子四：职业能力。

定义：专利代理师在工作中不断地积累经验、不断地更新自身知识结构，以委托人的利益为中心，为委托人提供优质服务的一种能力。

内涵说明：专利代理行业是一个不断与新技术接触的行业，因此，必须始终保持自身知识结构的"时髦"性，不断更新自身知识和能力。

这项维度包括：

①学习能力：能够主动学习各种新知识新技能和新能力的能力。

②服务能力：专利代理行业从本质上说依旧带有服务业的色彩。因此，服务能力是维护客户、提升经济效益的重中之重。

③执行能力：执行自身想法的能力。

④战略思考能力：对个人和企业未来的专利进行长远布局的能力，一种战略智慧和长远目光的结合。

（2）因子五：社交能力。

定义：一种人际关系能力，能与客户或者专利审查人进行良好沟通，解决所遇到的问题。

内涵说明：专利质量的高低在一定程度上取决于专利代理师对这项发明专利的理解与认识。专利代理师必须在与申请人在沟通的过程当中不断地引导发明人说出更多有关发明专利的细节，这样，代理人在申请专利授权和撰写专利申请书时才能够给予发明专利最大限度的保护。这项维度包括：

①沟通协调：能够与专利发明人、专利审查员，以及相关司法人员进行有效的沟通，通过沟通有效地解决问题。

②理解能力：对语言和文本的理解能力，是一种基本的能力。

③解决问题能力：一种逆境思考的能力、破局的能力。

3. 人格特质

（1）因子六：个人品质。

定义：个人品质更倾向于一个人的个人特征和性格表现。

内涵说明：个人品质更多地表现为专利代理师在复杂的工作中调节自身情绪、增强自身适应能力的一个过程，是一种遇到困难时展现出的自信和日常工作中的沉稳与一丝不苟的能力。这项维度包括：

①抗压性：专利代理师在遇到重大困难和紧急突发情况时所体现出的一种顽强的意志。

②自信心：专利代理师对完成自己的工作充满信心，并且通过努力证明自己的专业判断和能力。

③耐心：面对千篇一律和经常重复的工作时展现出的一种耐性。

（2）因子七：发展动机。

定义：发展动机是推动并指导专利代理师的行为方式朝着有利于实现目标内在驱动力。

内涵说明：发展动力是专利代理师为了取得更好绩效、更高职位、更高薪资的一种行为的内在驱动力。这项能力包括：

①工作激情：对待一项工作的基本态度，在遇到简单的工作时，要求专利代理师认真严谨；遇到复杂任务时，要求专利代理师不惧艰难，始终对自身的工作保持一种向上向美的热情。

②成就动机：专利代理师追求自认为重要有价值的工作的动力。

③创新思维：对传统有继承地突破。

4. 职业态度

（1）因子八：职业素养。

定义：职业素养是指专利代理师在自己的工作岗位上完成自身任务的一种基本态度和道德素质。

内涵说明：具体到专利代理师的工作，可以描述为是专利代理师在自己的工作中替委托人保守技术秘密的一种道德，以及讲诚信、守法律积极维护行业良好形象的精神。

①道德感：道德感是专利代理师最本质的职业情感，最基本的职业态度。

②责任感：责任感是对自己行为所产生的后果的一种担当，具有责任感的专利代理师可以对申请专利进行更加细心的照料，也会获得更多来自委托人的好评。

③保密意识：对发明人技术发明的保护。

④法律意识：专利道理人在专利的申请、运用和保护的过程中，都能自觉地遵守相关的法律法规的意识。

⑤诚信：待人处事真诚、讲信誉；勇于对于设定的任务目标承担个人相应的责任。

（2）因子九：业务素养。

定义：专利代理师在完成专利代理服务活动的过程中所具备的综合能力的体现。

内涵说明：专利代理服务的工作内容和性质，需要专利代理师严肃、谨慎、细心对待，同时要条理清晰，配合团体，共同合作，以保障专利代理质量及提高工作效率。

①严谨细致：专利代理师不仅细心、认真，而且能够层次分明有条理地完成代理事务。

②团队精神：具有大局意识、协作精神，能够协同合作，保证专利代理服务高效率运转。形成的专利代理师胜任特征模型框架，如图3.15所示。

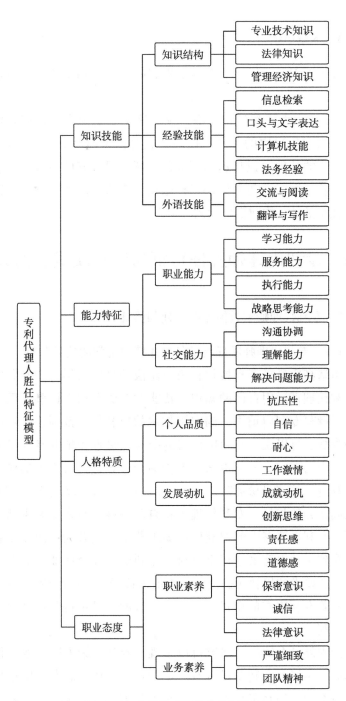

图 3.15　专利代理师胜任特征模型

3.3.3 本章小结

通过验证性因子分析，对上述所提到的专利代理师的胜任特征结构进行了分析。

从结果来看，每个维度都具有意义，这主要是由专利代理师在实际工作中的工作内容所决定的。专利代理师想要出色地完成自己的本职工作，单单具有扎实的基础知识是远远不够的，还需要较好的个人品质、职业素养、业务素养；同时，还要保持工作激情，有追求成功的欲望，善于在工作中开展社交活动，构建良好的人际关系。

3.4 专利代理师胜任特征与专利质量的相关性

3.4.1 专利代理师绩效模型的构建与验证

3.4.1.1 专利代理师胜任特征与工作绩效之间的关系分析

专利申请高质量是专利授权在第一阶段的最终目标，在专利申请的过程中，专利代理师运用自己的知识、技能对发明专利进行事无巨细的全面了解，然后撰写专利申请书，确定该技术的权利保护范围、技术覆盖范围等一系列参数。可以说，专利申请书的撰写质量直接影响专利最终的申请质量。专利申请书在专利从申请到保护的全过程都具有重要的作用，是一项发明专利行走的"身份证"。专利申请书又可以被视为专利代理师和专利审查人之间博弈的战场。专利代理师将自己的诉求写入专利申请书中，通常情况下，专利申请书中的权利保护要求范围都比较大；而在专利审查人方面，当拿到专利申请书进行审查时，专利审查人会仔细核对专利本身的特性，以及所要求的权利保护范围是否值得授予。专利申请书的质量高低，间接地影响着专利审查的质量，只有当两者的质量都得到保证时，才会产生高质量专利。

综合国内外已有的相关研究可以发现，专利申请人通过专利代理师的专利代理服务对提升专利质量具有一定的积极作用，而专利质量的高低又可以作为对专利代理师工作能力的一种评价方式。实际上，二者之间已经形成了一种互相促进、相辅相成的依赖关系。

影响专利质量的因素包括专利的内在属性和外在属性两大类。而专利代理师的代理服务不仅包含了这两大类影响因素，还贯穿于整个知识产权申请的全过程。对于战略指导质量来说，专利代理师在前期通过与委托人进行细致充分的沟通及通过信息检索、专利查询等方式，力争对申请专利做到全面了解，从而向专利发明人提供具有战略性意义的指导，以期提高专利未来的法律价值和经济价值。对于文本撰写质量，它是专利代理师和审查员通过发挥主观能动性对专利申请文本是否符合法律要求的质量。

（1）战略指导质量。专利代理师在充分了解专利信息和特征的基础上，对专利未来的产业化布局，以及提升专利在未来的技术价值和经济价值所给出的建议。

（2）文本撰写质量。载有对所要申请的发明专利的技术生命周期、权利要求数和技术保护范围等指标的文本，其撰写质量的高低直接影响专利申请的最终质量。

3.4.1.2　专利代理师胜任特征与工作绩效关系假设

为了验证前文所提出的专利代理师的九项胜任特征对工作绩效具有影响，特提出如下假设。

（1）合理完善的知识结构是专利代理师从业的基础要求。专利代理需要运用自身积累的多元化知识在不同的阶段为专利申请人提供不同的服务，如在专利摸底阶段，应该充分了解发明人的发明详情，以及评估该发明专利是否符合专利的"三性"要求；在申请阶段，运用丰富的知识帮助申请人撰写出一份高质量的发明专利申请书；在专利保护阶段，还要求专利代理师运用自身的法律知识，为发明专利的侵权提供证据支持。因此本书提出假设：

H1a：知识结构对战略指导质量有显著正影响

H1b：知识结构对文本撰写质量有显著正影响

（2）技能经验相比于知识结构更加倾向于实践层面。技能经验是专利代理师在实践工作的过程当中不断学习和总结获得的，包括一定的法务经验，计算机技能及信息检索技能等。因此本书提出假设：

H2a：技能经验对战略指导质量有显著正影响

H2b：技能经验对文本撰写质量有显著正影响

（3）在当今经济全球化和贸易全球化的浪潮当中，知识产权的全球化进程进一步加深。现如今，专利代理师常常免不了为外国委托人进行专利申请服务，因此，通过准确地阅读和理解国外关于专利技术的资料，获取相关信息，同时通过与国外技术人员的交流了解前沿技术发展信息就显得极为重要。因此本书提出假设：

H3a：外语技能对战略指导质量有显著正影响

H3b：外语技能对文本撰写质量有显著正影响

（4）专利代理师的学习能力是其不断提高专业能力和综合素养的源泉，由于专利代理师的工作基本上都是在与新技术和新知识进行接触，所以，培养良好的学习能力既是不断应对日新月异的变化的需要，也是不断提升自身工作绩效的需要。因此本书提出假设：

H4a：职业能力对战略指导质量有显著正影响

H4b：职业能力对文本撰写质量有显著正影响

（5）专利代理师在专利申请初期要不断地与专利审查人进行沟通，以便于全面了解申请的技术发明的全部信息。这对于专利代理师的沟通能力和社交能力提出了一定的要求。因此本书提出假设：

H5a：社交能力对战略指导质量有显著正影响

H5b：社交能力对文本撰写质量有显著正影响

（6）个人品质指的是专利代理师深层次的性格特征，是对于外部环境的反应方式或心理倾向，所以专利代理师的抗压性、自信心、耐心等个人品质对战略指导质量和文本撰写质量具有影响作用。因此本书提出假设：

H6a：个人品质对战略指导质量有显著正影响

H6b：个人品质对文本撰写质量有显著正影响

（7）发展动机是专利代理师自我人生目标的一种体现，拥有强烈的发展动机可以使专利代理师在工作岗位上产生强大动力，促使着专利代理师不断推陈出新，取得突破，所以专利代理师的发展动机对战略指导质量和文本撰写资料有影响作用。因此本书提出假设：

H7a：发展动机对战略指导质量有显著正影响

H7b：发展动机对文本撰写质量有显著正影响

（8）专利代理师的工作性质决定了其往往是除了专利发明人本人以外第一个对专利有深层次了解的人，专利代理师的道德感、责任感、保密意识等职业素养对战略指导质量和文本撰写质量具有影响作用。因此本书提出假设：

H8a：职业素养对战略指导质量有显著正影响

H8b：职业素养对文本撰写质量有显著正影响

（9）业务素养是结合业务能力与道德素质的一种综合性的评价标准。

H9a：业务素养对战略指导质量有显著正影响

H9b：业务素养对文本撰写质量有显著正影响

以上的研究假设内容如图 3.16 所示。

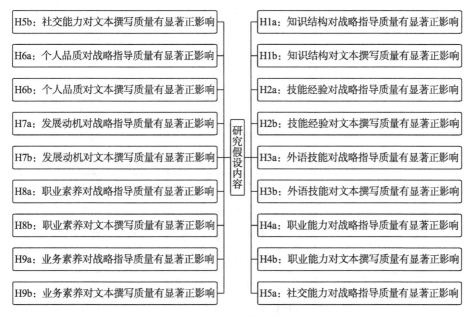

图 3.16　研究假设的内容

3.4.1.3　工作绩效问卷开发

本书采用李克特 5 级量表，预调研对象为专利代理师、专利申请人员、发明人、与技术相关人员。最终有效回收问卷 110 份，问卷有效率 94.8%。除题项 9 以外各题项均具有良好的信度，故删除题项 9。

数据进一步通过了探索性因子分析的条件，具备进行因子分析的可行性。经过一系列的修缮，最终得到 11 个题项作为专利代理师工作绩效的正式调查问卷，见附录 2。

3.4.1.4　工作绩效问卷的因子结构分析

被试的基本情况见表 3.14。

表 3.14　正式绩效问卷样本基本情况

人口特征变量	分类	比例/%
性别	男	66.3
	女	37.7
年龄	25 岁以下	33.2
	25~30 岁	35.8
	31~35 岁	15.0
	35~40 岁	9.1
	41~45 岁	4.8
	46 岁以上	2.1
学历	专科	2.67
	本科	34.2
	硕士	39.0
	博士	22.5
	其他	1.6
职业	专利代理师	12.8
	发明人/技术人员	35.3
	专利审查人	3.7
	与技术相关的其他工作人员	48.1
职称	初级	22.5
	中级	20.3
	高级	10.7
	其他	53.5

1. 工作绩效量表的探索性因子分析

在发放的 374 份有效样本中随机选取 187 份，进行探索性因子分析，寻找专利代理师绩效的潜在结构。对绩效数据进行 KMO 检验和 Bartlett 球形检验，其中 KMO 值为 0.821。从 Bartlett 球形检验结果看，显著性水平小于 0.001，表面样本数据适合进行因子分析，详情见表 3.15。

表 3.15　工作绩效 KMO & Bartlett's Test 检验结果

KMO 样本充分性检验		0.821
Bartlett's 球形检验	近似卡方值	303.480
	df	55.000
	Sig.	0.000

然后进行因子分析。根据结果，在对所有题项保留的前提下，最终提取两个因子，累计方法贡献率为 65.747%，详见表 3.16 所示。

表 3.16　工作绩效因子提取结果

题项		B1	B2	B4	B5	B6	B3	B7	B8	B9	B10	B11
因子	F_1	0.861	0.840	0.668	0.647	0.646	0.640	0.566				
	F_2								0.826	0.797	0.713	0.677

根据因子上成分载荷的性质，将因子一命名为战略指导，因子二命名为文本撰写。

根据探索性因子分析结果和文献梳理，结合专利代理师工作的实际情况，建立专利代理师工作绩效模型。该绩效模型由两个维度构成，分别为战略指导和文本撰写，由这两个维度来衡量绩效并对其产生影响，如图 3.17 所示。

2. 工作绩效量表的验证性因子分析

对前文探索性因子分析余下的 187 份问卷进行验证性因子分析，以确定最佳匹配模型。

由此本书提出独立模型、一维模型和二因子模型三个模型假设：通过验证性因子分析，选择拟合度最优的模型最为绩效模型结构。如表 3.17 所示。

图 3.17　专利代理师工作绩效模型

表 3.17　三种工作绩效模型拟合指数比较

模型	独立模型	一维模型	二因子模型
χ^2	20773.800	938.270	91.700
df	101.000	59.000	43.000

续表

模型	独立模型	一维模型	二因子模型
χ^2/df	204.680	15.850	2.130
RMSEA	0.620	0.160	0.078
GFI	0.750	0.826	0.920
IFI	0.520	0.870	0.980
CFI	0.510	0.931	0.980
NFI	0.550	0.890	0.960

通过三种绩效结构模型对数据拟合情况的比较，二因子模型的 χ^2/df 为 2.13，表面模型拟合较好。拟合优度指标 NFI、GFI 值均大于 0.90，CFI、IFI 值大于 0.95，RMSEA 为 0.078，说明本书的绩效二因子模型对于数据的拟合情况要明显好于其他两种模型。因此，验证性因子分析的结果验证了二因子绩效模型是一个最适用于专利代理师绩效特点的合理结构，具体见图 3.18。

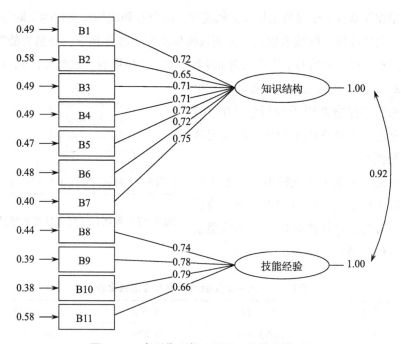

图 3.18　专利代理师二因子工作绩效模型图

3. 工作绩效问卷的信度效度检验

（1）信度检验。本问卷采用 Cronbach'α 系数来判断总体信度和分问卷信度，量表信度结果如表 3.18 所示。

表 3.18　专利代理师工作绩效问卷的分层面信度分析

分量表	战略指导								文本撰写		
题项	B1	B2	B3	B4	B5	B6	B7	B8	B9	B10	B11
CITC	0.616	0.645	0.494	0.747	0.642	0.710	0.612	0.499	0.607	0.682	0.597
删除项后的 α 值	0.886	0.884	0.892	0.877	0.884	0.879	0.886	0.891	0.886	0.882	0.886
Cronbach'α	0.874								0.801		

（2）效度检验。对本研究问卷的构想效度和收敛效度进行检验。

在偏最小二乘法中，如表 3.19 所示，本量表的组合信度均在 0.8 以上，且平均方差提取值均在 0.5 以上，因此本模型显示出很高的收敛效度。

表 3.19　工作绩效问卷的收敛效度

构念	观测变量	样本估计值	T 值	组合信度	平均方差提取值
战略指导质量	B1	0.748	17.179	0.880	0.513
	B2	0.699	13.114		
	B3	0.706	13.900		
	B4	0.692	16.620		
	B5	0.722	16.068		
	B6	0.696	15.907		
	B7	0.753	22.811		
文本撰写质量	B8	0.777	20.779	0.848	0.584
	B9	0.799	25.989		
	B10	0.810	20.266		
	B11	0.670	10.574		

因此，专利代理师工作绩效正式测量问卷较理想地通过效度检验。

3.4.2　专利代理师胜任特征与绩效关系的路径分析

在初步构建了影响专利代理师的工作绩效的评定标准之后，就需要进一步确定这些所构建的标准与专利代理师的最终绩效之间是否存在着高度的相关性。本书使用 SMART PLS3.0 对 9 个胜任特征与两类工作绩效进行相关分析，如表 3.20 所示。二者之间的相关系数较高（0.438~0.681），且存在显著的正相关，说明专利代理师胜任特征均是与高工作绩效相关联的特征，对工作绩效有预测作用。

表 3.20　专利代理师胜任特征与工作绩效各因子间的相关系数

胜任特征	战略指导质量	文本撰写质量
业务素养	0.543	0.553
个人品质	0.485	0.563
发展动机	0.633	0.625
外语技能	0.472	0.438
技能经验	0.566	0.546
知识结构	0.533	0.673
社交能力	0.535	0.587
职业素养	0.621	0.681
职业能力	0.652	0.496

本书利用 R^2 判断结构模型的解释能力。在本研究中，构念战略指导质量、文本撰写质量的 R^2 值分别为 0.459 和 0.410，具有良好的解释力度。通过 T-value 值和 MI 值对模型进行反复的修改与完善，删除不显著路径，增加显著路径，力求使模型达到一个理想的程度。并且使用 SMART PLS3.0 中提供的 Bootstrapping 方法求得每个路径系数对应的 T 值，并据此判断系数的显著性，详细结果见表 3.21。最终获得一个比较理想的专利代理师胜任特征与绩效关系结构模型，其路径图如图 3.19 所示，拟合情况见表 3.22。

表 3.21　路径系数显著性检验结果

路径		路径系数	显著性
从	到		
知识结构	战略指导质量	0.3703	* * *
知识结构	文本撰写质量	0.3201	* * *
技能经验	战略指导质量	0.3472	*

路径		路径系数	显著性
从	到		
技能经验	文本撰写质量	−0.0248	n. s
外语技能	战略指导质量	0.1395	* * *
外语技能	文本撰写质量	−0.0248	n. s
职业能力	战略指导质量	0.0379	n. s
职业能力	文本撰写质量	0.3633	* * *
社交能力	战略指导质量	0.0426	n. s
社交能力	文本撰写质量	0.3161	* * *
个人品质	战略指导质量	0.0635	n. s
个人品质	文本撰写质量	0.2695	* * *
发展动机	战略指导质量	0.0848	n. s
发展动机	文本撰写质量	0.1358	*
职业素养	战略指导质量	−0.0410	n. s
职业素养	文本撰写质量	0.2262	* *
业务素养	战略指导质量	0.2690	* * *
业务素养	文本撰写质量	0.3151	* * *

* 表示在 0.10 水平下显著，* * 表示在 0.05 水平下显著，* * * 表示在 0.01 水平下显著，n. s 表示没有通过显著性检验。

表 3.22 中的 χ^2/df 指超过了 5，说明模型拟合得并不十分理想，因此还需要进一步考虑其他指标的情况。CFI 超过临界值，IFI、NFI、GFI 基本达到要求，RMSEA 达到较好的拟合水平（0.05 ~ 0.08）。各项指标均较为理想，因此认为该模型具有较好的拟合优度，验证了专利代理师胜任特征与绩效关系的构想。

表 3.22 专利代理师胜任特征与工作绩效因果关系模型拟合情况

模型	独立模型	模型	独立模型
χ^2	2906.240	GFI	0.995
df	298.000	IFI	0.920
χ^2/df	9.750	CFI	0.910
RMSEA	0.070	NFI	0.890

　　由图 3.19 可以看出，战略指导质量和文本撰写质量有着不同程度的影响因子（胜任特征），对战略指导质量产生显著影响的指标有知识结构、职业能力、业务素养、个人品质、发展动机几项。其中，知识结构与职业能力对战略指导的影响要显著高于其他同类项。影响文本撰写质量的因素主要有知识结构、技能经验、外语技能、社交能力、职业素养、业务素养。其中，技能经验对文本撰写质量的影响要显著高于其他同类项。战略指导质量的提高又有助于推动文本撰写质量的提升（结构方程系数为 0.36）。

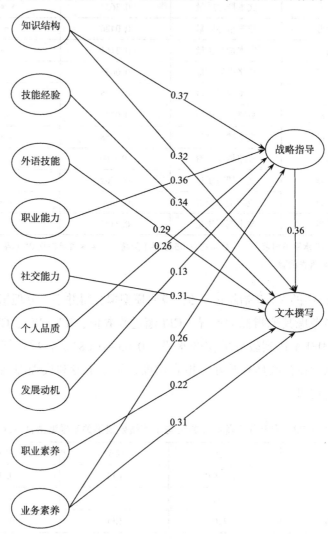

图 3.19　专利代理师胜任特征与工作绩效因果关系的路径图

胜任特征对绩效的预测作用有直接影响和间接影响两种。直接影响就是各胜任特征直接对战略指导质量和文本撰写质量的影响，间接影响是指先通过影响其他指标或主体再去影响目标，即加入了一个"中介"，所以考虑胜任特征对绩效的预测作用，要从直接影响和间接影响两个方面去考虑。

3.4.3　结论与展望

3.4.3.1　研究结论

随着科技时代的来临，知识产权对于经济发展的作用愈发明显。我国从实施知识产权战略以来，知识产权的数量逐渐增加，但是，专利代理行业的扩充速度显然不能满足实际需要，尤其是人才的建设。因此，本书选择专利代理师的胜任特征作为研究主题，根据斯宾塞（Spencer）的冰山模型理论和彭剑峰的 FPEB 模型，分析专利代理师职业特点，探讨了专利代理师胜任特征组成，胜任特征与工作绩效之间的关系。根据调研数据，本书提出如下结论。

第一，本书在斯宾塞的冰山模型理论和彭剑峰的 FPEB 模型的基础之上，通过大量查阅现有文献，总结相关研究成果，并结合实际，从知识技能、能力特征、人格特质、职业态度四个方面构建了专利代理师胜任特征模型并自行开发了测量量表。模型共由知识结构、技能经验、外语技能、职业能力、社交能力、个人品质、发展动机、职业态度、业务能力九个维度，以及专业技术知识、法律知识、管理经济知识；信息检索、口头与文字表达、法务经验；交流与阅读、翻译与写作；学习能力、服务能力、执行能力、战略思考能力；沟通协调、理解能力、解决问题能力；抗压性、自信、耐心；工作激情、成功动机、创新思维；责任感、道德感、保密意识、诚信、法律意识；严谨细致、团队精神等 28 个特征构成。本书通过这些特征提出了三个模型假设，分别为独立模型、一维模型和九因子模型。验证性因子分析表明，九因子模型明显优于其他两类模型，有力地支持了本书的观点。

第二，专利代理师胜任特征与工作绩效之间存在着密切的相关性，胜任特征子维度对工作绩效子维度具有显著的相关影响。专利代理师胜任特征不同维度对工作绩效不同维度有着不同程度的影响作用。其中，知识结构、业务素养、职业能力、个人品质、发展动机这五项胜任特征对战略指导质量具有直接的影响作用；知识结构、技能经验、外语技能、社交能力、职业素养、业务素养对文本撰写质量有着直接的影响。战略指导质量对文本撰写质量具有预测作用，战略指导质量的提高又有助于推动文本撰写质量的提升。

3.4.3.2 专利代理师胜任特征开发的政策建议

经过前文的研究，我们构建了专利代理师胜任特征模型，也初步探究了不同的胜任特征对工作绩效的影响程度。因此，本书以此为基点，对我国提升专利代理人才队伍的培养提出几点建议。

1. 专利代理师选拔标准

我国目前的专利代理师选拔方式还是以书面考试为主，通过专利代理师资格考试、上岗培训证书考试、执业资格证书考试等，才能成为一名正式的专利代理师。反观美国和日本等创新型国家，它们在专利代理师的选拔中不仅具有完善的笔试环节，还具有面试环节，特别注重对应试者的逻辑能力、语言表达能力、应变能力和抗压能力的测试，这与本研究所得到的结论不谋而合。社交能力是影响专利代理师工作绩效的一项重要维度，因此，具备一定的社交能力是胜任此工作的关键。

笔者认为，我国在选拔专利代理师人才的时候，可以将选拔考试设置为逐步淘汰制的四轮考试形式。第一轮考试考察法律基础知识，只有通过第一轮考试者才能报名参加第二轮考试。通过第一轮考试但没有通过第二轮考试者在未来一定时间内可以免试第一轮考试。第二轮考试重点考察专利代理实务知识。可以分为两个模式，应试者可以根据自身的兴趣与专长来选择应试板块。第三轮考试设置为面试，注重考查专利代理应试者的反应能力、逻辑能力和语言表达能力。第四轮设置为实务进修课程，只有通过进修课程考试者才能够正式注册，具备专利代理师职业资格。

2. 专利代理师培训方式

目前，我国对专利代理师的培训内容单一，单方面重视对知识技能和技能经验的培训，缺乏多元化的能力培养。职业能力、个人品质和技能经验均对专利代理师的工作绩效具有显著影响。斯宾塞将人的能力分为表象的（知识、技能）和潜在的（自我认识、态度、性格、价值观）。职业能力虽然不是表象的，但是依旧可以通过训练达到一定的要求。个人品质是内在的特征，其不像表象特征那样可以直接影响工作绩效，但是同样对工作绩效具有深远的影响。面对多元复杂的专利代理胜任模型，我们在实际的培养中，不能循规蹈矩，故步自封，而是要根据每一个专利代理师的个人特征，取长补短，有针对性地进行培训。

培训课程可以根据专利代理胜任模型分为实务培训课程、职业能力课程及个性发展课程。实务培训课程可以教授专利文本撰写、信息检索、专利申请实务、复审及无效代理实务、专利侵权与诉讼、专利咨询等内容；职业能力培训课程可以教授沟通与表达、能力素质拓展、问题解决技巧、时间管理、职业态度等；内容个性发展培训课程可以教授自我发展、人文素养、领导力等内容。在此基础上，还要对专利代理师进行职业道德的培训。

3. 专利代理师评价指标

我国以往对专利代理师的评价标准通常是以代理申请案件的数量为标准的，这种标准缺乏一定的准确性。国家知识产权局每年会评出一星、二星、三星专利代理师，但尚未形成适用于所有专利代理师的分级评价标准。那么，对专利代理师的评价可以根据专利代理师所处不同级别，对专利代理师的评价指标根据级别设定不同权重。基于专利代理师所需的胜任特征和工作绩效之间的关系，可以将专利代理师撰写的文本质量和战略指导质量及服务质量纳入考核体系之中，摒弃以往的只看数量不看质量的评价标准。

配套差异化的专利代理师评价系统及对专利代理师进行分层管理，可以更有效更合理地分配资源，同时也能对专利代理师起到更有效的激励作用。

4. 专利代理服务标准

仅仅是专利申请数量的提升已经不能满足我国知识产权事业发展的需要，同时对比其他主要创新型国家可以发现，这些国家都是以高质量专利作为本国知识产权战略发展的重点，这就对专利代理师赋予了艰巨的任务。专利代理师作为专利的二次发明人，是对专利质量进行把关与提升的重要关键点。因此，专利代理师应该充分认识到自身工作的重要性和积极意义，通过提升自身能力素质，提升专利申请质量、审查质量和专利质量。

5. 专利代理师职能要求

现阶段，专利代理师的主要职能包括传统的提供专业知识的咨询服务、撰写专利申请书、帮助申请人办理各种专利手续等。但是，随着专利数量的不断提升，各国对专利质量的要求也在不断提高。专利的质量才是专利的生命，单单依靠数量无法取胜。所以，专利代理师的职能范围在近些年出现了逐步扩大的趋势，包括加强职业道德规范、帮助企业进行长远的战略布局、处理国际知识产权事务，做好国际知识产权规则的预测及应对工作。

6. 专利代理师管理机制

研究发现，专利代理师胜任动机对文本撰写质量的影响比较显著，而对于战略指导质量的影响是有限的。在专利申请前期的文本撰写当中，就包含了专利的申请动机，专利的申请动机，对专利未来的发展有着决定性的影响。因此，可以考虑将专利代理师进行分类分级管理。一部分专利代理师专门负责提供专利申请、专利信息咨询和专利申请书撰写等基础性和常规性的服务；另一部分专利代理师则负责较高级别的专利布局、专利转化和运用等方面的工作。

专利代理师的性质不同，因此，对专利代理师的评价不能一概而论。本书旨在建议对专利代理师进行分级管理与评价或者建立评价体系。一级的专利代理师是最高级别，该级别的专利代理师不仅需要良好的知识基础与一般业务的能力，还能够针对不同的客户提供具有针对性的服务；同时，还应该具有长远的发展眼光，能够将专利在后期的运用和转化的过程中发挥出专利应有的效益，替企业进行宏观层面上的专利布局。二级专利代理师为第二级别，对该级别的专利代理师的要求并没有第一级别的多，该级别的专利代理师需要精通专利法相关的知识，能够在发生知识产权侵权时，为权利人或发明人提供支持。二级专利代理师能够通过专利维权的难易程度对权利要求的构建方式进行指导。三级专利代理师相比于前两级的要求进一步降低，该级别的专利代理师主要将精力放在专利申请上面，能够与委托人进行无障碍沟通，充分了解发明专利的所有特征，帮助申请人撰写一份高质量的专利申请书。三级专利代理师具有较强的学习能力，有意识扩充培养自己在相关技术领域的新知识新技能。四级专利代理师是最低层次的，对该级别的要求最低，该级别专利代理师要准确掌握并研读专利审查指南，具有一定的申请文本撰写能力，能够依据模板进行审查意见的答复。

通过对专利代理师进行分级管理，不仅有助于专利代理师发挥自身的特长，实现自身的职业规划，还有助于起到一个更好的激励效果。

3.4.3.3　研究特色

目前，对专利代理师胜任特征的相关研究还不多见。这可能是由于专利代理师是一个比较特殊的群体，工作常常涉及保密、专业性及客户的多元性。本书所提出的专利代理师胜任特征模型丰富和深化了胜任特征理论，同时量化了专利代理师素质能力，对我国现阶段选拔和培养专利代理服务行业的人才具有一定的借鉴意义。

3.4.3.4　研究局限与研究展望

本书首先通过查阅大量文献建立了专利代理师胜任特征模型，然后通过实证研究对该模型进行了验证，并逐一探讨了各个胜任特征维度对工作绩效各子维度的关系，对我国改变专利代理师的选拔和培养方式，具有一定的理论价值和现实价值。但是，由于研究条件的限制，本书还存在一些局限和不足，还有一些问题需要后续展开深入研究。

1. 研究局限

由于目前我国对专利代理师的胜任特征模型的研究较少，相关实证性研究更是寥寥无几，所以，供本书借鉴的内容较少。虽然验证性因子分析的各拟合优度验证专利代理师胜任特征模型具有一定的合理性，但是个别影响因素并不十分理想，在理论上来看这样的分析不全面，也不够彻底。

本书中的调查问卷的发放对象主要是东部沿海地区，缺少对中西部地区的调查研究，具有一定的地域偏差。

对于胜任特征与工作绩效之间关系，缺少对调节因素的考虑，工作绩效的指标体系设计上还不够全面。

2. 研究展望

目前，我国专利代理行业人才供给不足，无法满足我国专利行业发展的需要。在今后的研究中，不仅需要开发出一套科学合理的专利代理师胜任特征模型，还需要开发出一套标准的测量工具，对我国专利代理师的实际情况进行测评，并以专利申请质量提升为依据发现和诊断我国专利代理师在胜任素质构型上存在的问题，为我国知识产权战略的制定与完善提供理论依据。

第4章　知识产权服务行为与专利质量

4.1　知识产权服务行为的相关理论分析

4.1.1　问题的提出

随着我国专利数量的爆发式增长，知识产权服务的供给显得捉襟见肘。知识产权服务作为知识产权领域内重要的"后勤保障"，对于实现我国的专利质量提升，建设知识产权强国的目标具有重要作用。近年来，随着我国建设知识产权强国的脚步加快，知识产权服务的重要性也与日俱增。2014年12月，《关于知识产权服务标准体系建设的指导意见》出台，对知识产权服务的重要性给予了明确的肯定。2015年1月，国务院办公厅转发《深入实施国家知识产权战略行动计划（2014—2020年）》，明确提出要发挥知识产权服务在建设知识产权强国任务中的重要作用。2017年6月，国家知识产权局发布的《知识产权人才"十三五"规划》，进一步强调知识产权人才对知识产权建设的重要作用。2021年9月，中共中央、国务院印发了《知识产权强国建设纲要（2021—2035年）》，提出培育国际化、市场化、专业化知识产权服务机构，开展知识产权服务业分级分类评价。

我国的知识产权服务主要是为了给技术创新提供各种服务保障，提高科技创新的整体质量，使其可以为组织和企业发挥更大的价值。以前的创新都是独立个体的创新，个人与组织之间的联系非常少，但是随着各行各业之间的联系日益紧密及经济和贸易全球化的加速推进，各创新主体之间开始有了联系且联合型创新已经逐渐成为主流的创新模式。随着创新经济的不断发展，越来越多的企业和组织认识到，只有依靠不断创新，依靠高质量的知识产权，才能使自身屹立于不败之地。高质量的知识产权不仅需要财政与人才的大量投入，还需要借助高质量的专业服务。因此，将知识产权服务与合作创新相融合，一方面可以大大提升创新效率，另一方面可以更好地将知识产权优势转化为我国的核心竞争力，体现出合作创新对我国创新发展的重要性。

本节将知识产权服务中的合作创新行为作为研究对象，在阅读大量文献的基础上，结合实际，运用计划行为理论对知识产权服务中的合作创新行为的影响因素进行系统研究；然后系统分析合作创新行为的行为态度、主观规范、知觉行为控制三个变量对合作创新行为的影响和它们三个之间的相互影响，以及合作创新意愿在三个变量与合作创新行为之间的中介作用，并在此基础上建立理论模型；接着综合各方建议制作调查问卷，对收集到的数据进行相关检验，以验证理论模型，得出结论；最后根据得出的结论，为政府日后的管理行为提供政策建议。

本章研究运用的主要研究方法如下。

（1）文献研究法。文献研究法是对大量的文献进行阅读、归纳和整理。本章对知识产权服务、合作创新行为及两者之间的属性关系等进行了大量的文献综述，为全书的研究提供了理论基础。

（2）问卷调查法。本章结合相关理论和实际，设计了"知识产权服务中的合作创新行为形成机理调查问卷"；通过发放问卷获取相关数据，为验证相关研究假设的合理性和理论模型的科学性提供数据支撑。

（3）统计分析法。利用 SPSS18.0 和 AMOS21.0 软件两个统计分析软件，对理论模型和研究假设涉及的相关内容进行实证检验，以验证模型的精确性。

4.1.2　知识产权服务的相关研究

1. 知识产权服务概念研究

目前，针对知识产权服务的概念，国内外学者还没有形成统一的论述。通过查阅大量国内外文献发现，目前对知识产权服务概念的界定大体可以分为宏观和微观两个方面。从宏观层面上讲，以蓬（Peng）和贾（Jia）、丹赫托、（Den Hertog）、虞文武等为代表的学者从功能的角度出发，认为知识产权服务是一种实际的功能和作用，它的发生主体是知识产权服务机构和各类知识产权组织，发生对象是从事科技创新的企事业单位，发生的表现形式即各种知识产权法律代理、信息咨询等；从微观层面上来说，以迈尔斯（Miles）、古尔德（Gould）和格鲁本（Gruben）、邓社民等为代表的学者从意义的角度出发，认为知识产权服务是实现知识产权本质价值的桥梁和推手。

基于上述分析，可以将知识产权服务的概念界定为：各类知识产权服务机构在相关法律法规的约束下，通过为发明主体在知识产权的全过程中提供自身高附加值的服务而获取报酬的一种行为。从这一定义中可以看出，知识产权服务是由多主体参与的、服务内容多元化的一种服务行为和过程。在参与主体中，政府作为政策制定者，在知识产权服务中发挥着关键作用，同时，各种公私服务主体及企业、高校、科研院所等不同的服务对象共同构成了知识产权服务中的多元化主体。另外，知识产权服务的内容也是多元化的，既包括技术服务，又包括经济服务和法律服务。知识产权服务的多元化属性在一定程度上决定了加强各主体之间的互动和联系是必要的。

2. 知识产权服务合作内容研究

通过对我国目前的研究进行梳理可以发现，我国学者对关于知识产权服务方面的研究相对较少，但是，研究视野比较宽阔，研究涉及信息、平台建设、服务机制等多方面。由此可见，在合作创新的大背景之下，知识产权服务的融合创新模式已经是大势所趋，与之相配套的知识产权服务的模式也势必要符合创新模式，强化融合服务、多元服务。

3. 知识产权服务合作影响因素研究

影响知识产权服务的因素是多方面的，结合已有相关文献的观点，可将影响知识产权服务的因素概括为两大类：内在因素和外在因素。对于内在因素来说，主要是指创新主体内部的，如企业的研发资金、所拥有的科研人才等；外在因素主要是组织外部的，如政府的政策导向、竞争对手的情况等。下面将从以下几个方面对影响知识产权服务的相关因素进行仔细阐述。

（1）创新主体的研发投入能力。在如今的知识经济时代下，各创新主体都在大力投身于创新的浪潮中。创新是第一生产力，企业的生命在于创新。在企业将大量的资金投入技术创新时，其对于产生高质量、具有突破性的新技术需求就显得尤为迫切。此时，企业就会更加倾向于与知识产权服务机构合作，争取利用外部服务机构的专业知识来提升自身专利的含金量和价值，使自身投入的成本能够得到最大限度的回报。

（2）知识产权服务机构的服务能力。鲁篱指出，知识产权服务机构在某种程度上起到促进国家和企业之间沟通的桥梁的作用，促进了企业与政府之间的沟通渠道的建设，增进了政府、企业和知识产权服务机构三者之间的紧密结合程度。唐恒和周化岳指出，知识产权服务体系包含多个服务层面，其中中介服务机构作为中介层，其在促进各个层面与部分之间的相互联系和合作方面具有重要作用。知识产权中介机构作为知识产权服务机构的主体，一方面是社会上提供知识产权服务的主力军，另一方面也是国家和企业之间的联结，起到桥梁和纽带的作用。由此可见，知识产权服务机构的服务能力和水平对于促进知识产权服务合作具有一定影响。

（3）政府的支持。政府颁布的政策一直具有风向标的作用，政府可以出台相关的刺激政策，更鼓励和支持知识产权合作服务的发展，提高各方主体参与合作的积极性。潘冬、崔伟和刘东皇认为，政府通过政策引导、财政激励等措施，将知识产权服务机构与企业相连接，将服务资源与创新资源相整合，从而进一步提升创新效率和质量。在政府政策引导之下，各方主体为了从政府方获得更多的优惠和便利，维护自身在政府中的形象，会在实际行动中进一步增强相互合作的倾向性。因此，政府的支持对促进知识产权服务合作具有重要的政策引导作用。

综上，影响知识产权服务中的合作创新行为的因素既有来自创新主体内部的因素，也有知识产权服务机构自身的因素，还有政府政策所带来的外部因素。因此，我们应该以多元化的视角对这些影响因素作出分析。

4.1.3　合作创新行为的相关研究综述

1. 合作创新行为的理论研究

在知识经济的推动之下，独立创新所面临的技术风险和市场风险都在逐渐上升，合作创新作为对独立创新的一种变革和突破越来越受到青睐。国内外众多学者基于不同的理论研究视角对合作创新行为做了较为全面研究分析。

（1）计划行为理论。计划行为理论是由伊塞克（Icek）和阿杰恩（Ajzen）于 20 世纪八九十年代提出的，是对理性行为理论的继承和发展。

计划行为理论主要是运用行为态度、主观规范和知觉行为控制三个主要变量对特定行为进行分析，以期发现影响行为产生的主要因素，进而提高对行为的解释力度。

（2）博弈论理论。由于企业在进行合作创新的过程当中，无法由自己决定一切，所以，为了使自身利益达到最大化，需要与其他合作伙伴不断地进行博弈，直到各方达到自身所认为的利益最大化为止，即"均衡点"。同时，受到自身利益驱动，企业会将这种合作创新模式"遗传下来"。❶

（3）预期理论。前景理论是解释个体决策选择行为的经典理论。马什（March）和沙皮拉（Shapira）从组织视角出发，指出组织内部的管理者设定未来的绩效目标常以组织的历史绩效和行业的平均绩效作为依据。史伟和吴广东将前景理论应用到跨组织合作创新行为的研究中，前景理论能够更好地预测企业间合作创新行为的实际情况，从而采取更加准确的措施来实现项目增值。

（4）资源依赖理论。所谓资源依赖理论，是指一个组织最重要的存活目标，就是要想办法减低对外部关键资源供应组织的依赖程度，并且寻求一个可以影响这些供应组织、以使关键资源能够被稳定掌控的方法。廖玉玲和张亮在资源依赖理论的基础上，分析了不同的初始资源和资源共享程度对企业间合作创新意愿和合作创行为的影响。他们认为，一方面初始资源的差异性对合作创新的成功率有直接的影响；另一方面，参与合作创新中的企业会根据其他主体的资源禀赋调整自身的投入程度。

综上所述，从现有的文献视角来看，学者采用了多种不同的理论对知识产权合作创新行为展开了研究。本书在结合多种不同的理论基础之上，主要选择计划行为理论。这主要是基于以下几点的考虑：首先是相对于其他理论而言，计划行为理论能够综合分析影响合作创新行为产生的各种因素，并从行为产生的角度预测并解释合作创新主体的行为决策过程；其次是该理论已经被多位学者用于不同领域的研究，比较成熟。因此，本书将计划行为理论框架运用到对知识产权服务中的合作创新行为的研究中，进而揭示合作创新行为的形成机理。

---

❶ 朱·弗登博格. 博弈论 ［M］. 黄涛，姚洋，译. 北京：中国人民大学出版社，2010.

2. 合作创新行为的动因研究

在合作创新过程中，企业由于受到资源限制和发展目标的影响，其参与合作创新的行为动机和原因自然也会有所不同，相关研究主要集中在以下几方面。

根据企业资源和能力理论的观点，企业与不同主体进行合作创新主要是为了能够实现资源互补和互利共赢，从而提升自身的竞争优势。在创新知识方面，比尔斯（Beers）和赞德（Zand）、姚瑞认为企业可以从外界获取自身所不具备的知识；从权变视角来看，戴思特斯（Duysters）和洛克申（Lokshin）认为由于当今技术创新的多元性，实现技术创新目标往往需要多样化的外部资源，因此，企业在进行技术创新时应该与不同的组织进行资源之间的优势互补，提高创新的效率和质量。

产业组织理论的观点认为，减少技术的外溢现象是企业开展合作创新的主要动因。贝尔德伯斯（Belderbos）、卡里（Carree）和洛克申（Lokshin）认为，技术外溢分为内向外溢和外向外溢两种，而内向外溢是影响企业进行合作创新的决定因素。在此基础之上，内加西（Negassi）、郑登攀和党兴华通过研究研究指出，企业一般会通过增加合作创新来减少其技术外溢的程度和风险，从而提升自身的创新能力。

此外，交易成本理论认为，技术在市场交易中并不是零成本的，反而往往存在较高的交易成本。罗炜和唐元虎、周怀乐指出，不同组织之间可以通过合作创新，以降低交易中存在的不确定性和由此产生的高昂的交易费用。

综上，目前对知识产权合作创新行为的研究主要集中在资源和能力获取、产业组织结构优化及交易成本降低等方面。但是随着创新经济的不断发展，企业对于知识产权合作创新的需求不断增加，并且对知识产权服务水平的要求也会越来越高。因此，本书意在从知识产权服务视角开辟一条新的研究道路，探究其对各主体参与合作创新行为中的影响。

3. 合作创新行为的影响因素研究

随着世界经济的进一步发展，合作创新的重要性日益增强。因此，探究合作创新行为的影响因子并构建一个影响模型，对于促进合作创新行为的效率和质量具有重要价值。

在企业间的合作创新行为中，众多学者从不同的角度分别探究了影响企业合作创新行为的动因。张弛和范珂宏从产业集群的角度探究了影响企业合作创新行为的动因；刘磊、李梦奇和綦振法认为企业进行合作创新往往是出于自身利益最大化；曹霞和张路蓬认为企业间合作利益的分配能够促进合作创新行为的产生。

综上，目前国内外学者对知识产权合作创新行为从不同的角度运用不同的方法进行了较为细致的研究。这不仅为全面深入分析合作创新行为的产生奠定了理论基础，也在一定程度上为探究知产权服务中合作创新行为影响因素提供了理论参考依据。

4.1.4　知识产权服务中合作创新行为的相关研究综述

1. 知识产权服务和合作创新行为的相关属性研究

知识产权服务业与传统的服务行业相比具有以下几点独特性：①服务对象的多元化。学者洪群联、杨红朝认为，知识产权服务对象具有多主体特征。②服务提供方式具有高技术性和互动性。学者毛昊、金雪军认为与传统的服务业相比，知识产权服务业具有更高专业的知识属性及需要服务人员与委托人之间频繁深入地互动。③知识密集性。学者安东内利（Antonelli）、闫莹认为知识产权服务业具有更高密度的知识性。④高附加值性。学者刘长平、王勉青认为知识产权服务业对知识产权的影响是深远的，委托人通过专业的知识产权代理服务不仅可以申请到高质量专利，而且对于专利日后的转化利用也具有长远影响。⑤创新发展性。学者毛昊、曾克（Zenker）认为，在知识产权服务的过程当中，服务内容对服务主体具有一定的反向作用，专利代理师可以不断地根据自己所接触到的业务而实时更新自身的知识结构和业务能力。

通过上述的相关研究，结合相关文献的梳理及结合实际情况，本书认为知识产权服务与合作创新行为之间存在共同的属性：第一，在合作主体方面，知识产权服务的服务对象正是合作创新行为的实施主体，这些共同的主体成了二者之间进行合作创新的纽带。第二，在合作需求方面，合作创新的最终目的与知识产权服务的使命相契合。无论是哪种主体进行合作创新，其根本目的就是要获取新技术，增强自身的竞争力。而知识产权服务的使命便是帮助发明人或委托人提高专利申请质量，做好专利布局。因此，二者之间形成了一种有机结合的模式。综上所述，本书认为知识产权服务属于合作创新的范畴。

2. 知识产权服务对合作创新行为的影响机理研究

现如今，无论是企业之间还是国家之间，获得竞争优势的关键就在于技术创新。然而，传统"单打独斗"式的创新模式已经不再适应时代的发展。随着社会化分工及知识分支的不断细化，合作创新的模式愈发受到重视和青睐。本书认为，在进行合作创新时，要同时注重内部与外部的双重互动。知识产权服务对合作创新行为的影响机理主要表现在以下方面。

首先，知识产权服务作用于知识产权从创造到保护的全过程。在知识产权创造环节，知识产权服务可以促进各创新主体间的资源聚合及提高创新积极性。在知识产权运用过程中，知识产权服务可以帮助企业或个人进行知识产权融资、评估、战略布局及交易服务，帮助专利发明所有人最大限度地获取专利的经济价值和知识价值。在知识产权得到转化之后，发明人或者企业往往需要强有力的知识产权保护，以防止自己的专利被侵犯和盗窃，产生不必要的"外溢性"。而知识产权服务的保护功能正是通过保护创新主体的知识产权利益体现，这有利于促使创新主体与知识产权服务机构之间的合作创新意愿转化为实际合作创新行为。

其次，知识产权服务作用于合作创新活动中知识产权市场价值的实现。徐雨森基于事物哲学转化发展的角度，提出中介可以作为创新结果质变发展的条件，促进创新结果产生质变。对于所有的创新而言，只有在其最终走向了市场，实现了自身的经济价值那一刻，才算是真正的创新。而知识产权服务正是创新从"研究所"走向市场的重要助力和推手，它能够直接作用于创新的转化和运用过程，帮助创新最大限度地实现自身的经济价值。

最后，知识产权服务作用于合作创新中知识产权价值的增值。穆勒（Muller）和曾克（Zenker）认为，在知识密集产业中，服务机构不再只是知识的传递者，而是成为知识的"第二创作者"。因此，知识产权服务不仅能够帮助技术创新实现自身的经济价值，而且还具有对新技术和新知识进行"二次创新"的功能，为新技术带来价值增值。

综上所述，知识产权服务在合作创新的全过程中发挥了重要的作用，不仅可以帮助合作创新成果取得高质量授权，还能够帮助科技成果转化、运用，实现经济价值。

4.1.5　本章小结

本章作为承上启下的一章，既为后续章节开展进行了一个系统的梳理，也为接下来的研究开辟了一个新的视野。在前文理论的支撑之下，本章后续首先对影响知识产权服务中合作创新行为的影响因素进行建构，进而提出各因素之间的关系，并在此基础上构建理论模型，最后对模型进行实证检验，得出结论。

4.2　知识产权服务行为形成机理的理论模型

4.2.1　知识产权服务相关属性的分析

1. 知识产权服务提供者

知识产权服务的提供者主要包括政府部门和各类知识产权服务机构。政府部门通过制定与颁布相关法律法规，激励与引导知识产权服务行业健康发展；服务机构作为知识产权服务提供的主体，以市场为导向，向企业、高校和科研院所提供综合性、专业化的知识产权服务。

2. 知识产权服务对象

知识产权的服务对象主要包括创新企业、高校和科研机构等知识产权创新主体。

3. 知识产权服务内容

知识产权服务主要包括六个方面的内容：一是知识产权代理服务，主要是帮助委托人代办有关知识产权申请、注册、登记等相关服务；二是知识产权法律服务，主要是指为委托人提供专利的法律咨询及维权、诉讼等法律服务；三是知识产权信息服务，主要为委托人提供各种专利信息检索，数据深加工等服务；四是知识产权商用化服务，主要为已经通过申请的发明专利顺利地走向市场提供各种金融业务；五是知识产权咨询服务，主要为委托人或企业提供各种专利信息咨询、未来的专利战略布局咨询等；六是知识产权培训服务，主要是指为知识产权行业培养相关的优秀人才。

4. 知识产权服务功能

如图4-1所示，在知识产权创造环节，信息服务有助于帮助研发主体了解目前已有的相关专利的最近状态及所发明专利的创新型和未来的前景，可以帮助企业避免不必要的投资研发，从而节省成本。代理服务可以帮助所发明专利最大限度地获得法律保护；在运用阶段，知识产权服务可以帮助企业获得融资和贷款，帮助企业开辟市场，最大限度地发挥出专利的经济价值，形成产业竞争力；在保护阶段，拥有专利法律知识的专利代理师不仅可以为委托人提供专业的法律咨询，还可以通过专利侵权诉讼等方式保护发明人的发明专利；在管理阶段，长远的目光是关键。专利代理师可以根据自己多年来的从业经验和丰富的知识结构帮助个人或企业打造战略化的产权布局，帮助企业形成自己的核心竞争力。最后，知识产权服务行业还可以帮助培养知识产权相关人才，为行业未来的发展注入一针"强心剂"。

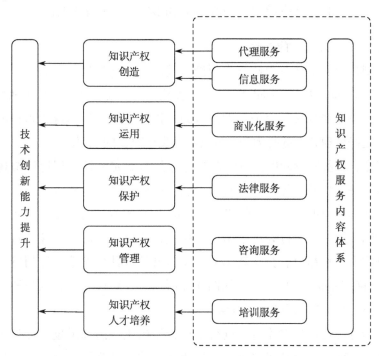

图 4.1　知识产权服务功能示意图

　　上述对知识产权服务相关属性的分析已经表明，合作创新行为对于知识产权服务是充分且必要的。因此，接下来将重点探讨合作创新行为是如何在知识产权服务的全过程中发挥作用和影响的。目前，行为计划理论在学术界的各领域研究中被学者大量使用。计划行为理论不仅可以综合分析行为产生的各种因素，还可以用来分析行为产生的直觉认知及外部环境的影响。目前，计划行为理论被大量地应用于知识共享行为、社会学习行为、合作创新行为等的研究之中。

因此，本书计划运用计划行为理论对知识产权服务中的合作创新行为展开研究，一方面该理论可以很好地将合作创新行为态度、主观规范、知觉行为控制三个方面及影响知识产权服务中合作创新行为的诸多关键要素进行整合；另一方面可以对合作创新的行为态度、主观规范和知觉行为控制三个主要变量的各构成维度进行分析，以剖析它们对知识产权服务的影响，揭示知识产权服务中的合作创新行为的形成机理。

4.2.2 知识产权服务中合作创新行为形成机理的理论基础

1. 计划行为理论的概述

计划行为理论是在理性行为理论的基础上演化发展而形成的。理性行为理论（Theory of Reasoned Action）主要用于分析态度如何有意识地影响个体行为，而计划行为理论是对理性行为理论的发展。计划行为理论能够帮助我们更好地理解人的行为产生的动机及发生改变的原因。

但是，在实际行动中，一个人的行为并不能完全符合理论所描述的那样。人们并不是每时每刻都能有效控制自己的态度，这在很大程度上削弱了理论的解释力度。因此，阿杰恩（Ajzen）在理性行为理论中引入了知觉行为控制，作为影响行为产生第三个变量，从而增加对习惯性或自发性行为的预测力和解释力。在此基础上，他提出了更具合理性的计划行为理论（Theory of Planned Behavior），如图4.2所示。计划行为理论认为知觉行为控制本身能够直接对行为产生影响。

行为意愿是行为主体对于进行某项行为的主观感知强度，反映了行为主体对于某项行为的动机强度，是预测行为的最佳变量；行为态度是指行为主体对于执行某项行为的主观态度，是一种主观的认知；主观规范是指行为主体在决定是否进行某项行为时来自外界的压力和影响；知觉行为控制是指行为主体在采取某特定行为时所感知到的难易程度，反映了其对促成或妨碍采取行为因素的知觉。

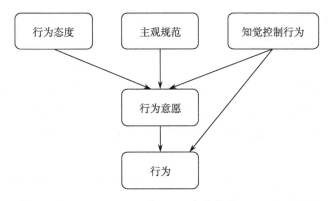

图 4.2　计划行为理论模型

2. 知识产权服务中合作创新行为影响因素分析

基于计划行为理论，同时结合知识产权服务中合作创新行为的特性，本书将合作创新行为的行为态度、主观规范和知觉行为控制作为影响知识产权中合作创新行为的主要因素，具体分析如下：

（1）合作创新行为的行为态度。行为态度首先是一种主观层面上的感知，是各主体对于进行知识产权合作创新行为的主观偏好程度。

依据态度期望价值理论，行为态度的形成受到信念强度和价态评估共同影响。信念强度，即在知识产权合作创新行为中，各创新主体对于合作创新行为是否能够实现预期的结果的一种主观期望。当双方共同认为合作创新的预期结果较高时，那么他们对于进行合作创新行为的意愿就较高，反之亦然。价态评估主要是指合作创新行为的主体对于合作创新行为的结果评价，价态评估也是一种主观层面上的感知。当创新主体认为与有关各方进行合作创新行为能够提升自身科技水平、知识产权质量、竞争力；同时知识产权服务机构认为通过实行合作创新行为可以实现自身经济效益、增强行业竞争力时，在这种双方都对结果持积极评价的情况下，通常会倾向产生合作创新行为。

（2）合作创新行为的主观规范。合作创新行为的主观规范是指创新主体和知识产权服务机构在执行合作创新行为时感受到的来自外界社会环境的影响。

主观规范包括指令性规范和示范性规范。执行令规范主要是指政府在知识产权服务合作创新行为的过程中通过颁发一系列的法律法规对各个创新主体所施加的期望压力，政府通常会颁发特定的政策来激励和引导创新主体和知识产权服务机构进行合作。同时，有关各方为了自身在政府中的形象和获得政府在财政和资金上的支持，也会积极响应政府的号召，进行合作。示范效应可以理解为一种"典型效应"，是指在合作创新行为的过程中，个别创新主体和知识产权服务机构通过合作创新取得的重大的成功。这种成功为全行业的创新模式起到了一种"破冰"的作用和示范的作用，会引导其他行业内主体积极效仿。

（3）合作创新行为的知觉行为控制。合作创新行为的知觉行为认知是指，创新主体和知识产权服务机构在采取合作创新行为时所感受到的难易程度，反映合作主体对促成或妨碍执行合作创新行为因素的知觉。

在已有研究成果中，知觉行为控制主要包括自我效能和资源控制能力两个方面。在知识产权服务中，自我效能主要是指创新主体和知识产权服务机构对于自身能够完成合作创新行为的信心。创新主体和知识产权服务机构在进行合作创新时，目标都是为了获得高质量的、高价值的知识产权。创新主体想通过高质量的知识产权为组织取得经济效益和竞争优势，知识产权服务机构想通过高质量的知识产权提高自己在业界的地位。但是，知识产权作为一种无形资产，其价值具有很大的不确定性，这就需要参与合作创新中的有关各方能够增强自信，提高对合作创新结果的期望水平。资源控制能力主要指创新主体和知识产权服务机构对执行合作创新行为所需资源的控制力度。在知识产权服务合作创新中，创新主体的最终目的是通过合作创新获得比自身独立创新更高价值的知识产权；而知识产权服务机构的最终目的是通过为创新主体提供高水平和高质量的优质服务而增强自身的竞争力，从而实现经济效益。这种目的的双向契合，促使了合作创新行为的产生。

4.2.3　知识产权服务中合作创新行为形成机理的相关研究假设提出

1. 行为态度、主观规范和知觉行为控制与合作创新意愿的关系

（1）行为态度与合作创新意愿的关系。行为态度是合作创新行为的内在表现，合作信念强度主要表现为创新主体与知识产权服务机构对于合作创新结果的期望，主要受到两方面的影响。一是创新主体对知识产权服务的态度。如果创新主体在进行知识创新和技术创新时，当它愿意并且倾向

于借助知识产权服务机构的专业化服务来提高自身的创新效率和知识产权质量时，就表明此创新主体对于知识产权服务中的合作创新行为具有积极的态度。二是知识产权服务机构对介入合作创新方式的影响。知识产权服务机构能够在创新主体进行知识产权创造的过程中在多方面，通过多形式为创新主体提供专业化的帮助和指导，帮助创新主体进行更加高效的创新和申请到更加高质量的法律授权。这些在一定程度上会增强创新主体与服务机构对在知识产权服务中进行合作创新的认同，激发合作创新意愿。

另外，预期结果评价主要表现为，知识产权创新主体与知识产权服务机构对合作创新结果的积极或消极属性的预期评估。通常，创新主体在决定开展合作活动的时候，会事先对预期结果作出评估。如果评估结果是正向的，那么就会增强创新主体及知识产权服务机构进行合作创新的意愿；如果预期是负面的，则会降低意愿。综上所述，本书提出如下假设：

H1a：合作信念强度在合作创新行为中对合作意愿具有正向影响

H1b：预期结果评价在合作创新行为中对合作意愿具有正向影响

（2）主观规范与合作创新意愿的关系。指令性规范是指在知识产权服务的合作创新行为中各创新主体和知识产权服务机构所感知到的政府支持。对于创新主体来说，顺应政府的政策往往意味着可以获得大量的资金支持及提升自身在政府中的形象。因此，在这种利益的诱惑下，创新主体的合作意愿会不断加强。因此，创新主体与知识产权服务机构基于自身利益需求，在政府支持的作用下产生合作创新行为意愿。对于知识产权服务机构来说，顺应政府的政策可以获得更加广阔的市场，拥有更多的客户。通过为其提供专业化的服务，可以起到强化宣传的效果，从而逐步建立起自身的行业优势。

示范性规范主要是指，在同行业中以合作创新模式进行创新并且取得重大成功的一种带有典型性的案例所产生的示范效应。在知识产权领域，创新主体和知识产权服务机构，通过合作创新行为取得高质量专利、经济效益和竞争力。同时，这种结果会被同行业的其他主体所效仿，产生积极影响。综上所述，本书提出如下假设：

H1c：指令性规范在合作创新行为中对合作意愿具有正向影响

H1d：示范性规范在合作创新行为中对合作意愿具有正向影响

（3）知觉行为控制与合作创新意愿的关系。组织效能是指在一场合作创新的过程中，创新主体和知识产服务机构对自身能够完成特定任务所具备的自信感。这种自信既是来自创新主体，又是来自知识产权服务机构。创新主体首先要对自身能够创造出新技术有信心，其次，知识产权服务机构也要对自身的服务能力具备信心。只有这样才能将各自的优势有机地结合起来，提高合作创新的效率和质量。

知识产权服务中的合作创新行为的主要目的是创造知识产权这一无形资产：一方面，创新主体拥有大量的人才和技术资产，但是其缺少将其进行转化和运用的能力；另一方面，知识产权服务机构拥有专业化的服务能力，但是缺少技术资产。因此，双方在知识产权服务合作创新中都会受到自身资源的限制。双方需要通过合作进行资源上的优势互补，创新主体在获得优质产权的同时，可以使知识产权服务机构提升自身的行业竞争力。综上所述，本书提出如下假设：

H1e：组织效能在合作创新行为中对合作意愿具有正向影响

H1f：资源控制能力在合作创新行为中对合作意愿具有正向影响

2. 行为态度、主观规范和知觉行为控制与合作创新行为的关系

（1）行为态度与合作创新行为的关系。随着计划行为理论的不断发展，其解释的宽度和深度也在不断加强。很多学者都在不断地对计划行为理论模型进行修改和完善，以期进一步增强它的解释力度。因此，本书计划以行为理论为基础，认为有三个变量对合作创新行为的产生具有影响：知觉行为控制、行为态度和主观规范。

郝芳等通过对社会困境的中同伴行为的研究，指出合作信念增加能够显著地提高合作水平。基于此，本书认为在知识产权服务合作创新的过程中，创新主体与知识产权服务机构的合作信念对两者的合作行为会产生显著影响。合作创新行为是参与主体在合作过程中表现出来的一种主动行为，具有自发性。班杜拉（Bandura）指出，行为主体通常只会根据自身的主观判断来决定自己的行为。因此，当创新主体和知识产权服务机构对合作创新产生的预期结果做出正向评价，就会表现出积极的合作创新行为。综上所述，本书提出如下假设：

H2a：合作信念强度对合作创新行为具有正向影响

H2b：预期结果评价对合作创新行为具有正向影响

（2）主观规范与合作创新行为的关系。因此，本书借鉴赵斌等人关于

计划行为产生机理相关的研究成果，认为知识产权服务机构会受到来自政府政策和激励措施的指令性规范的影响，从而开展更多的合作创新行为；另一方面，二者还会受到来自同行业的成功案例的示范性规范的影响，行业内部通过合作创新取得重大成功的典范，会影响创新主体和知识产权示范机构，促使其进行合作创新行为。综上所述，本书提出如下假设：

H2c：指令性规范对合作创新行为具有正向影响

H2d：示范性规范对合作创新行为具有正向影响

（3）知觉行为控制与合作创新行为的关系。在计划行为理论中，知觉控制行为能够直接对行为的形成产生影响。基于此，本书认为创新主体和知识产权服务机构通常都会对自身的组织效能感充满自信，为了实现各自的目标而倾向于采取更多的合作创新行为。同时，创新主体和知识产权服务机构能够对资源进行统筹运用，实现资源优势互补，从而提高知识产权的创造效率，最大限度地实现知识产权的价值。综上所述，本书提出如下假设：

H2e：组织效能对合作创新行为具有正向影响

H2f：资源控制能力对合作创新行为具有正向影响

3. 合作创新意愿的中介作用

行为意愿对实际行为有非常显著的影响。近些年，学者分别从不同的视角对合作创新意愿的重要性展开了研究。如李柏洲等以中小企业为研究对象，认为中小企业进行合作创新的成功率受到其合作创新意愿的影响和控制。因此，在某些程度上，行为意愿对行为的形成能够产生直接的决定作用。同时，结合上文对合作创新的行为态度、主观规范、知觉行为控制与合作创新意愿关系的分析，本书提出如下假设：

H3：合作创新意愿在各影响因素与创新行为之间具有显著中介作用

4. 行为态度、主观规范和知觉行为控制间的关系

行为态度、主观规范和知觉行为控制作为计划行为理论的三个主要变量，其三者之间并不是完全独立的。研究结果表明：行为态度受到主观规范和知觉行为控制的双重影响。由于知识产权的结果具有不确定性，合作创新行为中的创新主体和知识产权服务机构，都会倾向寻求政府的支持以获得资金构筑自身抵御风险的能力，这在一定程度上会影响它们的合作态度。另外，它们还会在合作创新的过程中向有一定经验的组织机构求助，当求助获得预期效果时，也会产生积极的合作态度。

通常来说，创新主体和知识产权服务机构的组织效能，会影响到它们对于合作创新行为的实现程度的自信心。这种自信心越强，他们进行合作创新的态度就越积极。此外，创新主体和知识产权服务机构会充分根据自身的现状来选择自己的合作伙伴，共同推进合作创新。尤其是知识产权作为一种不确定性的资产，本身具有一定的投资风险。因而，当创新主体和知识产权服务机构可以准确定位自身的合作能力，并能掌控各项资源有效开展合作创新时，它们的合作创新态度就会表现得更为积极。综上所述，本书提出如下假设：指令性规范、示范性规范、组织效能及资源控制能力，在合作创新行为中均对合作信念强度和预期结果评价具有正向影响。

4.2.4 知识产权服务中合作创新行为形成机理的理论模型构建

本书基于计划行为理论，结合知识产权中合作创新行为在实际情况中的特性，综合计划行为理论的三个主要变量及合作创新行为各研究变量之间的假设关系，构建了本书的理论模型。如图4.3所示。

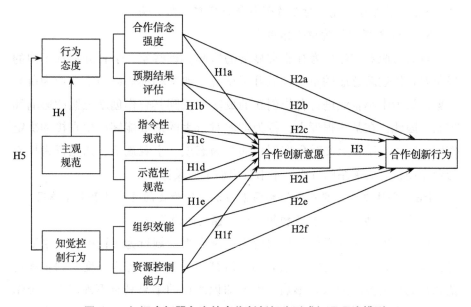

图4.3　知识产权服务中的合作创新行为形成机理理论模型

在知识产权服务中的合作创新行为形成机理理论模型中，共包含三个部分：第一部分是基于计划行为理论，主要从计划行为理论的三个主要变量入手，重点分析其对知识产服务中合作创新行为的影响因素，并进一步探究三个主要变量各构成维度之间的关系。其中，行为态度、主观规范、知觉行为控制各包含两个维度，分别为合作信念强度和预期结果评价、指令性规范和示范性规范、组织效能和资源控制能力。第二部分主要探究知识产权服务中的合作创新的行为态度、主观规范、知觉行为控制三个主要变量各构成维度对合作创新意愿的影响作用关系，以及合作创新意愿在三个主要变量的各构成维度与合作创新行为之间的中介作用。第三部分主要探讨合作创新的三个主要变量各构成维度对合作创新行为的直接影响关系，研究知识产权服务中合作创新行为的形成机理。

4.3　知识产权服务行为形成机理的实证研究

4.3.1　问卷设计

1. 问卷设计的原则和基本思路

本书旨在运用问卷调查法，探究知识产权合作创新行为中的行为态度、主观规范和知觉行为控制三个主要变量各构成维度之间的关系及其对合作创新行为的影响，并在三个主要变量与合作创新行为之间加入合作创新意愿这一中介因子，探究其在其中发挥的具体作用。

首先，在问卷的设计上，一定要确保问卷中测量题项的设计与调查目的相统一；其次，增设干扰题项来提高问卷数据的科学性；最后，确保问卷题目的设计要逻辑清晰、表达简洁，不能使其干扰被调查者正常的作答。

本书在量表的选择上主要是以计划行为理论中已有的成熟量表为基础，并且提取与实证研究高契合度的量表。同时，邀请相关领域内的权威专家和学者对本量表进行修改和检查，并结合知识产权服务中合作创新行为的特性，对量表中的测量题项进行逐个拟定和修改。本书的调查问卷内容共包含四个部分，依次为问卷信息说明、被调查者的基本信息、对计划行为理论三个主要变量的测度及对合作创新行为的测度。

为了提高测量题项的可区分度和实证研究的需要，本书采用李克特5级量表的形式，这5级从1至5分别为：非常不重要、比较不重要、一般、比较重要、非常重要。

2. 具体测量题项的设计

在本调查问卷中，自变量为影响合作创新行为的三个主要变量，中介变量为合作创新意愿，因变量为合作创新行为。

（1）合作创新行为的行为态度。合作创新行为的行为态度测量题项，主要用来测量被调查的合作双方对参与知识产权服务中合作创新行为的倾向程度，题项的设计主要参考菲什宾（Fishbein）和阿杰恩（Ajzen）、派瑞克·周（Patrick Chau）和保罗·胡（Paul Jen-Hwa Hu）和唐恒和周化岳的相关研究。具体见图4.4。

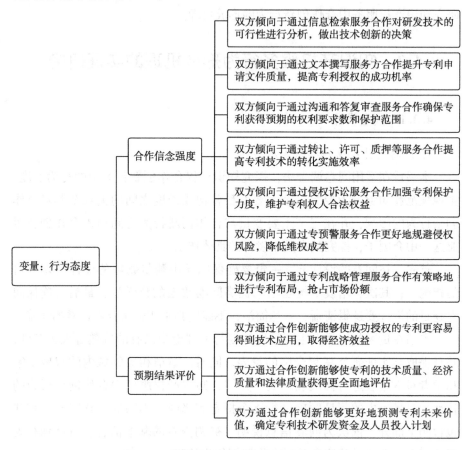

图4.4 合作创新行为的行为态度测量题项

（2）合作创新行为的主观规范。主观规范的测量题项主要用来测度外界环境对技术创新和知识产权服务相关主体进行合作的影响。题项的设计上主要参考恰尔迪尼（Cialdini）、卡尔格伦（Kallgren）和）雷诺（Reno）、阿杰恩（Ajzen）关于主观规范变量的研究指标，并同时借鉴我国学者肖振鑫和高山行在研究企业探索性创新中获得的政府支持的测量题项。在主观规范之中，指令性规范主要用来测量政府部门出台的一系列政策法规对知识产权服务中合作创新行为的影响，共包括 5 个题项；示范性规范主要用来测度同领域内典型案例所带来的示范效应和引导效应，涉及知识产权数量和质量的提升、知识产权服务能力的提升，以及资源优势互补等方面的内容，共包含 3 个题项，具体见图 4.5。

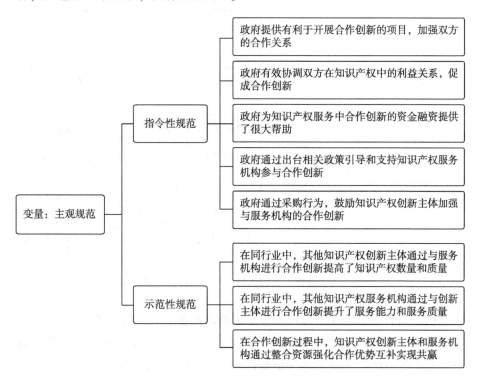

图 4.5　合作创新行为的主观规范测量题项

（3）合作创新行为的知觉行为控制。知觉行为控制测量题项的主要作用是测量各主体对实现特定目标和完成特定任务的信心及自身的资源控制能力，题项的设计主要参考卡尔梅利（Carmeli）和肖布洛克（Schaubroeck）、泰勒（Taylor）和托德（Todd）、李东进等学者关于知觉行为控制变量研究的指标。其中，组织效能主要用来测度合作主体对自身能够完成特定任务及实现特定目标的自我信心，共包括 4 个题项；资源控制能力主要用来测度合作主体对完成合作创新所需资源的控制程度，共包含 4 个题项，具体见图 4.6。

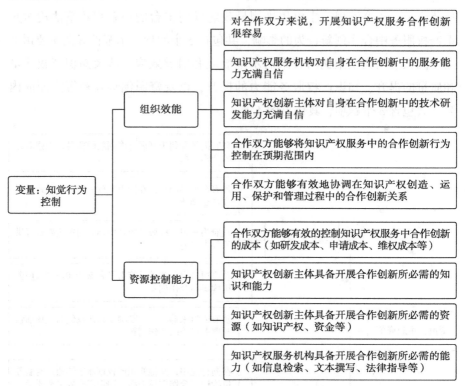

图 4.6　合作创新行为的知觉行为控制测量题项

（4）合作创新意愿。合作创新意愿指的是在知识产权服务合作创新中，各主体对于参加合作创新中来的一种主观动机强度。在本书中，合作创新意愿题项的设计，主要参考和借鉴西蒙斯（Simmons）、魏纳（Wehner）和塔克尔（Tucker）、刘群慧、胡杨和刘二丽开发的合作意愿测量工具，并结合相关领域内资深专家学者的建议，通过合作双方在知识产权服务中执行合作创新行为的动机来测度其合作创新意愿，涉及核心技术研发、专利保护水平增强、转化运用效率提高、专利管理水平提升以及服务质量和能力提升等方面内容，共包含 6 个题项，具体见图 4.7。

（5）合作创新行为。相比于前面的各种态度感知，合作创新行为是各主体在知识产权服务中的具体行为方式，最能够直观地反映出各主体的信心和态度。本部分题项的设计与前文所述相同，在咨询专家学者的基础上，结合周（Zhou）和乔治（George）、李柏洲、徐广玉和苏屹等学者开发的合作行为测量工具。通过合作双方对合作创新行为的执行情况来测度，涉及主动寻求合作伙伴、共同解决知识产权难题、共同承担合作创新任务、共同投入合作创新资源及采取合作创新的方式，来完成发展目标等方面的内容，共包含 5 个题项，具体见图 4.8。

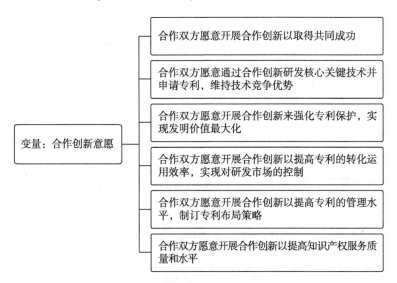

图 4.7　合作创新意愿的测量题项

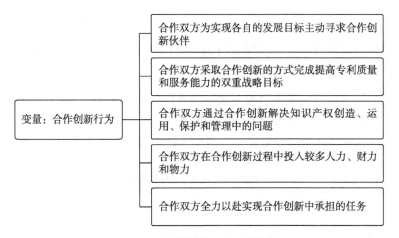

图 4.8　合作创新行为的测量题项

在综合上述不同维度下各研究题项的基础上，形成本书的预调研问卷，见附录3。

3. 问卷的预调研

在问卷的正式发放之前，本书选取了知识产权领域内的专业人士作为调查对象对问卷进行了预调研，以确保问卷的科学性和合理性。回收数据详情如表4.1所示。

表4.1　样本基本情况

类目	性别		年龄/岁			
分类	男	女	25以下	25~35	36~45	46及以上
人数	66	39	18	56	23	8
比例	62.9%	37.1%	17.1%	53.3%	21.9%	7.6%

类目	学历				职业			
分类	专科	本科	硕士	博士	发明人/技术人员	知识产权服务人员	知识产权研究人员	与知识产权相关的其他工作人员
人数	3	30	54	18	9	21	23	52
比例	2.67%	34.2%	39.0%	22.5%	8.6%	20.0%	21.9%	49.5%

类目	职称				
分类	初级	中级	副高级	高级	其他
人数	20	13	12	5	55
比例	19%	12.4%	11.4%	4.8%	52.4%

（1）重要性分析。本书问卷的38道题项的均值在3.49~4.42之间，说明问卷中各题项均具有可靠性。

（2）信度检验。本书利用Cronbach'α值，KMO值及x^2值对数据进行信度效度检验（表4.2及表4.3），kmo样本充分性检验结果为0.698，各项数据均通过标准，说明问卷具有良好的信度效度，并且适合做因子分析。

表4.2　问卷的信度分析结果

Cronbach's α	项数
0.881	38

表 4.3 Barlett's 球形检验结果

Barlett's 球形检验	近似卡方值	2176.375
	df	528.000
	Sig.	0.000

接着，对合作创新行为影响因素进行主成分分析，提取出 7 个因素，这 7 个因素的累计方差贡献率达到 62.775%。紧接着在所得结果中将因子负荷值较小的或者存在双重负荷的因子剔除，得到如表 4.4 所示的主成分分析因子负荷矩阵结果。净化之后剩余的 7 个因子可以较好地概括 27 个指标的含义，甚至它们之间有一一对应的关系。由此表明，本研究问卷具有较高的结构效度。

表 4.4 合作创新行为影响因素的主成分分析结果（因子负荷矩阵）

题项	成分						
	1	2	3	4	5	6	7
T1	0.864						
T5	0.827						
T4	0.667						
T2	0.591						
T3	0.479						
T7	0.467						
T9		0.928					
T8		0.885					
T10		0.679					
T22			0.947				
T23			0.937				
T20			0.497				
T31				0.724			
T28				0.650			
T29				0.569			
T30				0.561			
T32				0.540			
T25					0.872		
T24					0.864		
T27					0.557		
T15						0.683	

题项	成分						
	1	2	3	4	5	6	7
T13						0.658	
T11						0.631	
T14						0.598	
T16							0.634
T17							0.619
T18							0.580

在合作创新行为的因子分析中，同样采用主成分分析法，通过最大方差法进行因子旋转，抽取特征值大于0.5的因子，得到合作创新行为明显的4个因子（见表4.5）。其他因子由于与合作创新行为的关系不显著而被删除。

表4.5　合作创新行为的主成分分析结果

题项	成分
	1
XW2	0.792
XW4	0.721
XW1	0.678
XW3	0.586
XW5	−0.005

对于内容效度，本问卷的编制和设计首先是选择了比较成熟的量表，这初步保证了问卷的效度。其次，还邀请了相关领域内的专家学者对问卷进行了指导，进一步保证了问卷的内容效度。

经过预调研，本问卷通过了信度和效度的检验，符合问卷设计的标准，在此基础上形成本研究的正式问卷《知识产权服务中合作创新行为形成机理调查问卷》，见附录4。

4.3.2　数据收集和描述统计

1. 问卷的发放与回收

对于数据的获取，首先以大连地区为基点，采用现场发放和电子邮件的形式，选取知识产权服务机构、企业和高校作为对象，进行了问卷的发放；另外，为了保证样本数据的合理性，向国内领先的知识产权专业门户网站——思博知识产权网（www. mysipo. com）发放调查问卷。该网站是目前我国国内权威的面向知识产权领域内各主体的网站。

本书总共发放调查问卷 380 份，回收问卷 341 份，问卷回收率为 89.74%；通过对回收的问卷进行进一步的处理和净化，得到有效问卷 325 份，问卷有效率达到 95.3%，这说明问卷具有良好的数据科学性。

2. 描述性统计分析

通过对有效样本中数据信息进行整理统计，获得调研对象基本信息的描述性统计量。

在性别方面，男性比例（55.7%）略高于女性比例（44.3%）。在年龄方面，被调查对象的年龄主要集中在 25～35 岁，这与技术服务人员的年龄结构基本符合；在学历方面，高学历占据主导地位，符合知识产权领域知识密集型的特征；在职称方面，有一半以上的人具有中高级职称，符合前文的年龄和学历特征

4.3.3　信度和效度检验

1. 信度检验

本书选取 Crobanch's α 值对其做信度检验。计算结果表明，Crobanch's α 值为 0.939，大于 0.7，符合测量标准，认为总表量具有较好的信度。具体各研究变量的信度分析结果，如表 4.6 所示。

表 4.6　各变量量表信度分析结果

类目	行为态度		主观规范		知觉行为控制		合作创新意愿	合作创新行为
维度	合作信念强度	预期结果评价	指令性规范	示范性规范	组织效能	资源控制能力	合作创新意愿	合作创新行为
Crobanch's α 值	0.829	0.715	0.785	0.746	0.813	0.713	0.796	0.750
	0.878		0.867		0.812		0.796	0.750

通过对表 4.6 进行分析，得到关于各变量量表信度分析的具体结果：

（1）行为态度量表信度检验。合作创新行为的行为态度量表的 Cronbach's α 系数值达到 0.878，说明该表具有良好的信度。

（2）主观规范量表信度检验。合作创新行为的主观规范量表的

Cronbach's α 系数值达到 0.867，说明该表具有良好的信度。

（3）知觉行为控制量表信度检验。从表 4.6 中可以看出，合作创新行为的知觉行为控制量表的 Cronbach's α 系数值达到 0.812，说明该表具有良好的信度。

（4）合作创新意愿量表信度检验。由表 4.6 可以看出合作创新意愿量表的 Cronbach's α 系数值为 0.796，高于 0.7，符合测量标准，属于较好的信度水平，说明合作创新意愿量表信度较好。

（5）合作创新行为量表信度检验。由表 4.6 可以看出合作创新行为量表的 Cronbach's α 系数值为 0.750，高于 0.7，符合测量标准，属于较好的信度水平，说明合作创新行为量表信度较好。

2. 效度检验

效度即有效性，它是指测量工具或手段能够准确测出所需测量的事物的程度。效度是指所测量到的结果反映所想要考察内容的程度，测量结果与要考察的内容越吻合，则效度越高；反之，则效度越低。效度分为内容效度和结构效度。内容效度是指测量题项涵盖所需要探讨的内容或行为的充分性程度。首先，本书的问卷是选择的目前国际上比较成熟的量表；其次，本书还邀请了国内相关领域的专家学者对问卷的编制进行修改和完善；最后，再次通过预调研净化题项，以便进一步确保本量表的内容效度。

本书利用 AMOS21.0 软件对问卷的结构效度做验证性因子分析，主要选取卡方自由度比（χ^2/df）、渐进残差均方和平方根（RMSEA）、适配度指数（GFI）、调整后适配度指数（AGFI）、规准适配指数（NFI）、比较适配指数（CFI）六个常用拟合优度。各拟合优度指标及其适配的标准，如图 4.9 所示。

（1）合作创新行为的行为态度二维度模型拟合结果。

由表 4.7 可以看出，绝对适配度指数 χ^2/df 的值为 1.381，RMSEA 的值为 0.034，均小于他们的临界值；相对适配度指数 GFI、AGFI、NFI、CFI 的值分别为 0.978、0.960、0.969、0.991，均大于它们的临界值 0.9。而且，大多数测量题项标准化因子载荷系数高于 0.5，如图 4.10 所示。综合上述各项指标，我们认为该结构模型得到了较好的验证。

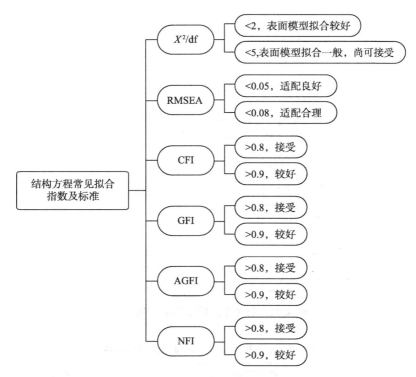

图 4.9　结构方程常见拟合指数及标准

表 4.7　行为态度量表二维度模型拟合结果

测量变量	合作信念强						预期结果评价		
测量项目	XN1	XN2	XN3	XN4	XN5	XN6	JG1	JG2	JG3
标准化因子负荷数	0.724	0.714	0.685	0.703	0.678	0.513	0.717	0.729	0.591
临界比（C.R.）	—	11.968	11.494	11.790	11.382	8.592	—	11.680	9.620

拟合优度指标值：$\chi^2/df = 1.381$；RMSEA $= 0.034$；GFI $= 0.978$；AGFI $= 0.960$；NFI $= 0.969$；CFI $= 0.991$

（2）合作创新行为的主观规范二维度模型拟合结果。

由表 4.8 可知，绝对适配度指数 χ^2/df 的值为 2.758<5；RMSEA 的值为 0.074，在 0.05 到 0.08 之间，为"较好的拟合"；相对适配度指数 GFI、AGFI、NFI、CFI 的值分别为 0.972、0.934、0.964、0.976，均大于临界值 0.9。而且，各题项的因子载荷系数均大于 0.5 如图 4.11 所示，综合以上，我们认为该模型得到了很好的验证。

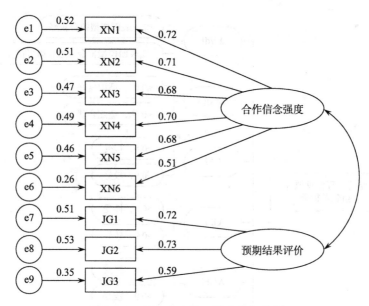

图 4.10　行为态度的二维度结构模型

表 4.8　主观规范量表二维模型拟合结果

测量变量	指令性规范				示范性规范		
测量项目	ZL1	ZL2	ZL3	ZL4	SF1	SF2	SF3
标准化因子负荷数	0.774	0.710	0.655	0.633	0.698	0.697	0.721
临界比（C.R.）	—	12.197	11.240	10.838	—	10.977	11.153

拟合优度指标值：$x^2/df=2.758$；RMSEA=0.074；GFI=0.972；AGFI=0.934；NFI=0.964；CFI=0.976

（3）合作创新行为的知觉行为控制二维度模型拟合结果。

由表 4.9 可以看出，合作创新行为的知觉行为控制二维度模型拟合效果较好。其中，绝对适配度指数 x^2/df 的值为 2.876<5；0.05<RMSEA=0.076<0.08，可以认为是"较好的拟合"；相对适配度指数 GFI、AGFI、NFI、CFI 的值分别为 0.982、0.938、0.975、0.984，均大于临界值 0.9。并且，各题项的因子载荷系数均大于 0.5，如图 4.12 所示。综上，我们可以认为该模型得到了良好的验证。

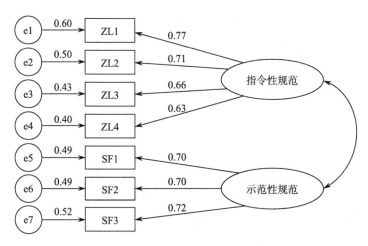

图 4.11　主观规范二维度结构模型

表 4.9　知觉行为控制量表二维度模型的拟合结果

类目	指令性规范				示范性规范		
测量项目	ZX1	ZX2	ZX3	ZL4	SF1	SF2	SF3
标准化因子负荷数	0.774	0.710	0.655	0.633	0.698	0.697	0.721
临界比（C.R.）	—	12.197	11.240	10.838	—	10.977	11.153

拟合优度指标值：$\chi^2/df=2.876$；RMSEA$=0.076$；GFI$=0.982$；AGFI$=0.938$；NFI$=0.975$；CFI$=0.976$

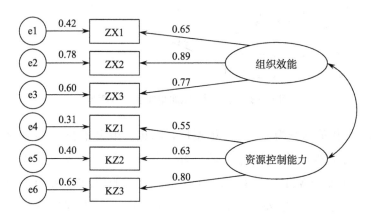

图 4.12　知觉行为控制二维度结构模型

（4）合作创新意愿的单维度模型拟合结果。由表4.10可以看出，合作创新意愿的单维度模型拟合效果较好。其中，绝对适配度指数 χ^2/df 为2.079<5；0.05<RMSEA＝0.058<0.08，为"较好的拟合"；相对适配度指数GFI、AGFI、NFI、CFI的值分别为0.987、0.960、0.976、0.987，完全符合要求。并且，各题项的载荷因子系数均高于0.5，如图4.13所示。综上，可认为该模型得到了良好的验证。

表4.10　合作创新意愿量表单维度模型拟合结果

类目	合作创新意愿				
测量项目	YY1	YY2	YY3	YY4	YY5
标准化因子负荷数	0.696	0.601	0.742	0.588	0.682
临界比（C.R.）	—	9.121	10.700	8.956	10.116

拟合优度指标值：$\chi^2/df＝2.079$；RMSEA＝0.058；GFI＝0.987；AGFI＝0.960；NFI＝0.976；CFI＝0.987

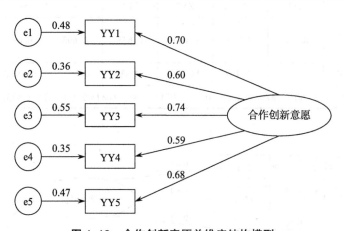

图4.13　合作创新意愿单维度结构模型

（5）合作创新行为的单维度模型拟合结果。由表4.11可以看出，合作创新行为的单维度模型拟合效果较好。其中，绝对适配度指数 χ^2/df 为2.625<5；0.05<RMSEA＝0.071<0.08，为"较好的拟合"；相对适配度指数除NFI没有达到0.9以外，其余均高于0.9。而且，各题项标准化因子载荷系数高于0.5，见图4.14。综上，可以认为该模型得到了良好的验证。

表 4.11　合作创新行为量表单维度模型的拟合结果

测量变量	测量项目	标准化因子负荷数	临界比（C. R.）
合作创新行为	XW1	0.679	—
	XW2	0.715	9.513
	XW3	0.621	8.421
	XW4	0.669	8.648

拟合优度指标值：$\chi^2/\mathrm{df}=2.625$；RMSEA＝0.071；GFI＝0.980；AGFI＝0.959；NFI＝0.877；CFI＝0.919

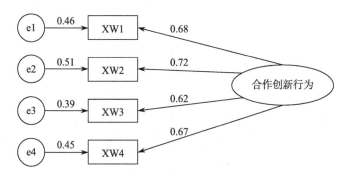

图 4.14　合作创新行为单维度结构模型

（6）相关变量整体拟合结果。接着对本研究模型进行综合的检验。检验结果如图 4.15 所示，绝对适配度指数 $\chi^2/\mathrm{df}=1.932$，RMSEA＝0.054；相对适配度指数 GFI＝0.869；AGFI＝0.839；NFI＝0.838；CFI＝0.914，均达到标准。而且，根据各题项的标准化因子载荷系数可以看出，整体拟合效果良好。

表 4.12　相关变量整体拟合结果

测量变量	测量项目	标准化因子负荷数	临界比（C. R.）
合作信念强度	XN1	0.697	—
	XN2	0.709	11.636
	XN3	0.687	11.312
	XN4	0.702	11.533
	XN5	0.681	11.208
	XN6	0.550	90149

测量变量	测量项目	标准化因子负荷数	临界比（C.R.）
预期结果评价	JG1	0.712	—
	JG2	0.713	11.962
	JG3	0.616	10.379
指令性规范	ZL1	0.778	—
	ZL2	0.697	12.669
	ZL3	0.664	11.981
	ZL4	0.634	11.373
示范性规范	SF1	0.692	—
	SF2	0.703	11.875
	SF3	0.717	12.064
组织效能	ZX1	0.702	—
	ZX2	0.839	13.009
	ZX3	0.790	12.512
资源控制能力	KZ1	0.544	—
	KZ2	0.620	7.816
	KZ3	0.827	8.536
合作创新意愿	YY1	0.686	—
	YY2	0.603	9.723
	YY3	0.698	11.098
	YY4	0.605	9.753
	YY5	0.720	11.406
合作创新行为	XW1	0.700	—
	XW2	0.665	10.664
	XW3	0.630	10.138
	XW4	0.634	10.207

拟合优度指标值：$\chi^2/df = 1.932$；RMSEA = 0.054；GFI = 0.869；AGFI = 0.839；NFI = 0.838；CFI = 0.914

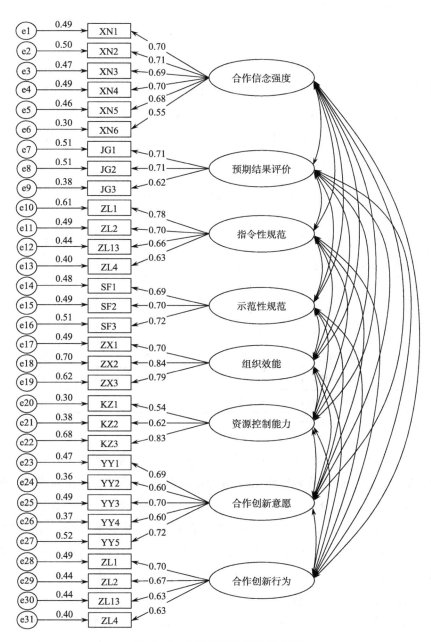

图 4.15　相关变量整体结构模型

4.3.4 假设检验与结果分析

1. 模型的拟合与参数估计

（1）自变量间的影响分析。本书利用结构方程对自变量间的影响关系进行拟合，以验证研究假设。通过表 4.13 可以看出，绝对拟合指标卡方自由度比 χ^2/df 为 2.898<5；0.05<RMSEA = 0.054<0.08，可以看作"较好的拟合"；相对拟合指标 GFI = 0.887、AGFI = 0.869、NFI = 0.918、CFI = 0.907，均高于可接受标准 0.8，模型拟合效果较好。

表 4.13　自变量间的影响分析

假设回归路径	标准路径系数	显著性概率	是否支持假设
合作信念强度<指令性规范	0.117	0.089 *	是
合作信念强度<示范性规范	0.329	* * *	是
合作信念强度<组织效能	0.240	* * *	是
预期结果评价<指令性规范	0.107	0.108	否
预期结果评价<示范性规范	0.403	* * *	是
预期结果评价<组织效能	0.241	* * *	是
预期结果评价<资源控制能力	0.017	0.735	否
合作信念强度<资源控制能力	0.071	0.175	否

＊表示 $P<0.1$；＊＊＊表示 $P<0.01$。

从表 4.13 和图 4.16 我们可以更加直观地看到拟合后的效果。模型中指令性规范、示范性规范和组织效能对合作信念产生了显著的正向影响，标准化的路径系数 β 分别为 0.117（$P<0.01$）、0.329（$P<0.01$）、0.240（$P<0.01$）。示范性规范、组织结果评价产生了显著的正向影响，标准化的路径系数 β 分别为 0.403（$P<0.01$）、0.241（$P<0.01$）。而资源控制能力没有对合作信念强度产生显著正向影响，指令性规范源控制能力没有对预期结果评价产生显著正向影响。

（2）自变量、中介变量与因变量间的影响分析。本书利用 AMOS21.0 软件，用结构方程对自变量、中介变量和因变量进行拟合。绝对拟合指标卡方自由度比 χ^2/df 为 0.031，小于临界值 2；渐进残差均方和平方根 RM-SEA 为 0.079，介于 0.05 至 0.08 之间，为"较好的拟合"；相对拟合指标

GFI 为 0.926、AGFI 为 0.977、NFI 为 0.950、CFI 为 0.909，均高于标准 0.9，模型的拟合效果好。

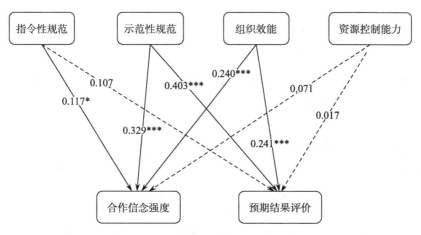

图 4.16 自变量间的影响关系拟合图

从表 4.14 和图 4.17 中可以明显看出合作信念强度、指令性和示范性规范，以及资源控制能力都对合作创新意愿具有显著的正向作用，标准化路径系数 β 分别为 0.235（$p<0.01$）、0.307（$p<0.01$）、0.282（$p<0.01$）、0.103（$p<0.1$）。其次，在自变量对因变量的影响系数分别为 0.214（$p<0.01$）、0.078（$p<0.05$）、0.055（$p<0.1$）、0.194（$p<0.01$）、0.234（$p<0.01$）、0.211（$p<0.01$），表明合作信念强度、预期结果评价、指令性规范、示范性规范、组织效能、资源控制能力均对合作创新行为具有显著的正向影响；最后，在中介变量对因变量的影响中，合作创新意愿对合作创新行为具有显著的正向影响，其标准化路径系数 β 为 0.355（$p<0.05$）。

表 4.14 结构模型的参数估计

假设回归路径	标准路径系数	显著性概率	是否支持假设
合作创新意愿<合作信念强度	0.235	＊＊＊	是
合作创新意愿<预期结果评价	0.026	0.461	否
合作创新意愿<指令性规范	0.307	＊＊＊	是
合作创新意愿<示范性规范	0.282	＊＊＊	是
合作创新意愿<组织效能	0.060	1.136	否

假设回归路径	标准路径系数	显著性概率	是否支持假设
合作创新意愿<资源控制能力	0.103	0.052 *	是
合作创新行为<合作信念强度	0.214	* * *	是
合作创新行为<预期结果评价	0.078	* * *	是
合作创新行为<指令性规范	0.055	0.086 *	是
合作创新行为<示范性规范	0.194	* * *	是
合作创新行为<组织效能	0.234	* * *	是
合作创新行为<资源控制能力	0.211	* * *	是
合作创新行为<合作创新意愿	0.355	0.017 * *	是

拟合优度指标值：$\chi^2/df = 0.031$；RMSEA $= 0.097$；GFI $= 0.926$；AGFI $= 0.977$；NFI $= 0.950$；CFI $= 0.909$

* 表示 $P<0.1$；* * 表示 $P<0.05$；* * * 表示 $P<0.01$。

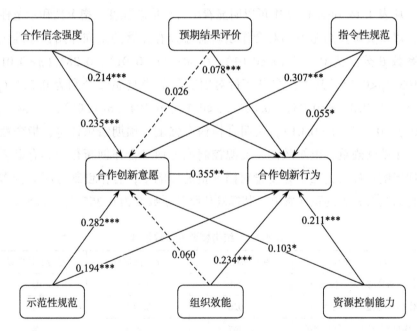

图 4.17　结构模型拟合关系图

2. 中介效用的分析与检验

为了检验合作创新意愿在各变量对合作创新行为影响过程中是否具有中介作用，本研究借鉴巴伦（Baron）和肯尼（Kenny）的研究成果，结合结构方程模型对其进行检验，具体分析如下：

首先，拟合自变量对因变量的影响关系以判定其回归系数是否显著。拟合结果如表 4.15 所示，$X^2/\mathrm{df} = 3.387 < 5$；$5 < \mathrm{RMSEA} = 0.079 < 8$，可以看作"较好的拟合"；相对拟合指标 GFI = 0.856、AGFI = 0.851、NFI = 0.899、CFI = 0.886，均高于标准 0.8，模型的拟合效果良好。

表 4.15　自变量对因变量的影响分析

编号	假设内容	检验结果
合作创新行为<---合作信念强度	0.214	＊＊＊
合作创新行为<---预期结果评价	0.078	0.049＊＊
合作创新行为<---指令性规范	0.055	＊＊＊
合作创新行为<---示范性规范	0.194	＊＊＊
合作创新行为<---组织效能	0.234	＊＊＊
合作创新行为<---资源控制能力	0.211	＊＊＊

拟合优度指标值：$X^2/\mathrm{df} = 3.387$；RMSEA = 0.079；GFI = 0.856；AGFI = 0.851；NFI = 0.899；
　　　　　　　　CFI = 0.886

＊表示 $P < 0.1$；＊＊表示 $P < 0.05$；＊＊＊表示 $P < 0.01$。

其次，将自变量和中介变量共同对因变量的影响关系进行拟合，判定其回归系数是否显著。将上述研究中的标准化路径系数与显著性概率进行综合比较。从中可以看出，自变量合作信念强度、预期结果评价、指令性规范、示范性规范、组织效能和资源控制能力的影响路径系数均有所减少，而且概率值 P 都显著，说明中介变量具有部分中介作用。综上所述，合作创新意愿发挥了显著的中介作用。

3. 关系假设的验证与分析

从本书的实证结果来看，在笔者提出的 26 个研究假设中，有 21 个顺利通过了显著性检验，另外 5 个没能通过。具体检验结果如表 4.16 所示。

表 4.16　假设检验结果汇总

编号	假设内容	检验结果
H1a	知识产权服务中合作创新行为的合作信念强度对合作创新意愿具有正向作用	支持
H1b	知识产权服务中合作创新行为的预期结果评价对合作创新意愿具有正向作用	不支持
H1c	知识产权服务中合作创新行为的指令性规范对合作创新意愿具有正向作用	支持
H1d	知识产权服务中合作创新行为的示范性规范对合作创新意愿具有正向作用	支持
H1e	知识产权服务中合作创新行为的组织效能对合作创新意愿具有正向作用	不支持
H1f	知识产权服务中合作创新行为的资源控制能力对合作创新意愿具有正向作用	支持
H2a	知识产权服务中合作创新行为的合作信念强度对合作创新行为具有正向作用	支持
H2b	知识产权服务中合作创新行为的预期结果评价对合作创新行为具有正向作用	支持
H2c	知识产权服务中合作创新行为的指令性规范对合作创新行为具有正向作用	支持
H2d	知识产权服务中合作创新行为的示范性规范对合作创新行为具有正向作用	支持
H2e	知识产权服务中合作创新行为的组织效能对合作创新行为具有正向作用	支持
H2f	知识产权服务中合作创新行为的资源控制能力对合作创新行为具有正向作用	支持
H3a	知识产权服务中合作创新意愿在合作信念强度与合作创新行为之间具有正向中介作用	支持
H3b	知识产权服务中合作创新意愿在预期结果评估与合作创新行为之间具有正向中介作用	支持
H3c	知识产权服务中合作创新意愿在指令性规范与合作创新行为之间具有正向中介作用	支持
H3d	知识产权服务中合作创新意愿在示范性规范与合作创新行为之间具有正向中介作用	支持
H3e	知识产权服务中合作创新意愿在组织效能与合作创新行为之间具有正向中介作用	支持
H3f	知识产权服务中合作创新意愿在资源控制能力与合作创新行为之间具有正向中介作用	支持
H4a	知识产权服务中合作创新行为的指令性规范对合作信念强度具有正向作用	支持
H4b	知识产权服务中合作创新行为的指令性规范对预期结果评估具有正向作用	不支持
H4c	知识产权服务中合作创新行为的示范性规范对合作信念强度具有正向作用	支持
H4d	知识产权服务中合作创新行为的示范性规范对预期结果评估具有正向作用	支持
H5a	知识产权服务中合作创新行为的组织效能对合作信念强度具有正向作用	支持

编号	假设内容	检验结果
H5b	知识产权服务中合作创新行为的组织效能对预期结果评估具有正向作用	支持
H5c	知识产权服务中合作创新行为的资源控制能力对合作信念强度具有正向作用	不支持
H5d	知识产权服务中合作创新行为的资源控制能力对预期结果评估具有正向作用	不支持

通过对表4.16中汇总的假设检验结果进行分析，可以看出：

①在合作创新行为的三种主要维度对合作创新意愿的影响关系中，预期结果评价维度对合作创新意愿没有显示出正向影响，但是合作信念强度对合作创新意愿具有显著的正向影响。这从一定角度说明，由于合作创新具有一定的不确定性，因此合作主体往往更加关注各方对于参与合作创新中的态度和重视程度。主观规范的两个主要维度都对合作创新意愿具有显著的正向影响，这说明政府的政策和同行业的典型范例都会对各主体参与合作创新行为具有影响；知觉行为控制的组织效能维度对合作创新意愿没有显著影响，而资源控制能力维度对合作创新意愿具有显著的正向影响，这直接说明各创新主体更加重视双方具备的资源控制能力。

②在各个影响因素的影响关系中，行为态度的两个维度都对合作创新行为具有正向影响。这说明在合作过程中，如果合作主体对合作创新绩效都具有正向评价，会促使双方表现出积极的合作创新行为；主观规范的两个维度都对合作创新行为具有正向影响，说明无论是政府还是同行业的示范作用，都会在一定程度上激发合作创新行为。知觉行为控制的两个维度都对合作创新行为具有显著的正向影响，这说明各创新主体的资源控制能力和组织效能会激发合作创新行为的产生。

③可以看出，合作创新意愿的中介作用在各维度对合作创新行为的影响中都具有显著的正向中介作用。这在一定程度上说明在合作创新过程中，创新主体和知识产权服务机构的合作创新意愿越强烈，就会对知识产权服务中的合作创新行为形成较高的认可度，从而越容易产生合作创新行为。

④在合作创新行为的行为态度、主观规范和知觉行为控制之间的影响关系中，主观规范的两个维度和知觉行为控制的组织效能维度对行为态度中合作信念强度维度具有显著的正向影响。这说明创新主体的合作意向会受到当前的政府政策、行业环境及组织自身效能的影响。同时，主观规范中的示范性规范维度和知觉行为控制的组织效能维度，对行为态度中的预期结果评估具有显著的正向影响。这说明各创新主体对预期结果的态度，

受到当前行业发展态势和各方对创新行为态度的影响。

4.4 知识产权服务行为与专利质量的相关性

合作创新行为不仅能够帮助创新主体提高创新效率，还能够促进我国知识产权服务行业的整合和发展。本书根据上文的研究结果，同时结合我国目前的现实状况，为加强我国知识产权服务中的合作创新行为及我国知识产权服务行业的发展，提出具有针对性的政策建议。

4.4.1 知识产权服务中合作创新行为的行为态度层面

1. 重视培养知识产权服务中合作创新的行为态度

研究发现，知识产权服务中的各影响因素之间是相互联结的，如行为态度中的合作信念强度和预期结果评价就受到创新主体和知识产权服务机构所感知到的指令性规范、示范性规范与组织效能的影响。因此，政府应该积极出台相关激励政策，引导行业内的优质机构参与合作创新中来，充分发挥其示范带头作用。同时，组织也要注重提升自身的组织效能。

在合作创新中，各主体首先应该充分了解当地政府的有关政策，紧密把握政府政策导向，充分利用政府对知识产权服务中合作创新行为的激励和扶持能力；其次，要紧密关注同行业的企业和知识产权服务机构所做出的典型的合作创新行为，积极学习和借鉴其创新模式和行为，培养积极的合作创新行为态度；最后，要注重对相关人才的培养，企业要注重对创新人才的不断培养，知识产权服务机构要注重对人员的服务能力的相关培养。

2. 提升知识产权服务中合作创新的信念强度

实证研究结果表明，在知识产权服务的合作创新行为中，合作信念强度对合作创新意愿和合作创新行为具有显著的正向影响，预期结果评价对合作创新行为具有显著的正向影响。因此，政府机构应该积极出台政策，引导创新主体和知识产权服务机构参与合作创新中来，激发各主体的合作创新积极性，提高合作创新的信念强度。

主要具体措施：首先，政府部门应该重视对知识产权创新主体和服务机构在供给端与需求端上的管理。在需求端，创新主体主要是知识产权服务的主要需求者，因此，要加强创新主体对知识产权服务的良好印象，改变传统的观念，运用财政补助的形式积极引导各企业与知识产权服务机构的合作；在供给端，知识产权服务机构作为供给端的主力，政府部门要加大对服务机构人才的培养力度，通过各种奖惩措施引导知识产权服务机构提供优质的服务。其次，可以为创新主体与知识产权服务机构建立一个共享的信息服务平台，及时公开各种相关信息，增进合作创新的信念强度。最后，政府部门应该发挥自身的主体作用，积极举办各种知识产权合作创新主题的研讨会和活动，增进创新主体和知识产权服务机构之间的联系，及时解决发生的问题，增进合作的基础。

此外，在政府发挥作用的同时，创新主体和知识产权服务机构也应该积极主动地发挥主观能动性。创新主体要争取在知识产权创造、运用和保护的每一个环节邀请知识产权服务机构参与其中，充分发挥知识产权服务机构的作用，实现自身价值创造的最大化；知识产权服务机构也应该时刻增强自身的服务能力，通过加大对人才的培养力度，增强供给端的服务质量和内容。

4.4.2　知识产权服务中合作创新行为的主观规范层面

1. 构建完善的政策引导和资金扶持体系

通过研究结果可以看出，指令性规范在知识产权服务中显著正向影响合作创新行为。因此，为了进一步促进知识产权服务中合作创新行为，政府部门应该发挥自身作用。

在知识产权服务合作创新中，创新主体和知识产权服务机构受到指令性规范的显著影响。因此，政府部门应该做好角色定位，发挥自身作用，通过出台各种激励与奖惩政策引导有关各方积极地参与合作创新中，为知识产权合作创新的良好环境提供一个良好的环境，增强各方尤其是创新主体对知识产权服务合作创新的信念和信心。具体来说，一方面政府应该通过政策引导积极协调合作创新主体之间的利益关系，通过各种资金扶持和税收优惠等手段引导中小企业参与合作创新中；另一方面，政府也应该做好在合作创新过程中对违法乱纪企业和服务机构的惩罚力度，尽快完善和细化相关的法律法规，尽快完善合作创新中知识产权的所有权归属、保护，为各主体的利益提供强有力的法律保障。

此外，政府还应该建立知识产权服务专项资金，创新主体和知识产权服务机构进行合作创新提供一定的资金保障。

2. 发挥同行业组织机构合作创新的示范性效应

研究结果表明，示范性规范在知识产权服务中显著正向影响合作创新行为，因此，在重视同行业组织机构的带头示范作用的同时，充分利用示范性效应激发知识产权服务中合作创新行为。

具体措施：第一，政府应该通过授予相应的荣誉和制定奖励制度，对那些行业内通过合作创新行为产生的高质量知识产权授予相关的荣誉称号和给予一定的税收减免和现金奖励，通过模范作用大力宣传合作创新行为，激励创新主体与知识产权服务机构积极进行合作创新。第二，通过财政政策，对那些在本税收年度内通过合作创新行为做出高质量知识产权的企业和服务机构给予一定的税收减免政策，在行业内进一步形成合作创新氛围。最后，创新主体和知识产权服务机构应该紧密关注同行业内的其他企业或机构通过合作创新取得成功的事件，要从中借鉴经验，大力学习。

4.4.3 知识产权服务中合作创新行为的知觉行为控制层面

1. 增强知识产权服务中合作创新能力的自信感

本书的研究结果表明，组织效能在知识产权服务中能够显著影响合作创新行为，因此，应该加强各创新主体在合作创新行为中的自信程度，以促进合作创新行为的产生。

技术创新人员和服务人员的自我效能感是各主体自信感的主要来源。对于创新主体而言，要大力培养技术创新人员的创新能力，扩大对技术创新人才的招聘与使用，要向企业中的技术研发部门大力投入资金，增强在合作创新中的自我效能感。另外，要重视对技术创新人才知识结构和内容的及时更新和补充，通过举行各种交流学习活动，培养创新人才学习先进的研究方法，使创新人才能够不断增强自我效能感。

对于知识产权服务机构而言，要重视对服务人员基础能力和高级能力的培养和提升，同时，也要时刻关注对知识产权服务从业人员的全方面素养和综合素质的提升，增进其参与合作创新的自我效能感，力争为创新主体提供高质量的、全方位的知识产权服务，不断赢得创新主体的信任，形成良性循环。

2. 加强知识产权服务中合作创新资源的控制能力

本书实证研究结果表明，在知识产权服务的合作创新行为中，资源控制能力对合作创新意愿和合作创新行为产生显著的正向影响。因此，参与合作创新的各主体应该加强自身的资源控制能力，通过合理分配资源的使用，实现优势互补。

具体措施包括，首先，创新主体要细化对于合作创新中投入资金的使用力度，要严格控制成本，在知识产权的每一个环节中根据自身实际需要制定科学的购买策略，通过服务职能与自身创新职能的有机结合，提高资源的整合力度。其次，知识产权服务合作创新的发展和结果，在较大程度上受到高质量知识产权创造预期的影响。因此，创新主体在进行知识创造的过程中，要充分利用知识产权服务机构对知识产权新颖性和创造性的评价能力，做好专利后期的预测与评估，打好合作的基础。最后，知识产权服务机构在为创新主体提供专利咨询、申请书撰写等基础服务的同时，要大力扩展自身的业务范围，为创新主体提供更多高附加值的服务，为专利后期的成果转化、运用制定合理的策略，帮助创新主体解决深层次问题。

4.4.4　知识产权服务中合作创新意愿层面

本书研究结果表明，合作创新意愿在各因素对合作创新行为的影响中具有显著的正向中介作用。因此，各创新主体之间应该打破固有观念，破除角色定位，不断深化各领域内的务实合作，充分发挥合作创新意愿对于专利质量与效率的正向作用。

对创新主体而言，一是要改变对知识产权服务机构的传统看法，要正视知识产权服务机构在知识产权创造的全过程中所具有的重要作用，提高与知识产权服务机构合作的意识，积极与其开展合作。二是要在全方位、多领域、多层次上不断深化与知识产权服务机构的合作，充分利用资源互补的原理，提高知识产权创造的效率和质量。三是要完善创新主体内部的知识产权制度，提高外部知识产权服务与内部技术创新整合的适应性，增强合作创新意愿。

对知识产权服务机构而言，首先要不断加强与企业的沟通与交流，通过对企业发展战略和自身实际情况的充分了解，为企业制定科学合理的知识产权发展布局，为企业提供具有针对性的个性化服务方案。其次，根据创新主体在知识产权不同阶段的不同需求，为企业提供多重配套服务，真正发挥自身的服务功能。最后，要重视创新主体对服务评价结果的反馈，总结经验教训，完善服务内容，提高服务质量与水平。

4.4.5　本章小结

随着我国知识产权数量爆发式增长和知识产权质量停滞不前这一现象日益突出，知识产权服务愈发不能满足我国知识产权事业的发展，同时，我国知识产权质量的低下也需要知识产权服务机构参与到合作创新中来，共同提高专利质量。因此，研究知识产权服务中的合作创新行为具有重要的理论价值和现实意义。

本书的研究内容主要包括以计划行为理论为基础，结合知识产权服务中合作创新行为的实际特征，综合分析合作创新的三个主要变量（行为态度、主观规范和知觉行为控制）各构成维度对合作创新意愿的影响，以及合作创新意愿在三个主要变量的各构成维度与合作创新行为间的中介作用，在此基础上建立基础理论模型。

在此基础上，通过实证研究方法，得出以下研究结论：

①计划行为理论的三个主要变量对合作创新行为的形成具有显著的正向作用，同时合作创新意愿在合作创新行为形成过程中具有显著的正向中介效应。

②影响合作创新行为的各因素之间存在着密切的相关性。其中，指令性和示范性规范及组织效能对合作信念强度具有显著的正向作用。示范性规范和组织效能对预期结果评估具有显著的正向影响。

综合本书的研究过程与结果来看，尚存在些许不足，主要体现在两方面：一是调查问卷存在地域限制，研究对象的选取具有一定的局限性。二是本书只探究了合作创新意愿在单一自变量中的中介效用，并没有扩展到所有自变量之中，存在一定的局限。这些问题都需要笔者在今后的学习研究中不断加以完善。

第5章 知识产权服务政策与专利质量

5.1 知识产权服务政策的相关理论分析

5.1.1 问题的提出

随着我国知识产权事业的快速发展，专利数量快速增长，产生出对知识产权服务的巨大需求。知识产权服务的重要性与日俱增，有着广阔的发展空间。2014 年我国出台了《关于知识产权服务标准体系建设的指导意见》（以下简称《意见》），《意见》对于知识产权服务的重要性和作用进行了深刻阐释。2016 年出台的《知识产权综合管理改革试点总体方案》提出，要构建完善的知识产权服务体系来支持知识产权运行机制的创新发展。习近平总书记在 2018 年发表的重要讲话中提出要完善知识产权服务体系，同时强调了加强知识产权保护执法力度的重要性。构建标准化的知识产权服务体系不仅有利于提升我国创新驱动发展能力，而且有利于加快推进建设服务型政府的步伐。2021 年出台的《"十四五"国家知识产权保护和运用规划》中指出了新形势下知识产权服务的发展目标：首先，要求在知识产权智能化、现代化、信息化建设方面取得实质性进展；其次，进一步完善知识产权公共服务体系，促进知识产权服务行业有序发展；最后，加快知识产权保护线上线下同步进行的发展进程，提供专业化的知识产权服务，使人民更好地享受优质创新成果。据国家知识产权局规划发展司的有关负责人表示，知识产权服务标准化体系有现实作用，不仅是知识产权服务标准系统的重要组件，而且是知识产权服务依据其内在联系所构成的有机整体，更是促进知识产权服务业健康稳步发展的有效工具。

知识产权战略提出之后，中央政府各部门出台了许多新的重大政策文件，如近两年的《关于推进中央企业知识产权工作高质量发展的指导意见》（国资发科创规〔2020〕15 号）、《商标侵权判断标准》（国知发保字〔2020〕23 号）、《知识产权信息公共服务工作指引》（国知办发服字〔2020〕43 号）、《知识产权强国建设纲要（2021—2035 年）》《"十四五"国家知识产权保护和运用规划》（国发〔2021〕20 号）等。在政策文件的支持下，我国的知识产权服务取得了相应进展：首先，全过程多层次的知识产权服务政策体系已初步建立；其次，提供知识产权服务的机构数量明显增多，专业性人才数量也有较大提升；最后，知识产权服务已成为技术创新的重要支撑，并且基本实现了服务的社会化和市场化，能更好地作用于知识产权活动过程。从实际应用过程来看，现阶段的知识产权服务仍存在相应的不足，服务领域狭窄、服务焦点模式化、配套服务不完善等问题已成为制约知识产权服务发展不可忽视的阻碍。之所以出现这些问题，本质上是因为政策体系和政策导向的设置偏离现实服务需求。党的十九大报告提出，要开展知识产权服务综合性改革，完善知识产权服务全过程，这显示了中央对于知识产权服务的高度重视，体现了破除知识产权服务政策体系障碍的坚定决心，从政策层面完善知识产权服务政策体系有其必要性和现实意义。

近年来，大数据技术的发展伴随着政府信息透明化的趋势，政策研究延伸至多个领域，涵盖了多种分析维度。知识产权服务具有其自身独特的特点，而政策过程也有其多样化的主体和内容，故在知识产权服务全过程中扮演着不可或缺的角色。要精确明晰地分析知识产权服务政策体系所存在的问题，就要对政策要素进行深入研究，同时也要对政策内容进行分类和剖析。因此，我们需要深入思考以下几个问题，例如，知识产权服务政策有哪些发文主体？中央部门制定了哪些政策？运用了哪些政策工具？这些问题的解决需要对知识产权政策体系整体进行全面分析，而不能只聚焦单项政策。

本章研究聚焦近几年中央所发布的知识产权政策，以已有的研究成果和方法为基础，以政策内容、发文主体、类型化信息为研究重点，以知识产权价值链和政策工具作为基础架构，对政策内容进行深入分析。所谓政策工具，是指达成政策目标的手段；所谓知识产权价值链，主要关注知识产权服务政策的作用机制，贯穿知识产权管理的全过程，在知识产权服务的各阶段都有其政策目标。通过对知识产权服务政策内容的研究理顺政策脉络，不仅能为优化政策工具的选择和知识产权价值链的发展提供科学指导，同时也可对如何制定促进科技创新和科技服务业健康稳定发展的政策提供合理建议。总而言之，本章的研究脉络可从以下几个方面理解。首先，本章研究主题为知识产权服务政策文本分析，通过对中央所发布的知识产权服务政策文本和相关文献进行整理分析，理顺知识产权服务政策研究的关键因素；其次，联系影响知识产权服务的外部因素，综合研究政策的演进趋势；再次，通过研究知识产权服务的政策工具及知识产权价值链，对政策内容进行分解和量化分析；最后，基于量化分析结果来针对性揭露我国知识产权服务所面临的现实问题，并提出优化建议，明确政策未来发展趋势，为知识产权服务政策的实践运用提供政策依据。

具体研究方法及技术路线如下：

（1）内容分析法。内容分析法将非定量的文献材料转化为定量数据，依据这些数据对文献内容进行定量分析并得出关于事实的判断和结论，有效避免了定性分析主观性较强的问题。本书的主题为知识产权服务政策，内容分析法具体流程如图 5.1。

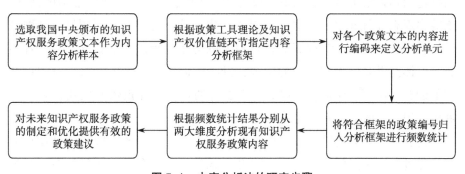

图 5.1　内容分析法的研究步骤

（2）可视化分析法。可视化分析是指将原始数据转化为可视化因素，利用形象直观的表现形式来展示复杂的资源内容。对所选文献内外部信息进行整合，采用可视化图谱的方式来反映引文网络的内在规律。本书借助VOSviewer可视化软件进行关键词共现分析，将知识产权服务所讨论的主题关键词进行聚类，并以可视化方式呈现，识别当前知识产权服务领域的研究热点及发展趋势。根据检索结果，整合相关政策文本，可以科学高效地选取知识产权服务政策文本。

（3）社会网络分析法。社会网络分析是对社会网络的关系结构及其属性加以分析的一套规范和方法，主要分析不同社会单位所构成的社会关系结构及其属性。社会网络分析法的常用软件有 Ucinet、NetDraw、Pajek。本文以 Ucinet 为研究工具，运用社会网络分析方法探讨知识产权服务政策的发文主体合作情况，对政策发文主体的关系进行量化研究和可视化呈现。

5.1.2 知识产权服务政策相关研究

1. 知识产权服务的概念

作为新业态，知识产权服务不仅在高新技术服务业占有一席之地，同时也是技术创新发展不可或缺的有力支撑。但目前国内外学者关于知识产权服务概念的界定仍未有一致意见。

一部分研究者从宏观层面的角度指出了知识产权服务的主要内容与主要目标。丹（Den）认为知识产权服务的主要内容包括知识密集型的中间服务及中间产品的产出。蓬（Peng）和贾（Jia）认为，知识产权服务的主要目标包括知识密集型企业知识产权创造、运用、保护、管理等能力的提升，有效实现企业知识产权价值。杨铁军、虞文武、杨红朝、谢顺星、洪群联等学者则认为，知识产权服务是指相关机构在政策法规的指导下，为各类创新主体提供多层次宽领域的服务，以此来促进创新主体对于自身知识产权的创造、运用、保护、管理等方面能力的提升，并提供有效建议来支持我国知识产权服务体系的完善和发展。

也有部分研究者较为细致地从微观的角度对知识产权服务的具体目标及特点进行分析。伊恩（Ian）等指出，知识产权服务的主要目标在于对创新知识的创造、运用、管理等活动进行全方位服务，能够直接对经济行为产生影响，并且知识产权服务对于社会创新和经济发展也具有重要作用；

杨武、付婧和郑红指出，作为知识密集型服务业的有机组成部分，知识产权服务是知识产权经济性和顾问性活动与知识产权的桥梁；邓社民、贝森（Besen）、古尔德（Gould）则认为，知识产权服务本身具有一定的创新能力和潜力，有利于知识产权价值的提升，同时由于创新是知识产权主要的特征和表现形式，所以可将为创新活动提供相应服务视为知识产权服务的主要目的。

2. 知识产权服务的内容

尽管学界对于知识产权服务的概念界定目前没有统一的认识，但是对于知识产权服务的内容和范围的理解基本一致，认为知识产权活动全过程都离不开知识产权服务。通过对相关文献的整理分析，可将知识产权服务内容的研究划分为以下几个方面：①在服务的公共性方面，杨红朝、邓社民、唐恒、洪群联、刘菊芳认为，知识产权服务主要包含知识产权法律咨询、知识产权商用化、知识产权代理和知识产权人才培育等内容。②在服务的功能性方面，蓬（Peng）和贾（Jia）认为，知识产权服务包括与知识产权相关的资金、法律援助、战略管理、教育培训、检索查询等内容。③从价值评估的角度，杨武、付婧和郑红以先前研究为基础，根据知识投入与产出、商业化、市场化和服务化等原则，在知识产权服务中增加了有关价值评估的内容。王勉青则在前人研究的基础上又增加了有关展示服务和鉴证服务的相关内容。

3. 知识产权服务政策体系范畴

对于知识产权服务政策体系的范畴，学术界存在着不同见解。在横向维度上，李良成和高畅以属性评估视角，将政策级别划分为国家、部委、地方政府等几个层面；王勉青以服务提供平台的视角，从国家、社会、市场三个层面对知识产权服务业进行划分。

在纵向维度上，洪群联以服务内容视角，从知识产权人才保障、法律援助、知识产权创造和知识产权运用等角度来划分知识产权服务体系；冯晓青从体系和政策视角出发，提出诸如完善知识产权服务业制度、建立政府支持机制，以及出台相关规划来促进知识产权服务发展等具体建议，以实现完善相关政策体系的建设并促进知识产权服务业健康发展的目的；李良成和高畅以政策功能属性视角，从国家政策、知识产权人力资源、企业创新技术研究与成果转化、知识产权服务代理等方面来划分知识产权服务政策体系。

5.1.3　知识产权服务政策研究方法的相关研究

1. 知识产权服务政策的定量分析

从知识产权服务政策变迁的视角出发，李良成和高畅在对 48 个政策文本进行深入剖析后指出，目前我国知识产权服务政策制定趋势逐渐转为良性发展，但同时也存在诸多问题，例如，政策连接松散、实践性较弱、适应性不强等，并基于此提出科学合理的建议，来促进我国未来知识产权服务业的政策完善和发展；彭辉则深入分析 217 份国家及地方层面有关科技创新的政策文本，揭示了科技创新领域立法工作的必要性。

以政策工具的视角出发，周城雄等采用二维政策分析方法，联合产业政策工具与政策功能两方面对新兴产业区域性战略发展进行研究，并以某地产业政策的实证分析结果来检验和支撑其研究架构；赵筱媛和苏竣则采用政策分析三维框架，通过政策工具、科技活动类型、科技活动领域三个方面来分析相关政策，并提出具体可行措施及优化建议以改善科技政策体系。

以数学建模的方法出发，刘雪凤和高兴采用 MATLAB 及 BP 神经网络建模的方式，深入分析我国知识产权政策体系，指出政策体系指标设置对社会福利的分配可产生较大影响，并提出缩小福利享有差距的相应政策建议。

2. 知识产权服务政策的定性分析

从产业发展的视角，冯晓青根据《国家知识产权事业发展"十二五"规划》的相关内容，分析我国知识产权服务存在的问题并提出具体措施来改善不足；杨红朝通过服务业产业的角度，多层次分析我国知识产权服务的全过程，将我国知识产权服务体系与发达国家进行对比，为我国知识产权服务体系的优化提供参考；刘菊芳指出，作为现代服务业的有机集成组件，知识产权服务业在我国的经济发展方式转变、经济结构优化调整等方面发挥着重要作用，探究我国知识产权服务行业在实践中所面临的不足并提出政策建议推动该行业稳步发展。

以中介服务体系的视角出发，唐恒深入分析知识产权服务体系的功能，对于如何提升知识产权中介服务体系进行了详细论述；潘冬等、杨晨等则聚焦科技企业孵化器知识产权服务，对于其内涵及构成进行深入研究。

以公共政策体系为出发点，张鹏结合知识产权公共服务体系的构成要素和实践情况，建立知识产权公共政策体系的基础架构，并且对于知识产权公共政策体系建设的基本原则和发展趋势进行了深入剖析。

基于知识产权服务业的历史演进，毛昊和毛金生完整地论述了知识产权服务业的历史演进过程，并提出具体优化措施来助力知识产权服务业的未来发展。

从国际比较视角出发，杨晓娟和樊志民基于发达国家农业知识产权服务体系，结合我国实际对于农业知识产权的构成和特点进行阐述，通过国际比较和借鉴提出相应措施来建设我国农业知识产权服务体系；刘佩和邓承月则着眼于发达国家中小企业自主创新发展，探究知识产权制度对于中小企业自主创新技术研发的推动作用，并将其与我国企业创新发展相融合，提出建设性措施来发挥我国知识产权政策体系对于企业创新的支持作用。

5.1.4　政策分析方法的相关研究

1. 文本分析法

文本分析法是指从文本的表层深入文本的深层，从而发现不能为普通阅读把握的深层含义，其最初主要运用于计算机信息学科，但因其兼具定量研究与定性研究的优势，该方法也被广泛运用于人文社科领域。采用文本分析方法能较为细致深入地剖析政策文本，发掘政策文本中所蕴含的深层意义。因政策制定与政策文本内容并不是一成不变，而是一个繁复庞大相互交织的动态系统，故其研究方法的选择时常不易把握，而文本分析法则以其独特特点与优势在众多研究方法中脱颖而出。

政策工具分析法作为文本分析法的主要方法，在政策文本分析活动中得到了广泛运用，其具体运用包括前期政策文本检索与筛选及后期利用政策工具分析架构进行分类编码等一系列活动。谢青和田志龙主要关注我国新能源汽车产业，通过对 37 份政策文本从政策工具和创新价值链两个维度进行分析，发掘两者之间的关联，并提出政策谋略来促进我国新兴产业的进步；李良成和高畅通过对广东省 51 项与新产业相关政策文本进行三维研究，从政策主题、政策目的、政策工具三个方面建立分析结构，并提出新兴产业发展和完善建议。总之，对相关政策进行文本分析，不仅可以为评述性政策分析提供理论建议，而且在理顺政策发展趋势方面发挥关键作用。

2. 政策工具理论

政策工具是将政策构想转变为现实的手段，每项政策条款所想要实现的目标及所采取的方式，很大程度上体现在所选取政策工具之中，在人文社科领域中政策工具分析法有着广泛的应用。当前涌现出大量以政策工具作为主要对象的研究，以政策工具理论为基础开展的研究也屡见不鲜。根据相关研究，可将政策工具分为以下几类：第一，从政策目标的角度进行分析，施耐德（Schneider）和英格拉姆（Ingram）认为政策工具包括四大类，即教育、告诫、鼓励、能力提升；第二，从活动方式的差异出发，仲为国等通过研究政策之间的协同问题，提出可将政策措施细分为五类，包含人事、行政、财政税收、金融外汇及其他方面；第三，赵筱媛和苏竣则将公共科技政策工具划分为基本层、综合层、战略层，在此划分层次之上利用政策工具架构对科技活动领域进行分析，并采用定量分析的方式对新兴产业政策进行研究。第四，根据政府政策干预的强度，霍利特（Howlett）和拉梅什（Ramesh）将政策工具分为三类，即自愿性政策工具、强制性政策工具、混合型政策工具。

虽然学术界对于政策工具的分类仍未达成一致标准，但毋庸置疑的是，罗斯维尔（Rothwell）与泽格维尔德（Zegveld）所创建的政策工具分类方法被公认为是当下最为经典的分类方法。该分类方法共包括三大方面共 12 类政策工具，该方法立足现实，结合产业主要特点及历史演进过程，与现行技术创新政策和产业政策具有较高适配度，得到了学界的普遍认可。

3. 知识产权价值链

价值链这一概念首先由哈佛大学商学院迈克尔·波特（Michael Porter）教授于 1985 年提出，他认为企业的价值创造和提升蕴含在企业基本活动和辅助活动的全过程之中。最初，价值链被认为贯穿产品创造过程的全阶段，主要用于制造业。随着知识经济成为新的经济形态，价值链被认为是不同群体之间的相互作用过程，不同主体的互动过程产生一系列创新活动，不断创造出新的价值，价值链焦点也逐渐转向无形的知识流。

在当前创新驱动发展战略的背景下，企业技术创新的全过程都在一定程度上体现着知识产权价值链，学术界对于知识产权价值链的研究主要聚焦于以下几点：①柴金艳将价值链与知识产权管理相联系，得出企业知识产权价值链相关概念，并在对某企业运行实例深入研究的基础上，提出可行措施，以提升企业科技创新和知识产权管理能力。②唐恒和张旸以知识产权价值链理论为基础，综合分析江苏省、广州市、湖南省等地区的知识产权管理服务现实情况，提出知识产权服务价值链内容包括五个方面，即信息收集与处理、知识产权创造与取得、知识产权商品化、知识产权社会化、知识产权保护。③胡允银提出了知识产权价值链模型的基础构架，深刻分析了对企业的基本活动和辅助活动，在此基础上对企业技术创新和知识产权服务活动进行指导。④王琛和赵连勇则于以往研究的基础之上，将知识产权资产价值链划分为四个方面，包括知识产权的取得、开发、运营、维护，同时提出了知识产权资产价值链模型。

综上所述，现有研究多数以促进企业技术创新和知识产权管理能力为研究目的，以企业知识产权管理全过程为研究对象，并且引入知识产权价值链理论，构建相应价值链模型，从而在知识经济时代背景下提高企业竞争力。

5.1.5　知识产权服务政策文本分析的相关研究

统览相关研究活动可以发现，知识产权服务研究在研究视角上较为单一，以宏观居多，在研究方法上，定性研究占据绝大部分，缺乏定量研究。李良成和高畅提出知识产权公共政策以三维分析架构，在政策工具分析的基础之上，引入新兴产业的生命周期和政策功能分析，以三维角度对新兴产业政策进行研究。郭俊华和曹洲涛在软件体系结构的思想上构建了知识产权评估的系统框架，根据"4E"原则、政策过程等设置评价指标，为今后知识产权评估工作奠定了基础。

以往学者对于知识产权服务政策文本研究关注得不多，但随着知识经济时代的发展，目前学界已开展许多知识产权服务政策文本的相关研究。知识产权服务政策文本分析研究有其重要意义，运用定性定量相结合的方法对政策文本进行分析，有利于理顺政策脉络，使之更好地服务于政策实践过程。

5.1.6　研究述评

总而言之，虽然部分研究尝试建立知识产权政策的相关分析的基础架构，但有关政策支持及理论基础仍然薄弱。已有的关于知识产权服务政策的研究多从宏观层面进行，缺乏深层次的建设性研究成果。首先，知识产权政策评估体系不完善，评估方法、评估目的、评估主体等均存在不足。其次，关于知识产权服务政策的定量研究较少，研究结果缺乏具有高说服力的数据支持，仅以描述性研究较难以做到科学严谨。政策工具分析法也存在缺陷，其主要作用于政策手段的辨别，对于政策目标的关注不足，难以预测政策变化方向，在政策实践中缺少指引。从我国目前发展形势来看，各类有关知识产权服务的政策将陆续颁布，采用文本分析方法对政策进行量化研究和深入剖析，关注政策体系建设指导理论的研究，对于促进我国知识产权服务的政策设置及实践应用具有关键意义。

5.2 知识产权政策工具的理论框架

5.2.1 核心概念界定

1. 知识产权服务

基于知识产权服务的相关分析，本书指出知识产权服务具有多主体性、强互动性、知识密集性、高附加性的特点，可将其视为科技服务业的要点。知识产权服务通过多部门载体，凭借专业性的技术和知识，整合社会资源，贯穿于知识产权活动全过程当中，为知识产权活动各环节提供多方位全面服务。

关于知识产权服务在知识产权全过程中的重要性已经得到共识。这与国家知识产权局发布的《关于知识产权服务标准体系建设的指导建议》中对于知识产权服务内容的规定较为接近（如图5.2）。本书所指的知识产权代理服务包括专利代理、商标代理、版权代理、法律服务、信息服务、商用化服务、咨询服务、培训服务、公共服务等。

2. 知识产权服务政策

政策文本是有关政策目的的各种政策法规文件的总称，可以视为政策制定者为实现政策目标所制定的行动原则。本书以知识产权服务政策作为研究对象，对相关政策文本进行整理分析，发掘政策深层次含义，深入理解政策主体的政策意图，揭示知识产权服务政策的运作的内在机制。

知识产权服务在实践运用中涉及知识产权信息收集、知识创新成果商

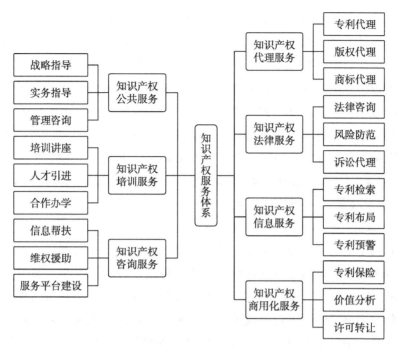

图5.2 知识产权服务内容

品化、知识产权保护等方面,具有多层次多主体的特征。在创新驱动发展战略大背景下,中央政府各部门陆续颁布知识产权服务相关的政策文件及法律法规,如今我国正逐步建立知识产权服务政策系统,知识产权服务的重要性与日俱增,成为我国技术创新活动的重要支撑。

5.2.2 知识产权服务政策文本的选择范围

1. 知识产权服务主题词聚类

知识产权服务逐渐应用于诸多领域之中,其迅速发展不断催生新的研究方法及理论的诞生,所涉及内容复杂性也日渐增加,如若仅仅只检索"知识产权服务"这一关键词则过于狭窄,无法反映出知识产权服务研究全貌。因此,本书采用 VOSviewer 软件对知识产权服务领域研究进行关键词共性的可视化分析,探究当前识产权服务的研究焦点及前沿,在此基础上补充政策文本检索的关键词,以提高知识产权服务政策文本检索的全面性和科学性。

通过对中国期刊全文数据库（CNKI）进行检索得到本节原始数据，汇总整合包括篇名、作者、来源、关键词、正文和参考文献等在内的相关信息。设立文献检索逻辑与准入标准具有至关重要的意义，准入标准过低则会扩大数据分析范围，分析结果准确性可能降低；准入标准过高则使得数据范围过于狭隘，不够全面严谨。本书主要采取知识产权服务相关文献的主题词检索，先将"知识产权"与"服务"合并，作为第一步检索主题词，然后在第一步检索结果中检索"知识产权服务"。根据上述检索步骤，最终在 CNKI 数据库中检索自 1994 年至 2018 年相关文献记录，共得到 1007 条（包含英文文献）。数据下载日期是 2019 年 1 月 4 日。

2. 知识产权服务政策文本选择依据

我国于 1982—1994 年间陆续出台与知识产权相关的法律法规，这一时期可视为知识产权的初步立法阶段，所出台政策较少，因此本书仅分析研究 1994 年之后所颁布政策。由于多数地方性政策均以国家政策为指引，故本文仅将中央政府所出台的政策文本划定在研究范围之内，以提高研究的准确性和效率。虽然自《国家知识产权战略纲要》出台至今，政府部门已提出一连串的战略性计划和相关政策来促进知识产权服务业的成长，但是目前对于已出台政策文件的权威综合整理工作仍存在空白。在上文中作者对于知识产权服务关键领域进行了总结分析，在此基础之上，作者根据公开发布的政策文本的相关程度及权威程度来筛选整理政策文本，以实现政策文本研究的严谨性与完整性。

具体来说，本书依据以下原则来筛选政策文本。

一是综合性"宏观性政策"。此类政策的制定以现代服务业、科技服务业、知识密集型产业的战略部署为依据，目的是为知识产权服务的进步提供指引。

二是专门性"指导性政策"。此类政策与知识产权服务具有直接联系，为知识产权服务相关活动提供政策依据。

三是实践性"操作性政策"。此类政策虽然并不直接聚焦于知识产权服务的进展情况，但其所关注的技术创新和知识产权服务发展规划等领域可对于知识产权服务实际运作产生重要影响。

遵循以上原则，在政府网站、"北大法宝"法律数据库、行业门户网站等公开性数据资源库获取政策文本。以"知识产权服务""知识产权法律服务""知识产权公共服务""知识产权代理服务""知识产权咨询服务""知识产权培训服务""知识产权运营服务"等为关键词进行全文式检索。对于检索结果进行整合，除去相关度不高和已失效的政策，通过筛选共获得 77 份政策文本并将其进行编码。

5.2.3 政策文本分析的核心要素

目前，政策文本分析领域涉及多种政策要素，如政策内容、政策主体、政策环境等，由此可见政策文本研究视角的种类丰硕。彼德霍尔（Peter Hall）的政策范式理论认为政策制定包含三个主要因素。首先，政策目标的确定，确立政策在某一领域中所要达到的特定目的；其次，选取政策工具或方法以实现政策目标；最后，精确选取政策工具，提高准确性和科学性。本书基于文献阅读，借鉴张镧的政策文本编码和分类体系，总结出政策文本分析的核心要素（图 5.3）。其中，类型化信息是政策本身信息挖掘，发文主体是政策施动者及其网络结构，政策内容是政策目标实现手段及政策作用环节。具体包含 3 个一级区分要素和 9 个二级区分要素。

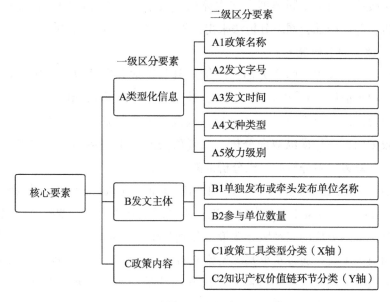

图 5.3 政策文本分析的核心要素

5.2.4 政策文本分析框架的确定

1. 类型化信息研究

此过程是指依据研究目的对政策文本进行定性分析,拆解政策文本,并对其进行分类对比。运用 Excel 表格记录所选取的政策文本相关要素,例如,发文时间、效力级别、发布部门等。有关政策文本二级区分要素的划分较为标准,例如,政策名称、效力级别、发文字号等均为固定标注,概念模糊化程度低。文本类型主要包含规划、意见、通知、方案等。政策文本的效力级别可划分为七级,由高到低依次为:法律、党内法规、司法解释、行政法规、部门规章、团体规定、行业规定。

2. 发文主体研究

政策制定、实施、监督等政策活动中的直接或间接参与者均可称为政策主体,对于政策目标的实现,多样化的政策主体具有不可替代的作用。本书将知识产权服务政策发文主体划分为单独发文主体和联合发文主体,单独发文主体是指由单一部门发布政策,联合发文主体是指由几个部门共同发布政策。对于不同类型发文主体的组成情况及发文时间进行统计性描述分析,并运用社会网络分析法来得出发文主体的特点和结构。

3. 政策内容研究

内容主要聚焦于两个方面,政策工具的选取及所选取政策工具作用于知识产权价值链的哪些环节。其中,政策工具是政策目标的实现手段,知识产权价值链贯穿政策活动全过程。从政策工具和知识产权价值链两个维度对政策内容进行横纵双向分析,二者的交互逻辑关系构成了本书对知识产权服务政策内容分析的二维分析框架(图5.4)。

(1)政策工具维度——X 轴。根据罗斯维尔(Rothwell)和泽格维尔德(Zegveld)关于政策工具的分类标准,本书对工具描述进行调整改动以提高其适配性。划分成的三种服务政策,分别是供给、需求和环境。整体来看,供给面政策工具可通过筑牢基础要素来直接推动知识产权服务产业的进步;环境面政策工具则通过相应制度措施来间接推动产业发展;需求面政策工具则依靠市场作用来推动知识产权服务业的发展。对于复杂的政策系统进行降维处理,增强内容的指导性和目标针对性,从而广泛应用于在政策研究当中。

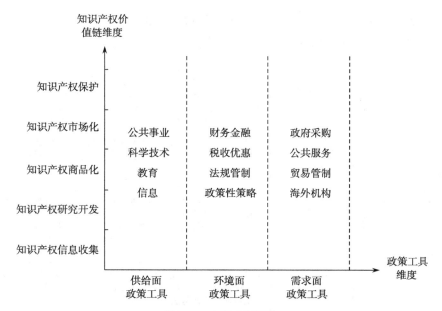

图 5.4　二维分析框架

①供给面政策工具是从资源入手，信息、人力、资金等资源由政府实施统一规划，直接投入行业和市场中，企业和相关主体得到政府资源扶持和供给，最终达到推动该行业发展的目的，具体情况如图 5.5 所示。

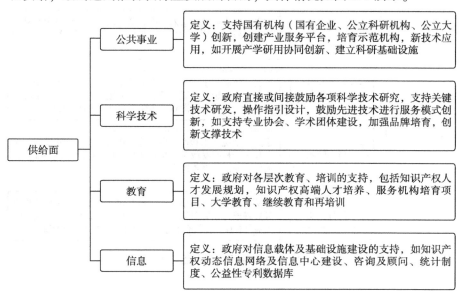

图 5.5　知识产权服务供给面政策工具

②环境面政策工具主要关注知识产权服务外部环境，设置战略与计划等发挥环境对于政策的支持作用，具体内容如图5.6所示。

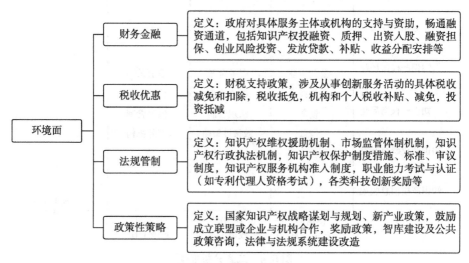

图5.6　知识产权服务环境面政策工具

③需求面政策工具，主要利用市场来推动知识产权服务产业的发展，目的在于提升产业自主创新能力，降低市场风险，具体内容如图5.7所示。

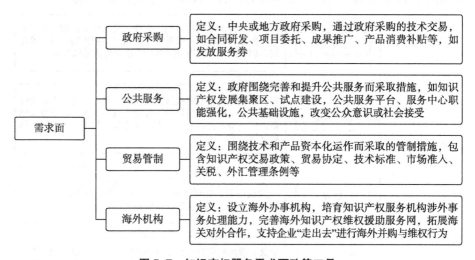

图5.7　知识产权服务需求面政策工具

（2）知识产权价值链维度——Y 轴。显而易见，政策工具的缺点之一就是难以体现"政策目的"，即使它能够解释知识产权服务政策所采用的"政策手段"。但是政策手段中蕴含着所要实现政策所要达到的目的，仅仅关注政策工具研究则过于狭隘，缺乏科学性和全面性。知识产权服务政策的研究不能仅着眼于某单一视角，研究内容具有政策主体多样化、知识专业性程度高等特点，这使引入知识产权价值链，进行二维视角的分析显得尤为必要。一方面，从工具性维度出发将政策工具进行细分，以不同的政策工具选取来体现相应政策目标；另一方面，从知识产权价值链维度出发来解构知识产权价值实现历程，反推政策工具使用分布。

根据价值链理论（波特）及学术界在知识产权领域运用该理论的成果，结合我国知识产权战略实践，总结出知识产权的价值链条（图 5.8）。每个环节彼此关联也存在差异，按照顺序依次递进。在技术创新活动的全过程中均存在价值流转，不同环节之间彼此分工又相互协调，以期实现最大化价值。

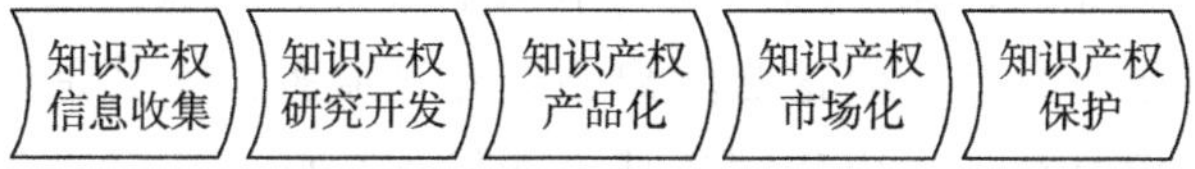

知识产权信息收集 〉知识产权研究开发 〉知识产权产品化 〉知识产权市场化 〉知识产权保护

图 5.8 知识产权价值链

①第一环节：信息收集。企业自主进行创新研发活动或通过市场购买产权或得到使用许可，是信息收集的主要途径。当企业自主研发，则创新主体在进行发明创造活动之后应当积极借助知识产权信息服务，了解所做研发项目当前已有技术情况及市场发展前景等信息，合理决策下一步行动以避免重复研发。若采取第二种途径，则应注意拟交易的知识产权合法性，详细对照知识产权保护期限及权利人等信息，提高安全意识，避免落入诈骗圈套。

②第二环节：研究开发。知识产权研究开发既可由研发机构开展，也可由个人自主开展。创新主体在所获得资金的基础上，采用自主研发或者合作研发等方式来进行创新活动。在此过程中，知识产权咨询服务可为创新主体提供管理支持，例如，协助创新主体进行部门设置规划及制度建设；知识产权培训服务则可为知识产权研究活动培育专业人才，增强创新活动专业性，提高效率；知识产权服务所包含的技术中介、可行性分析等内容也可为提供技术支持。

③第三环节：产品化。所谓知识产权产品化是指将知识产权转化为产品，让产权拥有经济价值或市场意义。利用评价和审查等功能，对已经将基础研究成果初步转化成更进一步的应用进行评估，评估该成果运用的市场前景及风险，客观分析发展前景，合理决策是否申请获取相应专利权或著作权。在确定申请专利之后，可通过知识产权代理机构展开申请活动，申请成功之后需要关注技术升级改进并进行技术挖潜，同时对新技术进行专利申请。在新产品开发的试制过程或中间实验环节，也可通过知识产权代理服务对于研究成果进行评估分析或申请产品专利和外围技术。

④第四环节：市场化。此阶段是决定知识产权产品是否能够增值的关键一环。利用知识产权服务对研发成果进行筛选，对于具有战略作用或者满足市场要求的成果，通过市场交换实现其价值；对于自主实施存在困难的研究成果，则可通过市场化方式将使用权移交他人，如通过租赁、出售、颁发使用许可证等方式来获得收益。伴随基础研究的提升，研发时长和更新频率都变得更加快，又考虑到专利申请基数大的现状，二次或多次开放过期专利，将很有必要，而这必然离不开专利服务，尤其是咨询方面的专利服务。这不仅有利于适应我国科技事业发展现状，而且对于知识产权领域的创新发展具有重要意义。

⑤第五环节：知识产权保护。知识产权保护主要是指通过知识产权法律服务或知识产权公共服务平台，对知识产权活动提供法律帮助及化解侵权风险。创新主体应增强自身安全意识与权利意识，积极采取知识产权保护措施，防止出现侵权风险或纠纷。

综上所述，在价值链中，从最初的信息收集到最后的保护，都有知识产权服务的身影和作用。基于此，本书构建起政策工具对知识产权价值链的作用关系框架，从而使本研究有了坚实的出发点，具体关系如图5.9所示。

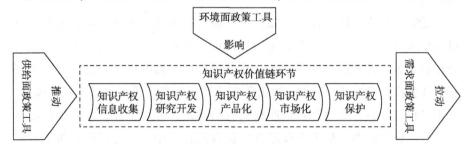

图5.9　政策工具对知识产权价值链的作用关系

5.3　知识产权服务政策文本分析

以政策文本统计研究为基础，采用描述分析方法，对我国知识产权服务政策进行全面的文本内容和外在可视化研究。筛选得到的 77 份政策文本进行分析研究，主要聚焦于三个核心要素：一是类型化信息研究，主要包括文本类型、发文时间及效力级别；二是发文主体，本研究将发文主体区分为单独发文主体和联合发文主体；三是政策内容，主要从政策工具及知识产权价值链两个维度进行分析。以政策文本统计研究深入剖析所收集的政策文本，探究知识产权服务政策体系的现存问题，以推动知识产权服务各阶段健康发展。

5.3.1　政策文本收集

根据前文已经确立的文本筛选原则，本书将选取国家级政策文本作为研究样本，如法律、行政法规、部门规章等。在政府网站、"北大法宝"法律数据库、行业门户网站等公开性数据资源库获取政策文本。对于检索结果进行整合，除去相关度不高和已失效的政策，通过筛选共获得 77 份政策文本并将其进行编码。详细步骤如下文所述：

首先，"北大法宝"为本书政策文本收集的第一渠道。"北大法宝"是由北京大学法制信息中心与北大英华科技有限公司联合推出的智能型法律信息一站式检索系统，该数据库收集了自中华人民共和国成立以来至今的法律法规、政策制度、部门规章等，可进行关键词的标题或全文检索，因其专业性与成熟度而在学界得到广泛应用。

其次，在"北大法宝"数据库中以"知识产权服务"为关键词进行全文检索，检索得到自 1994—2018 年共 378 份政策文本；逐一阅读政策文本进行筛选，除去相关度较低或已失效等文本，共获取政策文本 53 份。

再次，以上文所确定的"知识产权代理服务""知识产权咨询服务""知识产权公共服务""知识产权培训服务"等关键词检索 1994—2018 年所颁布的政策文本，共检索到 293 份。剔除已失效或重复性等文本，共获取政策文本 24 份。

最后，关注政策文本有关进展及网站信息对政策文本进行补充，通过政府网站的相关政策解读来探究政策文本深层次含义，确保研究的全面性与科学性。最终筛选收集了 1994—2018 年中央层面的知识产权服务政策文本共计 77 份作为本文的研究样本，见表 5.1（因篇幅有限，表 5.1 为政策文本列表的节选，完整列表详见附录 1）。

表 5.1 知识产权服务政策文本列表（节选）

政策名称	发文字号
《国家知识产权局关于知识产权 服务民营企业创新发展若干措施的通知》	国知发管字〔2018〕32 号
《国家知识产权局关于印发专利代理行业发展"十三五"规划的通知》	国知发法字〔2017〕13 号
《国家知识产权局关于印发知识产权人才"十三五"规划的通知》	国知发人字〔2017〕12 号
《国务院关于印发"十三五"国家知识产权保护和运用规划的通知》	国发〔2016〕86 号
《国务院办公厅关于印发知识产权综合管理改革试点总体方案的通知》	国办发〔2016〕106 号
《国务院关于印发"十三五"国家科技创新规划的通知》	国发〔2016〕43 号
《工业和信息化部关于印发产业技术创新能力发展规划（2016-2020年）的通知》	工信部规〔2016〕344 号
《国务院关于印发"十三五"国家战略性新兴产业发展规划的通知》	国发〔2016〕67 号
《国务院关于新形势下加快知识产权强国建设的若干意见》	国发〔2015〕71 号
《国务院关于加快科技服务业发展的若干意见》	国发〔2014〕49 号
《国家知识产权局、国家标准委、工商总局、版权局印发关于知识产权服务标准体系建设的指导意见的通知》	国知发规字〔2014〕74 号
《国务院关于进一步加强知识产权保护工作的决定》	国发〔1994〕38 号
……	–

5.3.2 知识产权服务政策类型化分析

1. 发文时间分析

本书共搜集自 1994—2018 年共 77 份政策文本。表 5.2 和图 5.10 体现了我国知识产权服务政策文本年度数量及变化趋势。

表 5.2　知识产权服务政策颁布数量

年份	1994	1997	1998	2000	2004	2006	2007	2008	2009
数量/个	1	1	1	1	1	5	1	3	1
年份	2010	2011	2012	2013	2014	2015	2016	2017	2018
数量/个	1	5	8	4	8	9	12	10	5

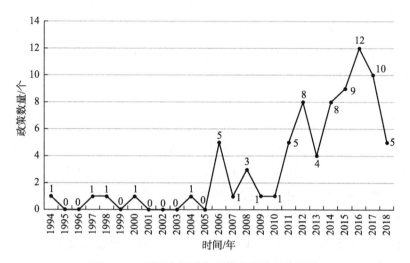

图 5.10　知识产权服务政策年度数量发展图

由图 5.10 可得，本书以《国家知识产权战略纲要》和《国务院关于加快科技服务业发展的若干意见》为标志时间点，按照重大历史事件分期法，将政策颁布的历史进程大致划分为三个阶段，即 1994—2007 年政策萌芽阶段、2008—2013 年政策发展阶段及 2014 年—2018 年政策密集阶段（图 5.11）。我国知识产权服务政策文本数量在上述三个历史阶段中持续增长，且增长速率逐渐加快。

图 5.11　知识产权服务政策的发展阶段

（1）萌芽阶段（1994—2007 年）。此阶段相关政策发文数量较少，每年平均发文量不多于 2 个。国务院于 1994 年颁布了《关于进一步加强知识产权保护工作的决定》，知识产权法制制度、知识产权基础设施建设初步建立。此年可看作我国知识产权制度环境的转折点，虽然尚未开展科技服务业相关服务，但知识产权保护工作已受到重视。2008 年，我国出台了《国家知识产权战略纲要》及《关于加快发展服务业若干政策措施的实施意见》。此纲要不仅是建设创新驱动型国家的纲领性文件，同时也是我国知识产权事业发展的总指南。随着这些政策的出台，知识产权战略也上升为国家战略，知识产权事业有了初步发展。

（2）发展阶段（2008—2013 年）。此阶段政策数量整体呈现上涨趋势，每年平均发文量较萌芽阶段也有所增加。同时，知识产权战略实施机制逐渐完善，知识产权战略部署稳步推进。国家"十二五"规划纲要将知识产权服务纳入其中，知识产权服务的重要性进一步被提升。2012 年，国家颁布《关于加快培育和发展知识产权服务业的指导意见》（以下简称《指导意见》），《指导意见》将知识产权服务列为高技术服务业的关键领域。

（3）政策密集阶段（2014—2018 年）。该阶段政策发文总量及年平均发文量均大幅度增长。2016 年，国务院颁布了《关于新形势下加快知识产权强国建设的若干意见》，《指导意见》的颁布激活了知识产权相关政策的发展，该年政策发文量也达到了历年峰值。此阶段我国知识产权服务政策领域既包括法律服务也包括专业技术服务，政策普及程度上升，知识产权领域与其他领域相互交织，独立领域相关政策发布数量相对减少。

2. 文种类型分析

筛选所得 77 项知识产权服务政策中共包含十余种文本形式。通过对文种类型的归类和总结，我国知识产权服务政策文本的文种类型可大致划分六类，具体结构和数量见表 5.3 和图 5.12。

表 5.3　知识产权服务政策文种类型结构表

文种类型	文本数量/个	占比/%
决定决议	3	3.90
战略规划	14	18.18
指导意见	26	33.76

续表

文种类型	文本数量/个	占比/%
工作要点	5	6.49
实施方案	10	12.99
行动计划	9	11.69
专项通知	10	12.99
合计	77	100

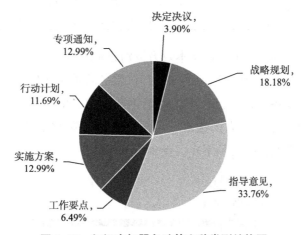

图5.12　知识产权服务政策文种类型结构图

从表5.3和图5.12，可得如下结论：

①知识产权服务政策文本种类丰富。各种政策文本种类及其占比如图5.12所示。

②指导性文本和规划性文本是知识产权服务政策最为突出的两个重点，"指导意见类"和"战略规划类"是占比最高的政策文本，分别占总数的33.77%和18.18%。

③知识产权服务政策层次分布较为均匀。在宏观层面上，注重战略方向及指导意见的政策占比近总数的40%；在微观层面上，聚焦行动计划、实施方案等的实践性政策占比近总数的50%。整体来看，政策层次仍较多处于宏观角度，低层次高相关性政策数量较少。

④效力级别分析。以政策颁布机构的层级为区分条件，对1994—2018年我国知识产权服务政策按照效力级别划分，可分为法律、党内法规、司法解释、行政法规、部门规章、团体规定、行业规定七级。相关概念解释如表5.4所示：

表5.4 相关概念解释

效力级别	概念解释
法律	由人大经全国人民代表大会颁布的政策
党内法规	由中共中央或其办公厅参与颁布的政策
司法解释	由最高人民法院等法律监察机构颁布的政策
行政法规	由国务院或其办公厅参与颁布的政策
部门规章	包括部门规范文件和部门工作文件,由各部委、各局单独或联合发布的政策
团体规定	属于国家单位,指某类工作者的群众组织
行业规定	指介于政府、企业之间的社会中介组织,不属于政府的管理机构系列

图5.13根据对77项政策文本效力级别分布的整理,可见部门规章类政策数量最多,共计45项。这说明知识产权服务政策传达较好,政策发布主要集中于部委及各局,是行政法规类政策数量的二倍,能够有效贯彻传达上级政策安排。法律、党内法规、司法解释等政策数量较少,团体规定、行业规定虽有涉及但是总量不多,仅3项。

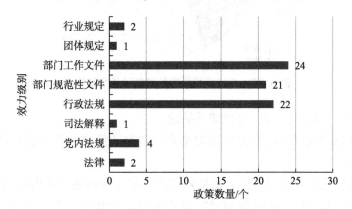

图5.13 知识产权服务政策效力级别分布

5.3.3 知识产权服务政策发文主体分析

1. 单独或牵头颁布政策文本的主体构成及分析

表5.5显示了知识产权服务政策单独发文主体的构成及政策发布数量,可以看出共计有67条政策,曾单独或是牵头颁布过知识产权服务相关政策的主体有18个。其中,全国人民代表大会、中共中央及最高人民法院出台的具有法律效力的政策法规只有5条,约占总数的7.5%;国务院与国务院

办公厅出台的政策文件 19 条，占 28.3%；由国家发展和改革委员会，工业和信息化部，教育部等权威机构颁布的政策文件共 8 条，约占总数的 11.9%；中国科学技术协会、中华全国律师协会、中华全国专利代理师协会等行业协会也有参与到政策颁布中，发文政策 3 条。由此可知，在知识产权服务领域，由国务院各部委颁布的政策文件占据较大比例，而权威性法律政策占比极低。在有关发文部门中，国家知识产权局发文数量最多，占总数的 38.8%。

根据相关数据可得，最主要的国家级权威性部门——国务院，在知识产权服务政策制定过程中发挥引领作用，政策干预程度较高；国家主管知识产权事业的职能部门——国家知识产权局，在政府机关高度重视知识产权服务的背景之下，承担着推进知识产权服务政策发展的重要责任，为国家层面其他部委在相关领域的政策活动提供参考依据。

据上文发文时间分析，我国知识产权服务政策的发展经历了政策萌芽（1994—2007 年）、政策发展（2008—2013 年）、政策密集（2014—2018 年）三个阶段。我国知识产权服务政策单独或牵头发文主体发文数量也依据以上三个阶段进行分析。

从政策主体发文数量的视角进行分析，政策发文部门在三个阶段中的发文数量与发展趋势相吻合。随着政策发展趋于成熟，发文数量也逐渐增多。第一阶段为 9 个，主要由人民代表大会、国务院、中共中央办公厅、教育部、国家发改委等部门发布，其他部门参与度不高；第二阶段中共颁布 17 个，自 2008 年以来，在《国家知识产权战略纲要》的引领下，知识产权领域焕发出勃勃生机，政策发文数量增加，但是发文主体以国家知识产权局为主，政策领域仍需继续发展，尚未出现明显转折点。第三阶段为 41 个，2014 年起知识产权政策制定主体朝着多元化趋势发展，政策文本数量出现激增，于 2016 年达到峰值，知识产权服务政策领域已迈入政策密集阶段。

从发文连贯性的角度进行分析，各发文主体的发文活动也有所不同。在三个阶段连续发文的部门仅有 2 个，在两个阶段连续发文的有部门 5 个，而仅在某一个阶段发文的部门则多达 11 个。仅有国务院和国家知识产权局在三个阶段均发布相关政策，二者在知识产权相关政策领域具有关键发言权，所发政策数量占政策总数的 56.7%。

表 5.5　知识产权服务政策单独或牵头发文主体构成及数量

单位：篇

发文主体	年份								
	1994 (1997)	1998 (2000)	2004 (2006)	2007 (2008)	2009 (2010)	2011 (2012)	2013 (2014)	2015 (2016)	2017 (2018)
合计	2	1	5	3	1	11	11	20	13
全国人民代表大会			(1)						1
中共中央						(1)			1
中共中央办公厅			(1)					1	
最高人民法院						(1)			
国务院	1			(1)		(1)	(2)	3 (4)	2
国务院办公厅				(1)		1		(3)	
国家发展改革委				1					(1)
工业和信息化部								1 (1)	1
科技部									(1)
商务部			(1)						
教育部			1						
国家知识产权局			(1)		1	2 (4)	3 (5)	3 (3)	2 (2)
国家知识产权局办公室									1
国家知识产权战略实施工作部际联席会议办公室									(1)
中国科学技术协会								1	
中华全国律师协会							1		
中华全国专利代理师协会						1			
国家科学技术委员会（已变更）	(1)	1							

注：括号中数字表示发文主体在本列表头中括号内的年份所对应的发文数量。

2. 联合颁布政策文本的主体构成及分析

通过对联合发文主体的研究，剖析知识产权服务政策领域中各个政策主体之间的相互作用及关系结构，探究各部门与知识产权服务政策进展的关联性。根据相关数据，共有 48 个联合发文主体，主要为国务院各部门。

知识产权服务政策领域中的政策主体众多，统筹能力较强。1994—2018年，两个以上部门联合发文数量达 21 项，占比达 27.3%。2004 年出现部门之间联合发文的形式，而知识产权服务政策于 1994 年已有初步发展。相比之下，联合发文形式出现较晚，且 2005 年、2010 年、2013 年无联合发文情况。知识产权服务政策文本的发文主体数及发文量如图 5.14 所示。

我国发文主体数及发布政策数详见表 5.6.

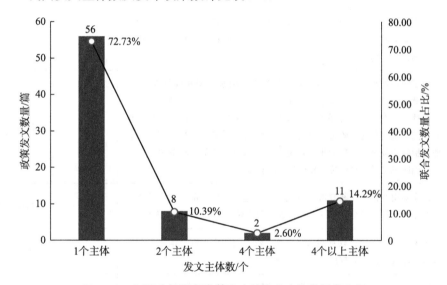

图 5.14　知识产权服务政策文本的发文主体数及发文量

表 5.6　知识产权服务政策联合发文情况统计

联合发文主体	主体数量/个	年份
教育部、国家知识产权局	2	2004
中共中央办公厅、国务院办公厅	2	2006
商务部、国土资源部	2	2006
国家发展和改革委员会、教育部、科技部、财政部、人民银行、海关总署、税务总局、银监会、统计局、国家知识产权局、中科院	11	2007

联合发文主体	主体数量/个	年份
国家发展和改革委员会、科技部、财政部、教育部、人民银行、税务总局、国家知识产权局、中科院、工程院	9	2008
国家知识产权局、工业和信息化部	2	2009
国家知识产权局、国家发展和改革委员会、科技部、工业和信息化部、农业部、商务部、国家工商行政管理总局、国家质量监督检验检疫总局、国家版权局、国家林业局	10	2011
中共中央、国务院	2	2012
国家知识产权局、国家发展和改革委员会、教育部、科技部、工业和信息化部、财政部、商务部、工商总局、版权局、中科院	10	2012
国家知识产权局、国家发展和改革委员会、科技部、农业部、商务部、国家工商行政管理总局、国家质量监督检验检疫总局、国家版权局、国家林业局	9	2012
国家知识产权局、中央宣传部、外交部、国家发展和改革委员会、教育部、科技部、工业和信息化部、公安部、司法部、财政部、人力资源社会保障部、环境保护部、农业部、商务部、文化部、卫生计生委、国务院国有资产监督管理委员会、海关总署工商总局、国家质量监督检验检疫总局、新闻出版广电总局、国家林业局、法制办、中科院、国防科工局、高法院、高检院、总装备部	27	2014
国家知识产权局、教育部、科技部、工业和信息化部、国务院国有资产监督管理委员会、国家工商行政管理总局、国家版权局、中科院	8	2014
国家知识产权局、教育部、科技部、农业部、文化部、国家工商行政管理总局、国家版权局	7	2014
国家知识产权局、国家标准化管理委员会、国家工商行政管理总局、国家版权局	4	2014
中共中央办公厅、国务院办公厅	2	2015
国家知识产权局、财政部、人力资源社会保障部、中华全国总工会、共青团中央	5	2015
国家知识产权局、工业和信息化部	2	2016
中共中央、国务院	2	2017
国家知识产权局、国家发展和改革委员会、科技部、工业和信息化部、农业部、文化部、海关总署、国家工商行政管理总局、国家版权局	9	2017

续表

联合发文主体	主体数量/个	年份
科技部、国家发展和改革委员会、教育部工业和信息化部、国务院国有资产监督管理委员会、国家知识产权局、中科院、自然科学基金会、国家开发银行	9	2018
国家发展和改革委员会、科技部、公安部、国家知识产权局	4	2018

5.3.4　知识产权服务政策内容分析

1. 政策内容分析单元的确定与编码

本书以政策条款作为政策分析的基础单位，按照"政策编号—章号—条款号"进行编号（如表 5.7 所示，由于论文篇幅的限制，本表为政策文本编号的缩略表）。例如，1-5 表示编号为 1 的政策文本的第 5 项；54-1-1 表示编号为 54 的政策文本的第 1 项的第 1 条细则。

表 5.7　知识产权服务政策内容分析单元编号示例

序号	政策名称	内容分析单元	编号
1	《国家知识产权局关于知识产权服务民营企业创新发展若干措施的通知》	各知识产权保护中心要在服务企业名录中，进一步扩大民营企业占比，完善快速授权、确权、维权一站式服务机制	1-1
		认真了解民营企业知识产权融资需求，以项目推介会、银企对接会等形式搭建银企对接平台，畅通融资渠道	1-3
		各地方知识产权局组织专利代理援助服务，鼓励专利代理机构为困难民营小微企业提供免费专利代理服务	1-5
		压减专利代理机构审批时间至 10 天，加强专利代理事中事后监管	1-6
		建设海外知识产权纠纷应对机制，编制发布海外知识产权维权实务指引	1-7
……	……	……	……

序号	政策名称	内容分析单元	编号
54	《关于加快培育和发展知识产权服务业的指导意见通知》	加强知识产权基础信息资源整合和开放共享，提升知识产权信息公共服务能力，提供准确、及时、全面的知识产权信息	54-1-1
		有序开放知识产权基础信息资源，使各类知识产权服务主体可低成本地获得基础信息资源，以多种方式参与知识产权服务，增强市场服务供给能力	54-4-5
……	……	……	……
77	《国务院关于进一步加强知识产权保护工作的决定》	要鼓励和扶持科技、经济、文化领域的各类行业协会以及专门的知识产权社会团体和社会化服务组织的发展，引导其利用自身的灵活机制，面向社会开展各种形式的知识产权法律咨询	77-9

利用内容分析法对我国知识产权服务的 77 项政策文本进行研究，从政策工具及知识产权价值链两个维度进行对政策文本进行分解、编码和分类整理，共得到政策条款 803 条。知识产权价值链分析环节遵循以下原则，即如果某一政策单元使用的政策工具不止一种，则需要记录所使用的政策工具的全部种类。需求面政策也可作用于创新研发，供给面政策也可助力市场推广活动，同种政策工具可在知识产权价值链的不同阶段中发挥作用。政策工具作用于知识产权价值链不同环节的示例如图 5.15 所示。

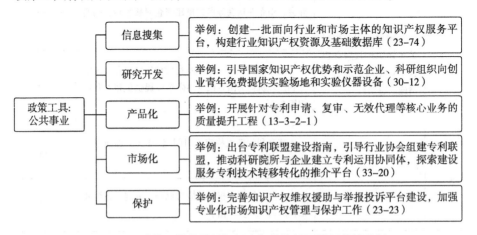

图 5.15 政策工具作用于知识产权价值链不同环节的示例

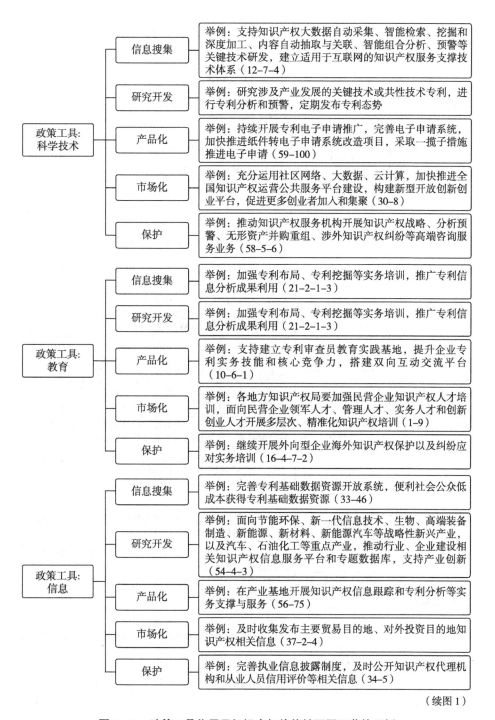

图 5.15　政策工具作用于知识产权价值链不同环节的示例

（续图 1）

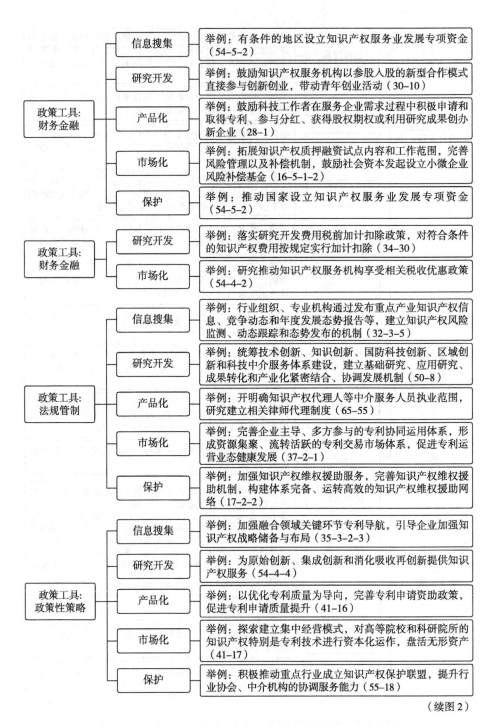

图 5.15　政策工具作用于知识产权价值链不同环节的示例

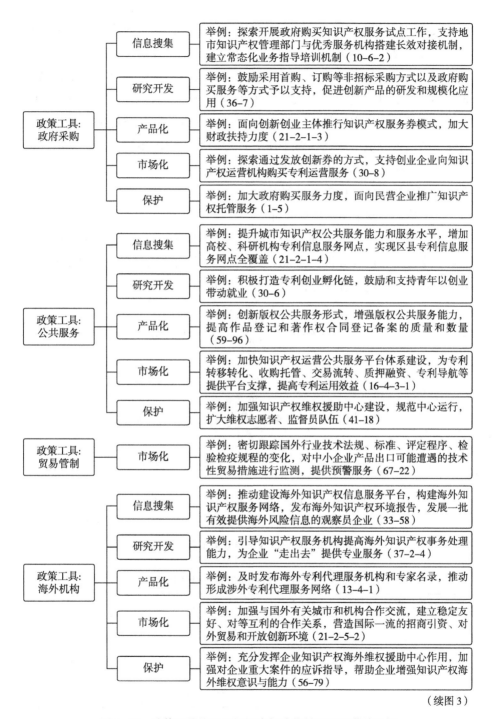

政策工具:政府采购	信息搜集	举例:探索开展政府购买知识产权服务试点工作,支持地市知识产权管理部门与优秀服务机构搭建长效对接机制,建立常态化业务指导培训机制(10-6-2)
	研究开发	举例:鼓励采用首购、订购等非招标采购方式以及政府购买服务等方式予以支持,促进创新产品的研发和规模化应用(36-7)
	产品化	举例:面向创新创业主体推行知识产权服务券模式,加大财政扶持力度(21-2-1-3)
	市场化	举例:探索通过发放创新券的方式,支持创业企业向知识产权运营机构购买专利运营服务(30-8)
	保护	举例:加大政府购买服务力度,面向民营企业推广知识产权托管服务(1-5)
政策工具:公共服务	信息搜集	举例:提升城市知识产权公共服务能力和服务水平,增加高校、科研机构专利信息服务网点,实现区县专利信息服务网点全覆盖(21-2-1-4)
	研究开发	举例:积极打造专利创业孵化链,鼓励和支持青年以创业带动就业(30-6)
	产品化	举例:创新版权公共服务形式,增强版权公共服务能力,提高作品登记和著作权合同登记备案的质量和数量(59-96)
	市场化	举例:加快知识产权运营公共服务平台体系建设,为专利转移转化、收购托管、交易流转、质押融资、专利导航等提供平台支撑,提高专利运用效益(16-4-3-1)
	保护	举例:加强知识产权维权援助中心建设,规范中心运行,扩大维权志愿者、监督员队伍(41-18)
政策工具:贸易管制	市场化	举例:密切跟踪国外行业技术法规、标准、评定程序、检验检疫规程的变化,对中小企业产品出口可能遭遇的技术性贸易措施进行监测,提供预警服务(67-22)
政策工具:海外机构	信息搜集	举例:推动建设海外知识产权信息服务平台,构建海外知识产权服务网络,发布海外知识产权环境报告,发展一批有效提供海外风险信息的观察员企业(33-58)
	研究开发	举例:引导知识产权服务机构提高海外知识产权事务处理能力,为企业"走出去"提供专业服务(37-2-4)
	产品化	举例:及时发布海外专利代理服务机构和专家名录,推动形成涉外专利代理服务网络(13-4-1)
	市场化	举例:加强与国外有关城市和机构合作交流,建立稳定友好、对等互利的合作关系,营造国际一流的招商引资、对外贸易和开放创新环境(21-2-5-2)
	保护	举例:充分发挥企业知识产权海外维权援助中心作用,加强对企业重大案件的应诉指导,帮助企业增强知识产权海外维权意识与能力(56-79)

(续图3)

图5.15　政策工具作用于知识产权价值链不同环节的示例

政策的编码归类工作以研究者的经验为基础，不同的研究人员可能对于同一份政策文本给出不同的结论，因此为避免研究的主观性，最大限度保证编码的一致程度和政策归类汇总的标准统一，在初始分析阶段已组建研究小组。小组成员包括本文作者及两名硕士研究生和两名博士研究生。在研究过程中对研究人员进行统一培训，确立编码及分类标准，详细阐述研究目的以达成统一意见。对于研究过程中所出现的不同见解，采取小组讨论的形式获得一致结论。在研究成员的共同作用下汇编出知识产权服务政策内容分析编码汇总表（见附录5）。

2. X 轴——政策工具维度分析

（1）政策工具量化分析。本书在政策工具维度上对 77 份知识产权服务政策文本进行了内容分析，将 803 条分析单元归类到已经界定好的政策工具分析类目中，并进行统计分析，如图 5.16 和表 5.8 所示。

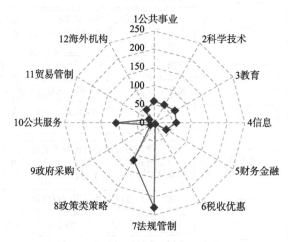

图 5.16　知识产权服务政策工具变动分布

表 5.8　知识产权服务政策工具使用频数

政策分类	政策工具	小计	总计
供给面	公共事业	58（7.22%）	41（30.00%）
	科学技术	56（6.97%）	
	教育	66（8.22%）	
	信息	61（7.60%）	

政策分类	政策工具	小计	总计
环境面	财务金融	37（4.61%）	87（48.20%）
	税收优惠	6（0.75%）	
	法规管制	228（28.3%）	
	政策类策略	116（14.5%）	
需求面	政府采购	11（1.37%）	75（21.80%）
	公共服务	106（13.2%）	
	贸易管制	17（2.12%）	
	海外机构	41（5.11%）	

　　根据统计结果可得，在知识产权服务政策中，环境面政策工具的使用率最高，为 48.2%；需求面政策工具使用频次最低，仅有 21.8%；供给面政策工具使用率居中，为 30.0%。由此可以看出，知识产权服务业的发展离不开良好的政策环境，需要政府干预并且整合资源，带动市场需求以推进产业进步。但是总体来看，政策工具的使用分布存在预期偏差，知识产权服务仍存在层次不高、范围狭窄等问题。首先，需求面政策工具占比最小使政策拉动力不足，部分是由于我国知识产权服务发展仍不成熟所致；其次，环境面政策工具占比最大可能使得环境影响作用过强，制度环境缺乏适当的功能发挥条件。

　　综上所述，本书对知识产权服务政策的发展历程中政策工具应用的演进过程进行分析，得到三类政策工具变动分布情况，如图 5.17 所示。三阶段的政策工具应用趋势整体基本都呈上升趋势。其中，供给面和需求面线性斜率相近，增速稳定；环境面政策工具的使用增速相对较快，在政策密集阶段增速远超其他两类政策工具。但三类政策工具的相互作用并不明显，政策工具使用缺乏互补，配合程度较低，对于现阶段政策工具的使用产生了影响。

　　（2）政策工具应用分析。知识产权服务政策工具比例统计如图 5.18 所示。

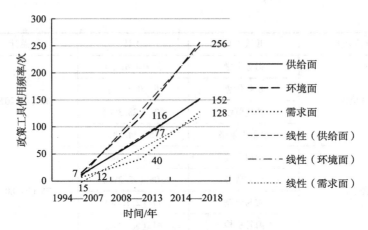

图 5.17 知识产权服务政策工具变动分布

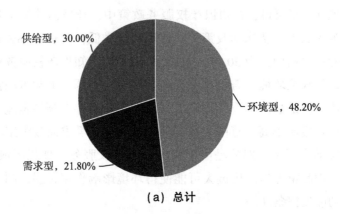

（a）总计

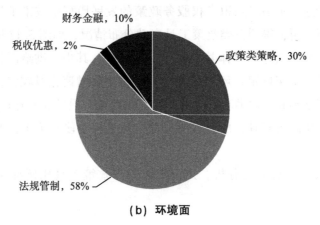

（b）环境面

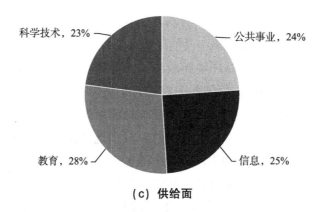

（c）供给面

（d）需求面

图 5.18　知识产权服务政策工具比例统计图

①供给面政策工具。在供给面政策工具运用过程中，信息、公共事业、教育、科学技术所占比例相当。目前，我国知识产权服务处于政策密集型阶段，仍需要不断发展进步。产业的推进离不开政府的资源整合和增加要素投入等活动，同时建立知识产权服务平台，完善知识产权服务体系的重要意义也已被国家知晓。在公共事业类政策条款中，知识产权服务平台设置、机构培育、新技术开发等为较频繁使用的政策工具，在科学技术类政策条款中，主要采用大数据、云计算、物联网及互联网等工具，聚焦高新技术，以建立标准化知识产权服务体系，推动创新服务模式。在教育类政策条款中，人才评价、知识产权培训等活动成为关注焦点。在信息类政策条款中，随着知识经济时代的发展，政策研究重点实现了从关注信息平台和知识产权数据库向专利服务的转变。根据已有经验，处于成长期的产业

离不开要素投入，知识产权服务所具有的互动程度较高和知识专业性较高等特点，使得加大供给面政策工具使用力度成为必然。

②环境面政策工具。在环境面政策工具的使用中，法规管制类所占比例超过半数，约为 58%，这体现了我国对于法制性政策环境建设的重视。在法规管制类条款中，提及频次最高的具体政策内容主要包括职业制度改革、条例修订、制定评价标准等。之所以较多地采用具有较强政府干预性的政策工具，是因为我国知识产权代理服务仍处于起步阶段，相关标准和规范仍不够完善。另外，由政策类策略占比约 30% 可以看出，政府对于知识产权服务的宏观指导和战略规划予以高度重视。在政策类策略条款中，主要聚焦于产业发展整体布局、服务能力提升工程、服务联盟、重点领域规划等活动。我国于 20 世纪 80 年代才开始发展知识产权服务业，行业发展成熟度不高，政策类策略条款的关注点与我国知识产权服务业的实践发展状况相吻合。但是财务金融、税收优惠政策工具使用较少，分别为 10% 和2%，主要汇集于知识产权质押融资、投融资等方面，通过多种财政优惠政策及降低准入门槛等方式吸引社会资本的参与，拉动投资以拓宽知识产权服务业的投融资渠道。

③需求面政策工具。在需求面政策工具的使用中，公共服务类政策工具所占比例约为 61%，所采用的具体措施包括公民意识的培养、试点示范区建设、构建公共服务平台等，这表明我国知识产权服务保障体系仍有待完善。同时，海外机构类政策工具占比第二多，为 23%。此现象表明了政府对于顺应国际发展潮流的决心，基于知识产权国际化交流现实需求增长的事实，扩大企业机构扩大对外开放力度。贸易管制和政府采购类政策工具所占比例分别为 10% 和 5%，相比之下占比较小。知识产权服务业自身所具有的特点，使得民间资本投资存在诸多顾虑而迟疑不前。此时政府应加大政策扶持力度，推动完善知识产权服务新模式，增加政府购买力度，发挥资金引领作用，促进知识产权服务领域的扩大，建设多层次服务体系。

3. Y 轴——知识产权价值链维度分析

（1）价值链环节总体分析。在横向 X 轴（政策工具）维度的分析基础上，引入纵向 Y 轴（知识产权价值链）维度，有助于更深入分析不同知识产权活动环节的政策工具选择，77 份政策文本对知识产权服务提供了包括知识产权信息收集（18.62%）、研究开发（15.20%）、产品化（22.13%）、市场化（22.66%）和保护（21.39%）五个阶段的整体调控（如图 5.19）。根据统计结果，我国知识产权服务政策工具在知识产权价值链中的占比较为均等，其中产品化、市场化、保护阶段所使用的政策工具占比稍高于20%，而知识产权信息收集和研究开发阶段所采用的政策工具占比相对较少，未达到20%，应注意加强在知识产权信息收集和研究开发阶段的政策工具使用。可以看出，目前我国更多地注重知识产权的转化利用、管理和保护工作，着力于完善公共服务体系、建立成果转化机制、细化知识产权保护体系、丰富知识产权管理制度的相关内容，推动知识产权战略的实施与发展。

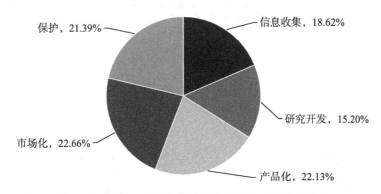

图 5.19　政策工具及知识产权价值链的内容分析结果

（2）价值链环节演进分析。图 5.20 显示了历年新出台政策在推动知识产权价值链五个环节时所使用政策工具的次数。①在知识产权价值链各阶段中，政策的推动作用趋势基本一致，根据国家性战略规划或纲要等的颁布数量变化而上下波动。由于我国分别于 2008 年颁布了《国务院关于印发国家知识产权战略纲要的通知》、2014 年出台了《国务院办公厅关于转发知识产权局等单位深入实施国家知识产权战略行动计划（2014—2020 年）的通知》、2016 年颁布了《国务院关于印发"十三五"国家知识产权保护和运用规划的通知》，使得这三年中知识产权价值链各环节的政策数量显著增加。②中央政策对于知识产权价值链前端环节扶持力度有限，更多将注意力放在支持中后端产业发展。作用于前端的政策文本平均每年不多于 100条，少于中后端政策文本数量。之所以出现此种现象，主要有两方面原因。一是因为我国目前专利数量庞大，政策激励成效明显，自主研发动力充足；

二是因为要顺应现实发展阶段的要求，目前我国知识产权政策目标逐渐转向知识产权强国，地方政府积极推动知识产权价值链各阶段政策实践活动，现行条件下知识产权服务业的关键任务在于推动知识产权成果高质量转化。

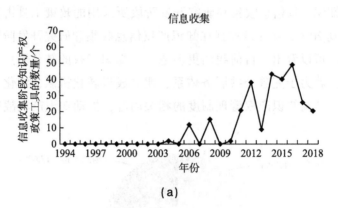

（a）

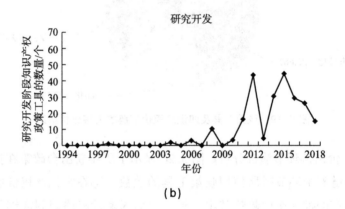

（b）

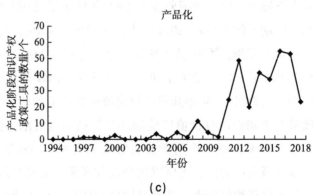

（c）

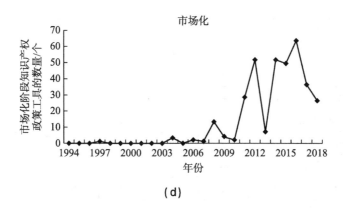

（d）

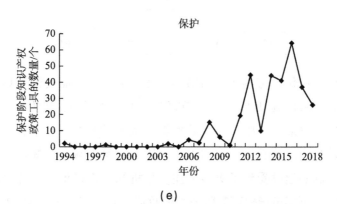

（e）

图 5.20　历年政策对知识产权价值链的推动

4. 政策内容二维分析

依据政策分析框架，将内容分析单元放入横纵维度交互构建出的分析类目中，据此得到知识产权服务政策工具分布，见表 5.9（因篇幅有限，本表为内容分析编码汇总表的统计数字结果，完整列表详见附录 5）。

表 5.9　我国知识产权服务政策工具二维分布

类别	政策工具	信息收集	研究开发	产品化	市场化	保护	小计	总计
	公共事业	20	24	21	30	19	114	
	科学技术	26	19	24	21	18	108	465
供给面	教育	36	38	44	29	35	182	31.27%
	信息	47	3	2	2	7	61	

类别	政策工具	信息收集	研究开发	产品化	市场化	保护	小计	总计
环境面	财务金融	1	6	4	31	1	43	729 49.02%
	税收优惠	0	5	0	5	0	10	
	法规管制	66	56	116	70	111	429	
	政策类策略	41	45	63	57	51	257	
需求面	政府采购	1	2	3	9	2	17	293 19.70%
	公共服务	30	24	43	58	47	202	
	贸易管制	0	0	0	17	0	17	
	海外机构	9	4	9	8	27	57	
总计		277	226	329	337	318	1487	
		18.63%	15.20%	22.13%	22.66%	21.39%	100%	

在知识产权价值链领域，供给面、环境面、需求面政策工具占比分别为31.27%、49.02%和19.70%。在环境面政策工具中，法规管制类条款最多；在需求面政策工具中，公共服务类政策条款数量最多，其他类型条款数量相对较少。由此看出，在知识产权服务政策领域中，知识产权服务体系和管理体制的建设受到了更多关注。分析知识产权价值链各阶段政策工具使用情况，可得市场化环节所采用的政策工具最多，占比为22.66%；研究开发环节所采用得政策工具占比最少，仅为15.20%。政策工具的使用集中于知识产权价值链后端。但是，目前我国知识产权领域仍存在大量问题，如高产低质现象层出不穷、科技成果转化缺乏效率、知识产权纠纷多、风险化解能力低下等。之所以出现这种现象，很大程度上是因为我国在知识产权生产研发阶段财政资金投入支持力度不高；在知识产权服务过程中信息不对称现象时有发生；在知识产权政策实施过程中缺乏有力执行。

（1）信息收集。在信息收集环节，使用最为频繁的是供给面政策工具，具体包括为信息平台建设、专利导航和专利布局等举措。信息在知识产权服务领域中主要发挥以下两个方面的作用，首先，公开透明的知识产权信息有利于已有专利的保护，同时可以避免知识产权活动出现重复研究和效率低下等问题；其次，通过曝光服务机构的信用信息等，可帮助创新主体选择适配度较高的知识产权服务机构。

（2）研究开发。在知识产权研究开发阶段，环境面政策工具使用频次最多，达 49.6%，随后是供给面政策工具，使用频次达 37.2%。该环节政策措施主要有知识产权专业人才培育、依托新型科学技术创新知识产权服务模式、完善知识产权服务业培训制度等。这些措施一定程度上体现出我国现有专业性人才的匮乏及服务模式的先进性不足。

（3）产品化。在知识产权产品化阶段中，除税收优惠和贸易管制之外，各类政策工具均在此环节内得到使用。法规管制和政策性策略使用最多，分别为 116 条和 63 条。在知识产权标准化管理、专利申请等环节，主要采用完善知识产权评估标准、扩大专利代理范围等政策工具类型，以规范知识产权服务。目前，我国知识产权领域焕发出积极创造性活力，国家层面的政策聚焦于推动专利高质量发展，重视专利代理行业。

（4）市场化。在此环节中，环境面政策工具的使用量仍然最多，但是需求面政策工具的使用却多于供给面。所采用的政策措施目的在于推动市场需求，应用频率较高的政策措施主要有法规管制、公共服务、贸易金融等。之所以更多地采取以上手段，是因为当下我国知识产权服务机构缺乏服务意识，亟须通过相应政策支持来扩大对外合作，借鉴国外发展经验，推动知识产权服务国际化发展。

（5）知识产权保护。在知识产权保护环节，法律规制、策略性措施、公共服务的使用量最高，依次为 111 条、51 条、47 条。随着现代科学技术日新月异的发展，我国知识产权保护工作面临升级转型的现实需求。通过采用建立预警机制和完善相应法律政策等政策工具，利用具体措施拉动知识产权服务的进步，如加强宣传教育、借助知识产权服务平台、公开知识产权相关信息等，以最大限度提高知识产权公共服务能力。

5.4　我国知识产权服务政策与专利质量的相关性

5.4.1　我国知识产权服务政策现状分析

1. 政策体系尚需进步完善

（1）政策结构头重脚轻。虽然我国目前已有多样化知识产权服务政策文本类型，但从政策总体布局上来看，知识产权服务体系仍存在制度建设不完整、内容丰富度不足、结构松散等问题。宏观性部署规划政策占比较大，而实践层面具体政策相对匮乏。根据传统公共政策体系关于政策结构研究的相关标准，目前政策结构设置"头重脚轻"，缺乏知识产权服务实践操作政策标准，不利于提升知识产权服务质量。

（2）政策设置存在偏向。"规划"作为政策体系的基础，有助于明确行业发展方向，为中央各部委以及各级地方部门的行动提供依据，可视为宏观性总指导政策。虽然我国知识产权服务政策体系中有关规划、战略等数量丰硕，但是存在明显的重点偏向，知识产权服务子领域或者子环节中的战略规划数量明显不足。不全面的政策体系使我国知识产权服务政策缺乏支撑，在实践操作中存在障碍。

（3）发文主体间合作深度不足。根据上文研究可知，知识产权服务政策发文主体集中于国家层面的国务院或者国家知识产权局等部门，其他部门参与程度较低。同时，虽然部门之间有联合发文行动，但是其政策内容较为零散。从整体上看，部门单独发文数量远大于合作发文数量。发文主体之间缺乏深度合作，例如，与科技部、财政部等具体职能部门的合作停留在表面，政策框架整合程度低。

2. 政策内容宽泛不够细化

（1）对现实需求响应不足。知识产权服务政策可对于科技产业的发展起到调控作用，但政策多采用自上而下的形式制定，对于产业未来发展过程中的相关需求缺乏预测，使政策难以满足现实需求。当前知识产权服务政策所提供服务多涉及代理、咨询和法律方面，而在现实活动中，除上述一般性服务外，有关知识产权的高端业务，如情报分析、价值评估、战略规划等则缺乏相应政策支撑。同时，政策理论层面更新速度与现实活动的执行脱节现象使政策目标较难实现。

（2）缺乏政策落实具体措施。首先，在我国知识产权服务政策制定过程中，对于政策执行的具体手段与途径关注不足，政策执行活动的政策领域存在空白。具体来说，我国知识产权服务政策注重管制类政策工具的建设。例如，着重搭建公共服务平台、设置产业聚集区等，缺乏实质性政策保障。其次，在政策执行过程中，缺乏监督管理，政策执行评估标准匮乏，各级政府政策执行活动五花八门，缺乏统一政策参考。

（3）政策内容覆盖存在盲点。从分析结果中可以看出，三类政策工具在 77 份知识产权服务政策文本中均得到应用，知识产权价值链的五个环节也均有所涉猎。但是政策工具的使用却极不平衡，一再选取法规管制类政策工具，致使过溢风险上升。相反，如政府采购、税收政策等政策工具的应用近趋空白，存在政策盲点。

3. 政策工具应用不平衡，存在应用两极端问题

（1）法规管制、政策类策略环境面政策工具应用过溢。由统计数据可得，在 12 类政策工具中，法规管制和政策类等策略型政策工具的使用数量最高。大数据、人工智能等新兴科技产业的更新速度加快，使知识产权服务需不断升级以适应市场需求，由于政策制定者通常无法预测并出台前瞻性政策，所以通常在已有政策基础上不断修改完善。但是由于政策工具执行能力匮乏，政策工具选取不平衡，使政策在运行过程中过于空洞，政策更新只能依赖上级部门。

（2）经济激励类政策工具、需求面政策工具应用存在缺失不利于激励企业产出。经济激励类政策工具运作成本较低，不需要政府高强度参与，通过税收优惠、财政金融政策等措施可直接刺激知识产权活动，但在实际操作中，该类工具未得到广泛使用。目前，政策制定活动缺乏对于资源配置和成本的关注，更多地采用政府干预这只"看得见的手"。需求面政策工具，如贸易管制或政府购买也未得到广泛推广。为建设知识产权强国，我国知识产权政策聚焦知识产权价值链后端，但需求面政策工具在现有政策体系中尚未充分展示其在市场领域中的优势。

5.4.2　我国知识产权服务政策改进建议

1. 以适应市场需要为核心完善政策体系

首先，完善政策基本框架。虽然颁布单项政策可以在一定程度上推动知识产权服务的发展，但是政策领域往往相互交织，要注重配套政策的设置，以及同一领域不同政策的适应性。颁布单项政策时要避免出现"蝴蝶效应"，规避因不同单项政策之间相互冲突而影响全局利益。应将不同的单项政策进行整合，完善政策体系，做到政策之间的配套衔接，发挥政策协同优势。争取各级地方政府及非政府部门的支持，平衡各部门间的利益关系，降低政策领域准入门槛。同时，出台政策推动知识产权服务主体多元化，调整各主体间关系，建立合作网络。在该过程中，要注意不同效力级

别、文种类型的发布部门及数量，避免过分偏向偏重宏观政策制定而忽略具体措施的落实情况。

其次，扩大政策覆盖领域。现有知识产权服务相关领域较为狭窄，参与人数规模较小，政策体系覆盖程度不够深入。这一情况的改善离不开政府的作用，政府应加大资源整合力度，扩大资金投入，争取用市场支持来扩大知识产权服务供给。具体可从以下几个方面进行：第一，在资金投入及顶层设计方面，设立知识产权服务专项基金，对于高品质创新行为进行物质奖励；第二，在人才培养方面，"人才是第一资源"，着力于培育和引进高端专业性技术人才，提供综合培训服务，注重不同行业间人才的相互交流；第三，在财政政策支持方面，可给予知识产权服务业一定的税收优惠，通过补助或基金支持等方式使行业焕发活力；第四，在知识产权服务市场建设方面，要健全监督机制，适当放权，发挥市场在资源配置中的决定性作用；第五，鼓励知识产权服务机构与金融机构互相协作，扩大知识产权服务行业投融资渠道。

2. 以新阶段知识产权战略制定为契机提升政策效力

首先，进一步细化现行行政法规，制定详细化政策落实措施。《国家知识产权战略纲要》颁布实施十年来，知识产权战略取得了大幅进展。我国已迈入新的历史发展阶段，知识产权强国战略上升为国家战略，其实施路径与发展规划正处于调整中，应抓住调整机遇提升知识产权服务能力。在行政法规制定过程中，应颁布清晰明确且具备高度权威性的政策文件，保证政策文件的客观性与科学性，为知识产权服务提供政策支持。建立知识产权服务领域详细战略规划，设置强针对性的政策，避免建立空洞或浅层政策。开展知识产权服务考核工作，设置考核指标，建立标准化的行业准入条件。依据知识产权服务考核结果对机构进行奖惩，可借鉴国外律师行业管理机制及等级评审制度，建立信用信息公开平台，对考核结果进行记录，激发知识产权服务业创新活力。

其次，完善现有工作机制，确保政策执行程序的合法性。明确知识产权服务中各部门的责任，避免出现部门之间推诿扯皮现象，完善知识产权服务管理机制，加强政策监督力度。注重政府知识产权服务开展流程与成果公开的透明性，由下至上制定具有前瞻性的连贯政策，顺应市场需求方向。培育非政府部门政策主体的服务能力，促进部门之间协同发挥作用，促进行业标准化服务机制的建设，使各部门之间相互监督，依法开展服务活动。同时，应加大信息披露程度，有关知识产权服务的机构及个人相关资质证明、信用情况、用户体验反馈等信息应公开化，确保获得相关资质的机构可开展运营服务，确保从业人员具有合法资质。定期进行知识产权服务效能考评，结合奖惩制度以促进行业健康稳定发展。

3. 以重"需求"轻"环境"为路径合理运用综合性政策工具

首先，调节环境面政策工具使用次数，重视政策的实际操作可行性，避免反复设置空洞的描述性政策。环境面政策工具，如"政策性策略"与"法规管制"等可为知识产权制度环境建设提供支持，但政策的具体实施离不开地方政府各部门所颁布的相关执行细则。过度依赖环境面政策工具则可能产生挤出效应或溢出风险，可通过效果考核或者知识产权服务评价等措施及时监控政策效果，提高政策执行质量。

其次，加强需求面政策工具应用，激发市场配置潜力。在制度建设方面，要注重发挥贸易管制在市场中的作用，强化激励性政策措施的建设；在知识产权服务供给方式方面，可加大政府采购力度、采取服务外包或者发放凭单等措施来发挥市场作用；在国际交流方面，增加知识产权服务海外市场开发的投入力度，塑造知识产权服务大国形象，为知识产权服务国际化交流创造有力支撑与良好的政策环境。

最后，优化政策工具应用结构，平衡供给面政策工具。运用先进新兴技术推动公共服务模式创新，开展知识产权服务信息化建设。建设产业聚集区，培养高端服务型人才，加强公众知识产权意识，采用大数据、互联网、人工智能等方式建立知识产权服务线上平台，优化线下服务机构，为知识产权服务的优化提供支持。

5.4.3　本章小结

随着我国迈入新发展阶段，知识产权战略地位显著上升，对于知识产权服务的需求不断增加。但知识产权服务政策设置、实施、调整等活动与现实市场需求相对割裂，成为知识产权服务业发展的一大障碍，因此本文所开展的知识产权服务政策体系问题甄别分析具有理论与实践双重意义。

本书研究特点在于从政策层面出发来研究知识产权服务体系现状，研究要素主要包括发文主体、类型化信息、政策内容三个方面，研究框架以政策工具及知识产权价值链理论为基础进行二维研究。综合分析知识产权服务政策工具和政策目标，描述知识产权服务政策的历史演进历程及发展动态，对相关政策内容进行分解并进行量化分析，探究政策图景、发文主体的网络结构、政策工具运用情况等。在此基础上，通过对文本统计分析结果的深入剖析，得出以下研究结论：

（1）从外在文本要素分析结果看。首先，在发文数量上，自1994—2018年，我国知识产权服务政策数量持续增长，增长速率也逐渐加快，但我国知识产权服务政策领域仍存在不足，具体表现为政策不完备，层级分布整体偏高，整体政策体系仍需完善；其次，在政策类型上，政策文种主要汇聚于规划性和指导性文本类型，部门规章类政策数量最多，政策文本种类不均匀；最后，在发文主体上，国务院及国家知识产权局等国家部门在政策领域具有绝对话语权，部门单独发文较多，但合作发文比例较低，部门间合作机制尚未完善，部门合作广度和深度均存在不足。

（2）从内容分析结果看。我国知识产权服务政策缺乏对于未来发展趋势的预测能力，具体落实措施不完善，政策内容粗糙缺乏详细阐释，政策内容覆盖存在盲点。虽然知识产权服务体系中供给面、环境面、需求面政策工具均得到使用，但需求面政策工具使用频次占比最低，难以发挥其对于推动产业发展的推动作用，而环境面政策工具使用频次占比最大，存在挤出效应和过溢风险。中央政策更多将关注焦点投入于知识产权价值链中后端，对于前端关注相对不足，知识产权服务的信息收集和研究开发工作有待完善，政策分布均匀程度有待提高。

由于研究时间和条件的限制及笔者研究水平有限，本书还存在一些欠缺之处，主要体现为两个方面：①近年来，我国颁布的有关知识产权服务的政策数量众多，涉及部门错综复杂，政策发布目录尚未进行权威公开汇总。因此本书政策文本收集和筛选的过程中缺乏参考。②本书将国家级的政策文本作为主要研究对象，研究过程中未关注地方部门所发布政策，缺乏国家级与地方性政策的对比分析，尚待进行更为深入的研究。今后的研究中，将着重针对以上不足，增强知识产权服务分析深度与广度，为完善知识产权服务政策体系提供理论指导。

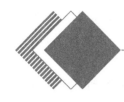

第6章 知识产权服务提升专利质量的国内外典型案例分析

6.1 美国知识产权服务助推高校科技成果转化

截至 2020 年，我国的科技成果转化率已经提升到了 30% 左右，但发达国家的科技成果转化率早已达到 60%～70%。[1] 因此，发达国家的科技成果转化方法非常值得我们去研究和借鉴。美国的概念证明中心就是一个典型的例子。

6.1.1 建立概念证明中心，跨越"死亡之谷"

美国的概念证明中心是一个专门帮助美国大学的知识产权成果进行商业化的机构，为了更加高效便捷，它通常直接设立在美国大学内，通过提供经济、知识和专业化的服务等生产要素，为科技成果转化活动提供专门化的支持，例如，创造和帮助证明商业概念、合理规划市场范围和实施知识产权的后期运营等。

弗农·艾勒斯（Vernon Elles）曾在 1998 年提出，有一条"死亡之谷"横亘在基础研究和企业产品开发之间。高校和企业性质不同，导致高校和

[1] 中华网财经. 李毅中：中国科技成果转化率仅为 30% 发达国家达 60%～70% [N/OL]. （2020-12-05）[2021-05-25]. https://m.thepaper.cn/baijiahao_10369479.

企业在知识产权成果商业化阶段存在信息的不对称及动机不一致等情况，这些差异共同造成了高校的知识产权成果难以顺利流入市场的障碍。但是，美国较早就认识到了这一问题并且采取了一系列的改进措施。例如，从20世纪颁布《拜杜法案》以来，美国先后在全国范围内成立了大学科技转化办公室（TTO）、科技成果商业孵化器和科学园等一系列旨在帮助大学知识产权成果顺利进入商业化轨道的辅助机构，并且取得了一系列显著成果，直接促成了之后美国在全球范围内的科技霸主地位。

2011年3月，创建概念证明中心在美国总统奥巴马的推动下成为投资"i6绿色挑战计划"的主要渠道，旨在促进清洁能源创新和经济繁荣发展。美国商务部经济发展局（EDA）也发表声明并同意这一举措。从2011年9月到2012年，先后共有13个大学下属的概念证明中心获得了经济发展局的资助，总金额高达1900万美元，并且所有在2014年前成立的概念证明中心，由于"i6绿色挑战计划"再次获得了政府的50万元资金的支持，以促进商业化中心关注后期研究。

6.1.2 跨越研发活动与产品开发之间的空白

美国的概念证明中心是由美国公私部门、NPO、基金会及大学共同创建的。那么，这个新的机构与众多的美国已有促进科技成果转化的机构有什么不同呢？

概念证明中心就像是一座桥梁横跨在大学的科技研发成果与可市场化之间，帮助两者跨越"死亡之谷"。

2001年，加州大学圣地亚哥分校（UCSD）建立了冯·李比希（Von libich）创业中心，2002年，德什潘德技术中心在麻省理工学院成立。捐资者认为这两所大学作为世界科研水平顶尖的两所大学，其科技创新能力并不缺乏，真正缺乏的是科技成果转化的支持机制。美国的概念证明中心通过整合各类信息资源，帮助不同的创新机构可以迅速了解到其同行正在进行的研究、知识产权现状和发展等。2008年，美国的概念证明中心的功能首次得到了清晰的阐释："促进大学科技成果商业化"。他们经过研究发现，加州大学圣地亚哥分校的冯·李比希创业中心和麻省理工学院的德什潘德技术中心提供的创业课和种子资金颇有价值，更重要的是，这两个中心还拥有许多已经创业成功的企业家，学校里的学生可以直接从这些成功人士手里获得如何建立一座公司的"一手经验"。

因此，概念证明中心的作用主要是辅助美国大学的科技成果转化办公室，通过促进科技成果商业化的进程，从而为科技成果转化办公室的工作起到重要的辅助作用。它不同于传统的"孵化基地"。第一，传统的孵化基地与大学之间隔着"一堵墙"，这堵墙既说明传统的孵化基地不在大学里，从而与大学之间形成了地理上的隔阂，同时，也表明传统的孵化基地与大学并不能很好地融合，孵化基地的功能和作用并没有得到很好的发挥；第二，"孵化器"通常会直接提供资金给一个新创企业，而概念证明中心则不会直接提供。

6.1.3　美国基础设施中的"潜力股"

概念证明中心的使命是成为"科技成果流入商业海洋的桥梁"，并成为"大学衍生企业的推手"。当然，不同的中心所采取的手段有所差异，有的不仅提供经济支持，还提供各种知识和信息的帮助，而有的只是简单地起到一个高校与外部市场之间联系桥梁的作用。

美国高校现有的概念证明中心平均科研经费超过 5000 万美元，启动资金有的是来自政府资助，有的是来自自身科技成果转化带来的收入，如科罗拉多大学系统科技转移办公室概念证明中心的资金来源就是该校的科技成果商业收入。该大学已经建立了自己的概念证明中心并用于辅助自身进行商业成果转化。至今，其已经支出了超过 1300 万美元，惠及了 110 个项目。

经过十几年的发展，设立概念证明中心的效果愈发显著。2011 年 3 月，概念证明中心再次被奥巴马确认为是国家科技发展中的重要基础设施之一。美国商务部在 2013 年指出，美国大学的概念证明中心在自身迅速成长的同时，也不断地为校园创业提供着各种各样的支持服务，包括各种多元性和创业质量的提高。

6.2　湖南"三合一"知识产权行政管理体制

在专利与著作权"二合一"管理模式的背景下，湖南省长沙市委、市政府根据自身改革经验，再次将商标权融入进去，创建了专利、商标、著作权"三合一"的集中统一管理模式。众所周知，目前大多数发达国家都实行专利管理的"三合一"模式，"三合一"模式有助于改善"二合一"模式下的职能碎片化、权责不明等弊端，优化政府机构的权责配置，为高效管理知识产权创造了有利条件，同时也是促进创新驱动发展战略，贯彻落实国务院《关于深化体制机制改革，加快实施创新驱动发展战略的若干意见》的重大举措。

这些改革并不像想象中的那么容易。长沙、株洲、湘潭城市圈分别于2007年和2014年获批资源节约与环境友好"两型社会"配套改革试验区和国家自主创新发展示范区。这极大地推动了长沙市本地的体制改革和制度创新。2008年6月，长沙市委、市政府印发《长沙大河西先导区建设总体方案》（长发〔2008〕12号），明确提出："构建全国一流的区创新体系""实施知识产权和技术标准战略，实行专利、商标、版权三合一的知识产权管理体制"。从这一建设方案来看，长沙市委和市政府关于知识产权行政管理体制的构想也并未位居人后。也许是为了进一步全面深化改革和破除体制机制障碍，2014年8月，市政府职能转变和机构改革会议，明确将用属地管理的方式取代原本的工商、质检的垂直管理。这样一来，从官方层面给予了长沙市政府管理长沙市工商工作的职权。根据《地方各级人民政府机构设置和编制管理条例》的有关规定，本级人民政府具有本地区机构职责划分最终决定权。

大体而言，目前世界上主流的知识产权行政管理模式主要分为三种，首先就是将商标权、著作权和版权整合到一起的"三合一"模式；第二种是将著作权单列的"二合一"模式；第三种则是全部单列的分散管理模式。据统计，目前世界上实行知识产权制度的196个国家和地区中，半数以上国家（且以发达国家居多）实行"二合一"模式，如美国、法国、日本、澳大利亚等；其余一些国家实行"三合一"模式，如英国、加拿大、德国、泰国、俄罗斯等；而实行第三种模式的国家寥寥无几（且都是发展中国家），其中就包括中国，而且，这其中有不少国家或地区正在向"三合一"或"二合一"模式改革。

着眼全球，知识产权行政管理体制由分散走向统一是大势所趋，这主要来自四个方面的影响：

①工商业的影响。回顾历史，多数国家为了政府赋权的便利和自身工商业的繁荣发展，往往将涉及工业的知识产权采用"三合一"的管理模式。目前采取"二合一"模式的国家也是出于类似的原因和受到相同的历史进程的影响。随着世界经济和劳动分工的不断发展，行业分化越来越严重，致使著作权领域逐步分化为文艺著作权与工业著作权两种，特别是由著作权所衍生的产业发展进一步推动了世界各国的知识产权行政管理体制的一体化进程。

②实施国家知识产权战略的需要。为了满足不断变化的时代的需要，美国、日本等主要创新型国家纷纷基于本国实际情况制定了国家知识产权发展战略。这些举措的实施让越来越多的国家和地区意识到：知识产权除了作为一种私权能够为本国带来利益，它还具有战略层面上的经济价值。这样，只有顺利打通并且运营好知识产权从创造到运用到保护的全过程，才能够为本国的战略实施带来经济利益与维护产业竞争力。因此，为了便于知识产权全过程的管理和实施国家知识产权战略发展的需要，日本和韩国纷纷成立了本国的知识产权战略指挥部。目前，世界整体的发展趋势无疑是全球化的，而且是多方位的全球化。

③在贸易全球化之下，关税的壁垒逐渐失效，但是知识产权为之带来了新的障碍，典型的如美国"331"条款和"337"条款。更进一步，从政治层面来说，美国单方面逆全球化行动，通过推动所谓的"TPP协议"，利用自身的技术和科技优势，不管其他国家的利益与合理诉求，拉帮结派，无疑就是在强化自身的"霸主"地位，破坏原本公平的世界贸易规则。"另起炉灶"，这就是一种赤裸裸的"反全球化"的行为。知识产权看似只是在一国之内进行简单的行政操作，但是这一纸文书的背后牵动的是一国的政治、经济、科技、外交、文化等的战略方针和运行机制。知识产权的集中统一管理是大势所趋，是顺应时代发展的需要，这无论是对于全球化和去全球化的任何一方都是有着积极意义的。

④技术的变迁。权利类型只是一种人为的归纳，并不会改变技术路线的客观规律。有些时候，某些技术或者产品并不能分类出"1+1=2"的效果，一个具体的方法或者产品到底是属于著作权类型的实用艺术产品，还是属于专利类型的外观设计，很难说清。例如，时尚设计就是一例。另外，

一些产品、软件、植物新品种之间的可专利性问题，如果部门分散管理，则必须多部门之间合作，但是各个部门之间往往都是趋利避害的，并不能公平公正地进行认证，而且还会造成效率低下与成本增加。此种现象，实为技术的客观属性对人类制度产生的倒逼效应。

此外，对于一些比较小的国家和地区来说，虽然它们没有庞大繁杂的知识产权事务，但是一体化的知识产权管理模式同样适用。因为这不仅可以帮助它们提高行政效率，最重要的是可以节约行政成本。

从上述的分析中可以看出，中国知识产权的"分别管理"模式有着自身的历史成因。中国当下需要改革现行高度分散的管理体制，采取集中统一的治理模式：①创新是第一生产力，科技的领先往往决定着综合国力的领先，实施知识产权强国战略是未来中国打破资源束缚，走出环境资源瓶颈，谋求大国未来根本出路。目前，全球化的博弈愈演愈烈，中国作为世界上第二大经济体和最大的发展中国家永远无法置身事外。在传统的政治、军事和经济的博弈战中，中国已经取得了不俗的成绩。当今，国际竞争的风向标正在发生改变，中国应该重视科技的发展，把握好一个"科技武器"，才能在新时代的国际竞争中屹立不倒。②配合技术的后发优势，用新制度去配套新技术，从而将其转化为制度优势。③发挥中国的政体优势。因此，笔者认为，长沙市委和市政府的举措，着实可以算得上是一种创新之举，应该加以认可和提倡。新时代的知识产权管理需要我们重新认识知识产权的新属性及重要性，从各阶段入手，强化全过程治理，建立一种符合时代发展的新的治理模式。在新的治理结构中，实行集中统一的行政管理模式，强化各部门的协调，并且广泛吸收社会力量，强化与完善治理模式，彰显知识产权治理与服务的现代理念。

6.3 上海市知识产权综合管理改革的探索与实践

2008 年 6 月《国家知识产权战略纲要》颁布以来，上海围绕建设"创新要素集聚、保护制度完备、服务体系健全、高端人才汇聚"亚洲太平洋地区知识产权中心城市的目标，充分发挥知识产权对经济社会的支撑作用，为上海经济社会发展做出了新的贡献。

6.3.1　加强知识产权顶层设计与谋划

做好顶层设计最关键的是要掌握好宏观层面的知识产权发展趋势和动向，要围绕国家经济发展的宏观场景，围绕党政领导班子的中心工作，只有这样才能找到切入点和发力点。

1. 确立建设亚太地区知识产权中心目标

《上海知识产权战略纲要》是上海市知识产权改革的指导原则。上海市于 2012 年 7 月 10 日颁布了自己的知识产权发展规划《上海知识产权战略纲要（2011—2020 年）》（以下简称《上海纲要》）。《上海纲要》提出要把上海市建设成为"创新要素集聚、保护制度完备、服务体系健全、高端人才汇聚"的亚洲乃至国际的知识产权中心城市；要加大力度吸引更多的知识产权国际组织和分支机构落户上海，不断强化上海的国际知识产权中心城市的地位，使上海成为未来知识产权保护的首选地之一；要首先推进知识产权行政管理体制改革，在上海市充分发挥浦东地区的"领头羊"作用，在浦东地区率先实行知识产权的"三合一"管理模式及综合执法模式；要重视知识产权人才建设，重视高校的知识产权学科建设和人才培养，努力以人才为基础，将上海市打造成为具有国际影响力的知识产权中心城市。此外，《上海纲要》还提出要加快产业结构调整，大力推动重点产业和新兴技术的发展，推动本土优秀企业进军国际市场，努力提升国际高质量知识产权拥有量；同时，大力强化企业的科技创新能力，改变生产结构和方式，强化以创新引领发展的基本理念，鼓励新兴技术和产业的发展，充分发挥知识产权的作用与价值，充分实现知识产权商业价值。

《上海纲要》具有以下特点：其一是前瞻性，它提出将建设"亚太地区知识产权中心城市"作为战略目标。此目标的设立是在前期大量的走访调查和询问意见后得出的，因此获得了上海市委、市政府的一致认可。这个目标的确立有着长远的考量，其可以与四个方位的目标形成合力，互相促进。第一个就是与国际知识产权发展趋势一致；第二是与我国的知识产权整体发展趋势一致；第三是与上海市未来的城市发展目标与定位一致；第四与国家对上海市的战略定位一致。其二是层级高，《上海纲要》从审议到发布经历了多级多次的评审和探讨。其三是跨度长，《上海纲要》涵盖了从2011 年到 2020 年的近十年时间。其四是内容覆盖全，《上海纲要》基本涵盖了我国目前知识产权领域面临的所有难题。其五是影响大,《上海纲要》受到了上海市政府的高度重视,为《上海纲要》从制定到发布的全过程投入了大量的精力、进行了广泛的宣传,大大提升了全社会对《上海纲要》的了解与认同。

2. 构建中国(上海)自贸区知识产权保护机制

上海作为我国首个自由贸易区,积极参与制定自贸试验区的相关法律法规,最先提出知识产权保护的思想,包括扩展视野,将我国的知识产权体系积极与国际对接。上海市针对知识产权的多头管理的弊端建立起"三合一"的综合管理模式,积极探索知识产权统一行政执法的体制机制;同时,设计专门的知识产权法庭,大力加强司法对知识产权的保护作用,完善行政与司法两头牵的体制;引入市场力量,完善知识产权的多元保护机制,建立长效保护机制。上述内容被国务院有关政策所采纳,为国内自贸区知识产权管理与制度之间架起了一座桥梁。上海的思路和做法得到了党中央和国务院的一致认可,在下一步的深化改革方案中,明确提出上海市要建立统一的知识产权行政执法体制机制,大力聚集国际国内优质资源,助推上海市率先实现我国知识产权战略的转型升级,优化上海市的知识产权环境。

3. 支撑建设具有全球影响力的科创中心

建设成为具有全球规模的科创中心一直以来是上海市的重要使命。为了更好地达到这一目标,2016年2月25日,上海市委、市政府联合发布了《关于加强知识产权运用和保护支撑科技创新中心建设的实施意见》,此意见是对上海市此前发布的《上海纲要》的补充和完善,对于上海市未来做好知识产权工作,做好顶层设计具有建设性意义。此《实施意见》围绕知识产权多方面的改革做出了详细的部署。在随后的2017年10月16日,上海市又发布了《关于进一步支持外资研发中心参与上海具有全球影响力的科技创新中心建设的若干意见》,进一步细化了知识产权重点环节的具体举措和相关措施。

4. 加强知识产权与经济社会发展融合

为了将知识产权深入融合经济社会,上海市将知识产权纳入经济建设条例等地方性法规与政策中。上海市还特别注重知识产权人才发展,制定并出台了知识产权人才发展的"十三五"规划及相应的商标和版权战略规

划。同时，在司法层面上，上海市高级人民法院还出台了知识产权司法的
"十三五"规划；除此之外，上海市还制定了一批知识产权与新兴产业紧密
融合的办法，促进知识产权市场化的开展，完善知识产权服务业的发展；
将知识产权的建设和发展同品牌建设、文化等融为一体，加大宣传力度，
使知识产权的观念更加深入人心。

6.3.2　探索知识产权综合管理体制的改革

随着新一轮的科技革命和产业变革的蓬勃发展，知识产权已经成为国
家间竞争的关键要素和综合国力的关键体现。知识产权制度的核心作用就
是保护创新，保护科技成果，因此，保护知识产权就是保护创新，而创新
是国家的第一生产力。一个良好完善的知识产权制度可以使权利人的成果
得到应有的回报，大大激发全社会的创新创造热情，激发创新活力，打造
国家未来发展的新引擎。

过去十年上海在知识产权改革与创新方面，主要做了以下的工作。

2014 年 9 月 26 日，中国首个"三合一"的知识产权局在上海自贸区管
委会知识产权局成立。随后，上海市知识产权局和知识产权法院先后挂牌
成立。两年后，上海市国际知识产权学院成立。上海市知识产权工作逐步
迈入国际化轨道。此后，上海知识产权交易中心、中国（浦东）知识产权
保护中心、上海商标审查协作中心先后挂牌成立。上海市也不断获得国家
政策的大力支持，上海市的一系列成果得到了党中央和国务院的一致认可。

上海市充分发挥主观能动性，在上海自贸区和浦东新区首创"三合一"
的知识产权管理模式，并成立相应的知识产权局，拉开了国内知识产权机
构改革的序幕，引起高度关注。浦东新区的改革既符合国际上关于知识产
权管理模式改革的大趋势，又符合国家对上海市发展的战略定位。20 年前，
浦东新区就率先成立了全国首个基层知识产权审判庭和拥有审理刑事、民
事、行政案件的知识产权审判庭。浦东新区的首创之举被写入我国的知识
产权战略纲要，并在全国范围内推广复制，对我国知识产权管理模式的未
来改革起到了带头示范的积极作用。

浦东新区的知识产权综合管理改革具有三方面的显著特点：一是强化
管理，从行政层面将以往的知识产权多部门管理的体制模式改为高度集中
统一的管理模式；二是强化执法，即在司法层面上建立一批专门负责知识

产权案件的法院，建立综合、专业、高效的执法体系；三是强化服务，此举作为行政和司法的辅助作用，积极引入社会力量参与到知识产权的治理中来，力求为企事业单位提供知识产权的一站式服务，促进高效、便捷的知识产权公共服务体系的形成。

改革向来都是阻力重重，自下而上的改革更是如此。浦东新区在改革的过程中不惧艰难，迎难而上，在知识产权的行政管理、司法保护、公共服务等方面取得了一系列的硕果。在行政改革过程中，建立了知识产权集中统一的行政管理体制，大大提高了知识产权行政办事的效率；在司法方面，形成了行政、司法、公共服务"三位一体"的横向保护平台，形成了各级法院为主的纵向保护渠道，为知识产权的保护织出了一张巨网，为营造便利化、法治化和公平化的知识产权环境奠定了坚实的基础。浦东新区通过改革实现了知识产权管理的"一个部门""一个窗口""一个网站"的"三一"模式，极大地便利了当事人的办理需求。浦东新区改革成功不仅是其艰苦奋斗、勇于改变的结果，还极大地得益于上海市委、市政府的大力支持。根据相关企业反映，浦东新区的改革符合国家知识产权的整体规划，符合中央各项精神，也符合知识产权面临的实际需要，是一次成功的改革。

6.3.3 加强知识产权保护

上海已经形成了司法、行政、公共服务"三位一体"的知识产权整体格局。

发挥司法保护知识产权主导地位。完善司法系统，创新案件审理模式，加大知识产权侵权违法的惩罚力度，将知识产权侵权违法行为及时遏制在"摇篮"中。上海市知识产权法院自成立以来审理了一批在全国范围内乃至国际范围内具有影响力的知识产权案件。同时，最高人民法院还先后在上海设立了一系列知识产权交流基地，以进一步促进上海市国家知识产权中心的战略定位。

2009—2020年，上海法院受理知识产权案件数量从2465件上升至40 136件。2010—2020年，上海市检察机关公诉部门受理涉嫌侵犯知识产权犯罪案件5895件12 045人，年平均增长率呈现跨越式增长。这一方面反映出我国知识产权领域的违法侵权现象令人担忧，另一方面也反映出我国目前对打击知识产权侵权行为的决心和力度。2015—2020 年，上海知识产权法院共受理各类知识产权案件 91 947 件，其中，尤其是 2019—2020 年受理案件的数量增长接近一倍。

加大知识产权综合行政执法力度，将行政执法与司法保护有机融合，形成合力，尤其针对市场中的知识产权侵权高发领域进行重点打击和查处。2008—2017 年，上海共立案受理各类专利纠纷案件 937 件，查处假冒专利案件 271 件，派出专利行政执法人员入驻 343 个大型国际展会，现场受理专利侵权纠纷投诉 2218 件，查处商标违法案件 23 461 件，罚款 1.69 亿元，移送涉嫌商标犯罪案件 383 件，没收和销毁侵权商品及标识 992 万件（只）。在上海市商业系统持续开展了"销售真牌真品，保护知识产权"承诺活动，连续六年"上交会"实现知识产权"零投诉"目标。

积极引入市场力量，建立第三方纠纷调解解决机制，扩宽纠纷调解的解决渠道，在行政执法和司法保护的基础上，加入社会第三方力量参与到整个调解过程中，大力培育各种知识产权中介机构和调解机构，力图建立一种全方位、多层级的知识产权纠纷多元化解决机制。上海市在实践方面大力推动知识产权纠纷人民调解委员会的建立，编写调解工作规则，颁布指导意见，编制调解案例汇编等。上海市还通过各种渠道扩宽知识产权维权保护方式，降低维权成本，将司法资源充分解放出来，先后组建了知识产权维权援助中心、公证法律服务中心等。同时，上海市还利用互联网等平台建立一体化的信用体系，将个人或者组织的侵权、失信和违法的相关记录及时完整的输入系统中，并公开查询权限，设立知识产权"黑名单"。

推进知识产权文化建设。文化作为一种重要的软实力对社会和国家的发展起到不可或缺的作用。上海市在知识产权建设方面，每年都会编制有关知识产权的典型案例，并制作各种宣传片、海报等，大力宣传知识产权文化，使知识产权的意识逐步深入人心。上海作为一个国际性的大都市，对外的沟通渠道也是一个优势。因此，上海市还积极向各种外国媒体、商会、企业等通报关于我国的知识产权建设成果。上海市积极创新知识产权宣传方式，既通过一些传统的手段如知识产权宣传片、海报、典型案例等，也通过一些，如政务微博、新媒体、自媒体等新兴互联网媒介积极宣传知识产权文化理念，建立了政府主导、新闻媒体支撑、社会公众参与的知识产权宣传工作体系。青少年是祖国的未来，对青少年的知识产权教育是中国知识产权的未来，上海市持续推进中小学知识产权教育课程体系的构建，不断引导青少年树立良好的知识产权观念；不断将知识产权理念观念与普法教育、科普宣传和精神文明建设等活动有机结合，在全社会弘扬大众创新，诚实守信的道德观念，营造崇尚创新和自主创新的社会风气。

6.3.4 加快知识产权资源集聚

立足国内，放眼国际。上海在国家相关部门和政策的大力支持下，在大力推进国内知识产权制度变革的基础上，大力推进国际知识产权资源集聚，加强与国际组织的交流合作，争取更多的国家性项目落户上海。

上海加强与世界知识产权组织（WIPO）合作。2012年、2014年和2015年，WIPO总干事弗朗西斯·高锐先后三次访问上海，受到当时的上海市委书记和市长的热情接待。上海市领导表示，知识产权保护是创新创造的根本保障。上海欢迎包括WIPO在内的各种知识产权相关的国际组织在上海设立分支机构，实现上海市与国际的知识产权共赢格局，提议得到有关各方一致同意。创新向来不是科技领域的专属。同样，科技领域的创新如果没有相应的体制机制创新的有效供给，创新效果就会大打折扣，上海这些年的知识产权体制机制创新，就是一个典范。上海的经济社会发展过于迅速，知识产权相关的制度必须跟上。上海在近些年的举措也充分证明了这一点，上海法院充分运用前沿科技服务人民群众的生活和城市的发展建设，知识产权法院也进一步加强知识产权的司法保护，为上海市经济发展成果的巩固与进一步提升发挥了重要的作用。

WIPO总干事高锐博士在受聘成为国内两所知名高校的荣誉教授之后，为师生进行了一系列有关知识产权的演讲。他指出，知识产权的发展同样与全球知识经济和全球化的进程密切相关。随着世界贸易一体化进程的加速推进，国家间的经贸联系比以往任何时刻都更加深入，而知识产权作为贸易的屏障，越来越具有中心地位。

上海市人民政府与WIPO合作的外观设计法硕士项目、暑期学校实践项目等均已落户上海。除此之外，上海市还积极承办大量的国际性的活动和研讨会，如承办WIPO召开的南亚和东南亚国家知识产权局局长会议、WIPO与国家工商总局共同举办的中国商标金奖颁奖大会、WIPO知识产权服务体系有效运用高级研修班、数字环境下的版权管理和执法国家区域研讨会、视听表演法律问题研讨会等。

上海市不断加强与国内的专利、商标、版权等部门的合作，还与国家知识产权局、国家市场监督管理总局共同举办会议、签署战略合作协议等，积极争取知识产权重大项目落户上海，使上海作为全国知识产权中心更好地发挥领头羊的作用，服务长三角、长江流域，进而服务全国。上海知识产权法院成为全国首批设立的三个知识产权法院之一。上海市成为首批国家引领型知识产权强省试点省。上海市的知识产权保护中心和徐汇区、漕河泾新兴技术开发区相继成为全国知识产权保护中心、改革试点和发展示范区。此外，上海市还相继建立了专利审查员实践基地、商标审查协作中心、国家版权贸易基地、中国版权保护中心登记大厅。

为加快推进上海市的知识产权中心城市的建设，上海市全面加强长三角地区的知识产权工作融合机制建设，将整个长三角地区的专利、商标和版权等工作进行融会贯通，与长三角地区的主要中心城市加强互动往来，定期举办各种主题活动、会议和演讲。

6.3.5　强化知识产权质量

我国知识产权工作目前所面临的一个重大难题是，如何从数量向质量转变。上海市率先进行提质增效的改革探索，制定了一系列知识产权示范企业与园区的管理工作办法，如各种软件、产品、著作权的登记管理办法，着力发挥政策的导向作用，使我国的知识产权质量进一步提升。

2008—2020 年，上海专利申请量、授权量分别从 52 835 件、24 468 件增长至 214 601 件、139 780 件，2020 年全年同比上一年分别增长 23.63% 和 38.96%。其中，发明专利申请量、授权量分别从 17 931 件、4258 件增长至 82 829 件、24 208 件，较 2019 年同比增长 16.01% 和 6.48%。每万人发明专利拥有量从 2008 年的 6.8 件突破至 2020 年的 60.21 件；PCT 国际专利申请量从 384 件上升到 3558 件。企业专利申请比例从 74.30% 上升至 81.27%，同时，在发明结构中，发明专利申请占比从 33.70% 上升至 38.60%。

2008—2020 年，上海市的有效注册商标总量从 132 920 件上升至 173.74 万件，每万户市场主体的平均有效注册商标拥有量为 5931 件。著名商标数量截至 2020 年已经超过 1300 件。上海市的作品版权登记数从 1565 件上升至 31.89 万件，上海市的版权产业开始进入蓄力发展期，版权产业增加值从 2008 年的 1394.11 亿元上升至 2020 年的 3589.97 亿元。版权产业增加值对 GDP 的贡献率从 2008 年的 9.91% 上升至 2020 年的近 14%。

2008—2020 年，上海市认定的"市专利工作试点单位、示范单位"分别为 1139 家和 293 家；"市知识产权试点园区、示范园区"为 53 家和 32 家。为深入实施国家和上海知识产权战略纲要，进一步提升上海版权创造、运用、保护和管理水平，上海市版权局从 2012 年起开始评选上海版权示范单位、示范园区（基地）。截至 2020 年，全市已有 140 余家上海版权示范单位、示范园区（基地）。

为了发挥知识产权内在的经济价值，让知识产权从实验室走向市场，上海市高度重视知识产权的金融质押和融资问题，先后制定并出台了一系列知识产权质押融资的工作实施意见、实施办法和技术规范等。2009—2017 年，专利权质押融资额从 1.15 亿元达到 6.6 亿元，年平均增长率为 54.29%。2017 年，上海知识产权交易中心成交金额近 1.48 亿元。

上海市充分运用公权力的资源配置作用，主动变革知识产权运营服务体系，改变以往的单一依靠政府的管理模式，大胆引入社会资本，形成"公+私"的新管理模式，共同推进重大经济科技活动知识产权评议。

2008—2017 年，上海市加大知识产权财政投入资金，从 1052.5 万元上升至 19251.8 万元，年平均增长率为 82.64%，从财政上保障了知识产权事业做大做强，服务体系更趋完善。至 2019 年年底，上海市共有专利代理机构 168 家和执业专利代理师 3000 多名。至 2021 年，上海市共有商标代理机构 2586 家。上海市版权局推进全市 30 个版权服务工作站建设。第三批全国知识产权服务品牌机构揭示 48 家。

上海市注重知识产权人才建设的培养，在上海市的三所重点大学建立知识产权学院，并在法学学科下设立相关分支专业培养知识产权人才。在复旦大学、上海交通大学等高校创建知识产权研究中心。国家在上海设立了多种知识产权示范和培训基地。上海市还依托自身的大学资源开办国际知识产权学院，这在全国范围内尚属首次。目前，该学院已经开办外观设计法硕士班和知识产权硕士班，并公开对外招生。

在培养基础性知识产权人才的同时，上海市还非常重视社会人才的培养。上海市对知识产权领域内的从业人员开展继续教育工作，受教育人数逐年增加，已经培养出 60 余位我国知识产权界的领军人才和专家。

上海市在全国率先利用互联网技术创建了知识产权公共服务平台，国家知识产权局在沪设立国家知识产权区域专利信息服务（上海）中心。该服务平台全国注册用户达到 9567 家，实现了与上海研发公共服务平台之间的对接融合。平台访问量累计超过 190 万人次，企业依托平台资助建立网上专题数据库累计 1352 个。

6.3.6　强化知识产权联席会议工作平台

地方知识产权工作是一项系统工程，想要做好知识产权工作必须在多主体、多层次、多渠道之间形成合力，齐头并进。上海市知识产权联席会议作为上海市全市知识产权工作的统筹平台，内有大量的市政府、市人大等政府部门和法院、检察机关等机构。上海依托该平台形成了"纵横联纵"的工作格局。

浦东新区在推进知识产权改革过程中，联席会议各成员各司其职，互相合作。同时，上海市有关部门也大力放权，通过委托的方式将查处假冒专利、调解专利纠纷等事项下放给其他部门。浦东新区还接受境外图书出版合同登记工作。上海市法制办、市编办也通过给浦东新区不断地指导共同推进知识产权改革工作。

2010 年上海世博会的知识产权保护是历届世博会中表现最突出的。上海市知识产权联席会议相关成员不仅做好自己的本分工作，还参与一系列条例、纲要的制定之中，充分发挥自身的主观能动性，开展商标、版权保护专项行动。时任上海市长的韩正在当年的上海市政府工作报告中对上海市的工作做出了高度评价。同时，上海市的此次世博会的成功被评为"2010 年全国知识产权保护典范事件"，上海市一批单位和个人获得了国家及八部门的表彰。

上海市知识产权联席会议还非常注重文化方面的建设，上海市以"迪士尼"为文化保护的试点与重点，围绕"迪士尼"构建了比较完备的知识产权保护与商标保障的整体机制。最终在全国范围内形成了由点到线、由线到面的保护格局。上海市知识产权联席会议的工作成员各司其职，相互合作，为公平的市场环境建设和知识产权保护的国际形象做出了重要贡献。

基层的知识产权治理同样不可忽视，各区县的知识产权联席会议的成员先后参与制定并出台了区域知识产权行动计划，开展了知识产权托管等一系列工作。上海市闵行区、宝山区、浦东新区分别获得国家知识产权示范城区，试点城区等一系列荣誉。

知识产权保护是助推经济建设的重要抓手，同时也是推进上海"五个中心"建设的战略支撑，对于上海"四个品牌"建设，整个长三角地区的协同发展和建设全球城市群具有重要意义。因此，要大力发挥司法的主导作用，建立健全知识产权保护的司法体系，加大侵权成本，加大打击力度，依法探索惩罚性的赔偿制度。在行政管理方面，要大力推进知识产权行政执法的一体化建设，加快推进"三合一"的知识产权改革，将各种分散的职能收归一处，提质增效，降低成本。在区域协调方面，要积极探索跨区域的知识产权审理案件，打破地域限制，让维权不因时空而改变。同时，要大力加强行政执法与司法保护的有机对接，推动知识产权综合执法，让行政与司法形成合力，建立多元化的知识产权纠纷解决机制。探索建立知识产权管理和保护信用标准，将侵权行为信息纳入公共信用信息服务平台，加大对侵权失信行为的惩戒力度。支持上海自贸区和浦东新区先行先试，进一步完善知识产权行政管理和执法体制，及时总结经验，发挥示范和带动作用。

上海要立足本土市场，同时大力提升关键核心产业的竞争力，积极进军国际市场，推动"上海制造"走向全球。依托知识产权保护的优势和硕果，大力推动知识产权密集型产业的发展，建立以高精尖为主的产业集群，打造高端产业生态，推动创新型企业良性发展。在区域协调方面，建立区域知识产权一体化的公共服务便利共享格局；加快推进知识产权代理、诉讼、维权等的服务事项的一体化布局，着力打造一批具有高水平、高视野的高端知识产权服务机构；充分发挥网络空间的作用，将各种散布在知识产权全过程中的职能连接起来，建立统一的知识产权综合管理服务平台，建立全国性的知识产权信息服务中心，充分发挥上海市知识产权交易中心的作用，按照专业化、国际化的原则，建立统一的知识产权交易平台，打通知识产权到市场的"最后一公里"；并且逐步探索在上海市建立国家知识产权局国际专利与商标审查中心。

上海市要在国家有关部门的支持和政策的大力扶持之下，整合自身现有的优质资源，推进上海亚太地区知识产权中心城市的建设，力争将国际组织分支机构、国家重大项目落户到长三角地区，使长三角地区真正成为中国乃至国际的知识产权申请、交易、转化的中心。同时，还需要加强长三角地区与各类国际组织的交流与合作，共同办好知识产权学院、机构、项目等基础设施的建设。

加强知识产权文化建设，提升全社会知识产权意识。人才的建设是上海市乃至长三角地区成功建设知识产权中心城市的关键。上海市要以本土高校为依托，以知识产权各类组织和机构为抓手，集中各类优势资源大力培养知识产权的高端人才，为知识产权人才的后期储备打好基础。现阶段，应该尽快建立高效的人才平台，组建知识产权咨询服务专家委员会，打造世界一流的知识产权智库，加强信息检索、价值分析利用、投融资、司法鉴定、法律服务、企业管理等实务人才培养。

习近平总书记在 2018 年的博鳌亚洲论坛年会开幕式上，将中国保护知识产权的坚定立场再一次传达给世界。习近平总书记就上海未来的发展方向再次指出：上海将建设以"五个中心""四个品牌"为主的知识产权中心城市建设，聚焦知识产权质量的提升，严格实施知识产权保护，打造知识产权转化、交易的一体化平台，为把上海建设成为创新之城、人文之城、生态之城，以及卓越的全球城市和社会主义现代化国际大都市提供有力支撑

6.4　知识产权管理与服务协同创新的"黄埔方案"

近几年，广州开发区的知识产权工作颇有成效，不仅先后成为国家知识产权运用和保护综改区和知识产权强省建设试点，还培育了一大批优质的以知识产权为基础的高新技术企业。

6.4.1　在知识产权管理与服务的供给上，公共管理与市场服务齐发力

在公共管理上，构筑"新机制"、形成完整的政策供给体系。在管理体制上，中新广州知识城开始于 2018 年实行"三合一"的知识产权管理体制。但是，在改革之后，并没有把知识产权局剔除，只是职能发生了变化，负责统管"专利三权"。在政策供给上，该区是国内知识产权政策体系最为完善的区域之一。广州开发区分别于 2017 年 2 月、2017 年 5 月及 2018 年 9

月，出台并修订了一系列的政策法规。2017—2018 年，广州开发区累积发放知识产权资助 2 万余项，资助金额总计 2.45 亿元。

同时，广州开发区还大力建设和引进知识产权服务机构，2018 年时，全区的数量就已经超过了 180 家；组建各个领域的专业联合会，为相关分板块提供专业的服务，启用中国（广东）知识产权保护中心、国家版权保护中心华南登记大厅等；2017 年，省市层面向广州开发区下放了针对专利代理机构、代理人的四项执法权限；2019 年，继续承接专利中介机构的工作指导职能。

6.4.2 在外部供给与企业需求上，多环节实现精准对接

一是在创造环节上，组团入园服务。华南地区有全国最大的孵化器集群，可以作为外部的重要依托，组织服务机构深入对接，设立"知识产权工作站"，为企业和专利审查部门之间建立互助交流平台，进行全方位指导；二是在运营环节上，培育多元化金融服务市场。成立专项基金，搭建银行到企业的融资全链条平台，打通小微企业的融资贷款渠道。2021 年 1—8 月，广州开发区的知识产权质押融资额达到 29.03 亿元，占全市比例的44.12%；三是在保护环节上，打造多维立体式的知识产权保护体系和多渠道解决知识产权纠纷的机制。通过司法、行政和公共服务多渠道及"共+私"等多模式，打造知识产权综合保护体制机制。

6.4.3 "多轮驱动"，强化高新技术企业培育前后的知识产权管理与服务

针对高新技术企业的独特性，广州开发区针对其摸索出一套"多轮驱动"模式：一是创新知识产权培育模式，充分利用互联网的便捷性，将孵化器作为一个基点，推行在孵企业集体贯标的新模式。截至 2019 年年底，广州市企业通过知识产权贯标的数量达到 4639 家，居全国城市首位，占全省（13 279 家）的 35%，占全国（42 512 家）的 11%；二是"政府搭台"，在企业创立初期，聘请知识产权专家对其进行专门指导。三是提质增效，培育一批高质量的企业标杆，推进高质量专利培育，开展高质量企业的认证工作，重点培育省级层面和国家级层面的行业领军企业，并给予配套的财政支持，培育高质量标杆高企，推进高价值专利培育。开展优势示范企业评审认定工作，重点培育国家级、省级知识产权领军高企，给予财政配

套扶持，2018 年新增国家级、省级知识产权示范企业 6 家、优势企业 13 家，13 家高企荣获中国专利奖。

6.4.4　高新技术企业培育中知识产权管理与服务的优化进路

图 6.1 是高新技术企业培育中的知识产权管理与服务系统运作机制图，由图可知，高新技术企业具有三个成长阶段，并且在不同的成长阶段下具有不同的企业需求。知识产权服务主体根据企业在不同的成长阶段下的不同需求做出不同的反应，具体如下。

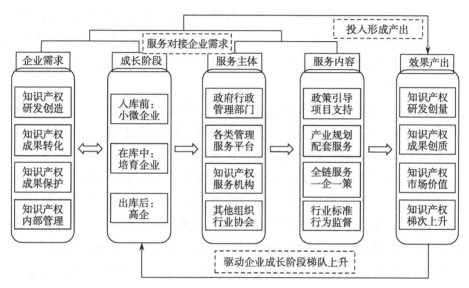

图 6.1　高新技术企业培育中的知识产权管理与服务系统运作机制

1. 理顺主体关系，推动公共管理和市场化服务协调发展

在高新技术企业成长的不同阶段，政府的职能和功能定位也应有所不同。在培育早期，由于企业资金能力不足，各种生产要素缺乏，政府应该更多地发挥自身作用，帮助企业成长。同理，在企业成长中后期，企业具有了一定的实力和抵御风险的能力，这时政府更应该转向服务型。第一，统合政府供给主体的力量。通常来说，高新技术企业的培育工作都是对接到政府中的科技管理部门。国家知识产权局负责知识产权常规行政管理中的专利和商标。高新技术企业的培育需要知识产权和科技的协同，所以，应该统合分散在各部的管理职能，可探索新的"三合一"管理模式；在高

新技术企业初创期和成长阶段，有大量的科技企业孵化器、科技园区等平台充当重要的孵育载体。这些平台应该充分利用好整体优势，做好全局规划，积极引进和培育好第三方知识产权服务机构，积极打造具有本土特色的知识产权信息化服务平台，建立全网通的专利信息数据库，为企业培育高价值专利提供信息和知识服务。第二，盘活市场力量。明确市场主体准入门槛，并且构建私人服务机构分级评价体系。

2. 创新知识产权财政奖补政策，建立创新成本与收益相平衡的保障机制

高新技术企业在培育和成长的过程中，享受所得税减免政策机制。但是，目前其所适用的是一种事后补助机制，企业并不能在培育和成长的过程中享受，这在一定程度上抑制了税收激励机制作用的有效发挥。此外，对于初创期的科技型中小企业，政府的财政支持和税收政策可以直接起到一个风向标的作用。

在高新技术企业的培育中，应该建立一种依托政策支持的专项财政奖补政策，并且分不同阶段为高新技术企业进行知识产权创造提供支持。在企业入库前，可以通过财政激励的方式逐步引导企业走研发为主的发展道路，为企业的未来奠定基础；对于已经进入培育库的企业来说，除了入库前的财政激励，政府机构还可以通过金融手段引导社会资本与金融机构对企业进行资本注入，积极引导金融服务驱动创新，通过公权力引导社会资金流入企业，优化资源配置结构的同时，加强初创型小微企业的知识产权融资能力和运营能力，大力发展股权、信贷和资本三大市场，确保企业在发展的不同阶段都能获得"供血"。另外，政府可以通过直接购买企业的科技研发成果，进一步促进企业的融资变现能力。

3. 实施企业知识产权贯标，促进外部管理服务与企业内部管理的协同创新

《企业知识产权管理规范》旨在帮助企业建立起一套科学合理的知识产权管理体系，从而帮助企业实现贯标，让公共服务入驻企业，更好地帮助企业成长。黄埔区、广州开发区年专利申请量由 1.39 万件提高到 3.52 万件，增长 1.54 倍，年专利授权量由 6700 多件提高到 2.26 万件，增长 2.33 倍。知识产权质押融资由 1.48 亿元提高到 26.13 亿元，增长 16.66 倍。广

州开发区获评国家知识产权示范、优势企业由 9 家增长到 74 家，增长 7.22 倍。❶ 企业培育中的知识产权贯标的有效实施，需要各部门之间的通力合作与资源的高度整合，具体措施：一是政府构建平台，在这方面广州开发区的"科技园区+企业集体贯标+互联网云平台服务"的模式值得借鉴，以各类的高新技术企业培育平台为基，在此基础上建立知识产权公共服务平台，再配套以"共享式"的专利信息数据库实施高新技术企业培育中的知识产权贯标，加大整合部门资源引导贯标，构建贯标服务体系，推动企业自觉将贯标工作、知识产权管理纳入公司发展战略等；二是平台牵头，发挥平台的集聚和桥梁的作用，为培育企业和知识产权市场服务机构之间搭建桥梁，从而为企业降低成本，节约时间；三是发挥人才的辅助作用，将一批专业的人才队伍投入进去，构建一套基于人才的市场化的培育流程，全方位开展宣传培训、咨询和辅导对接等服务。四是财政支持，建立一套对成功实施贯标企业的奖补机制，将这个机制与有关专利的奖励政策体系有机结合，进一步降低企业的发展成本；五是继续深化公共服务的功能，将市场化培育咨询辅助机构与企业紧密结合，建立更加深入的一对一的咨询辅导服务，帮助企业更好地实现专利的分析、发掘和认证工作。

6.5　知识产权金融服务助推浙江创新发展

6.5.1　浙江省知识产权金融服务发展现状

从全国范围来看，浙江省的知识产权金融服务开展较早，并取得了较好的成效。根据国家知识产权局的统计数据，2020 年浙江省专利质押共 1443 项，与之相对应的，专利权质押贷款总授信额达到 401.07 亿元，位列全国第 1 位。在质押融资业务中，科技型中小企业所获质押贷款数额最大，受到政策优惠最多。根据人保财险精算部（产品开发部）的统计，截至 2016 年年底，浙江省专利保险保费规模居全国第 3 位，在全国处于前列，如图 6.2 所示。

----

❶ 年专利申请量3.52万件！广州开发区知识产权综改五年成绩单出炉 [EB/OL]. (2021-07-14) [2021-11-12]. http://static.nfapp.southcn.com.

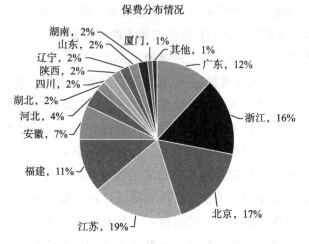

图 6.2　2016 年全国专利保险试点地区保费分布情况

现阶段，浙江省的专利权与商标权质押贷款和专利保险是该省知识产权金融服务的主要领域，该省的知识产权金融服务工作具有五个方面的特点。

1. 浙江省知识产权金融服务发展特点

（1）知识产权金融专营机构主要采取科技支行和商业银行参与两种模式。近年来，浙江省银企通过科技支行模式和商业银行参与模式开展知识产权质押贷款业务。在科技银行模式下，由银企专门成立科技支行，地方政府与银行互相协作推动专利权质押贷款工作的开展，典型的如湖州银行、中国农业银行等；在第二种模式下，浙江省从上到下有四十来个银行和业务办理行在开展知识产权质押融资业务。

（2）知识产权评估主要采取银行自行评估和与第三方评估机构相结合两种方式。在这两种评估模式中，因为银行本身具有一定的知识产权评估能力，所以一部分的产权评估由银行自身完成。此外，针对银行自身不能评估的，银行也会委托第三方评估机构进行评估。目前，可以接受这项业务的公司有北京连城资产评估公司、嘉兴市源丰资产评估公司等本地企业。同时，企业接受委托之后，也会本能地避免风险。通过创新金融模式，企业通常会寻求与保险公司合作，两者共同分担可能产生的风险。

（3）大多数银行逐步引入第三方担保机构形成风险分担机制。不同的专利类型所拥有的专利质押能力有所不同。针对知识产权融资主要有四种模式：一是纯粹的知识产权质押模式；二是"质押+固定资产担保"模式；三是"质押+作价入股"模式；四是"质押+企业经营者担保模式。同样，质押融资中的担保也分为担保模式与非担保模式两种。担保模式适用于经营状况良好、有独立现金流且专利价值明显的企业；相对地，非担保模式主要是银行自身为了降低风险，对一些专利价值不明晰和运营风险较大的企业所设置的。无担保模式采取比较多的是嘉兴银行科技支行，目前其进行的知识产权质押放贷全部为纯知识产权质押，并无第三方担保公司进行担保。大多数企业充分利用金融模式的创新，不断引入新的社会主体参与到担保当中以分摊自身的金融风险。这些机构的背后多是政府出资与社会力量共同承建，以进一步分散风险，典型的有如浙江瑞豪融资担保公司、杭州高科技担保有限公司。除了这种由多方承建的担保公司，保险公司也会参与到知识产权质押融资之中，形成一种多方共同参与的知识产权融资模式。

（4）以专利执行保险为主的专利保险试点稳步推进。2012 年 12 月，嘉兴市被国家知识产权局列入专利保险试点示范地区和单位名单。截至 2020 年 5 月，嘉兴市已有 182 件专利投保执行险、侵权责任险、质押贷款保证保险等，保额达到 300 余万元。2014 年，东阳、兰溪等 6 个县（区）成为试点地区。从专利保险的种类来分析，目前浙江省的专利保险种类较单一，专利执行险一家独大。专利侵权责任险的最早案例可以追溯到 2015 年的人保财险嘉兴公司为浙江华立南湖制药有限公司的发明专利成功申请侵权责任险。

2. 浙江省推进知识产权金融服务工作的主要政策

浙江省于 2009 年就开始知识产权质押融资工作，在全国范围内也属于较早的。随后，一系列支持知识产权质押融资工作的政策文件开始陆续出台，在省市两级推动下，省内各地区也开始根据自身的实际情况和需要出台了地方性知识产权贷款相关政策。在知识产权质押融资的基础上，主要采取了政府担保、贴息补助和风险补偿等多种政策形式。

一是设立专利权质押贷款贴息资金。当企业为了获得专利权质押贷款而产生利息或者与社会担保机构合作产生利息时，政府通过贴息资金的形式来补助这部分利息。

二是建立专利保险补偿机制。对参保企业提供保费补助可以通过专利券（嘉兴模式）和政企合作（专项拨款与人保财险公司开展专利保险统保业务）两种主要方式。

三是设立风险池基金。地方政府与银行合建科技信贷风险池资金，风险池基金主要起到抵御风险的作用，帮助银行和第三方机构降低意外风险。

四是建立知识产权金融相关服务中心。知识产权金融服务中心主要负责有关知识产权质押贷款与交易等方面的工作，帮助企业前期通过优质的知识产权获得贷款，以及后期进行知识产权的交易和运营工作。此外，省知识产权局及各试点地区也举办了一些银企对接等工作，推进知识产权金融工作。

6.5.2 浙江省推进知识产权金融服务工作存在的主要问题

1. 企业对知识产权金融业务参与度不高

浙江省的知识产权金融服务仍处于发展初期，有关各方对知识产权的质押贷款的参与程度偏低。通过调查，浙江省部分企业未开展知识产权质押融资的原因统计如表6.1所示。首先，对于一些资金较充裕、融资渠道较多的企业来说，它们不愿意将自有知识产权作为质押标的；其次，对于那些缺乏融资渠道和资金的企业来说，虽然它们有意愿开展知识产权质押业务，但是它们往往面临着手续复杂、成本高、流程麻烦等问题。此外，目前我国企业总体上对知识产权质押融资缺乏了解，这也是造成我国目前企业知识产权质押融资不高的一个重要原因。

表6.1 浙江省被调查企业未开展知识产权质押融资的原因

原因	企业数/家	占比/%
企业不愿将自有知识产权作为质押标的	18	15.70
评估费用高	12	10.40
办理手续烦琐	12	10.40
银行不轻易接受评估公司的评估价值	12	10.40
银行虽接受知识产权作为质押标的，但融资比率过低	12	10.40
本单位知识产权质量不高，没有质押价值	11	9.60
本地区金融机构没有开展此项业务	11	9.60
不知道知识产权可以质押融资	9	7.80

原因	企业数/家	占比/%
担保费用高	9	7.80
银行审贷条件过于严苛	3	2.60
其他	6	5.20
总计	115	100

2. 知识产权金融服务模式单一

目前，浙江省开展的知识产权金融服务模式主要以质押贷款和专利保险等传统模式为主，一些新兴的知识产权质押贷款模式较少触及。调研中发现，仅有南浔区开展了知识产权作价入股的相关业务。由于我国的历史因素和制度的限制，我国知识产权证券化起步较晚且形式单一，整体体制比较僵化，缺乏活力，不利于我国科技型中小企业的良性发展。

3. 知识产权金融服务机制有待健全

一是风险分担机制不健全。虽然目前存在政府与多方联动的知识产权质押融资风险的分担机制，但是，这种情况依然不多，潜力仍没有得到充分释放。此外，银行与保企也没有建成有效的融资风险分担体系，保险在知识产权质押贷款融资的风险分散中还有极大的发展空间。除此以外，信息不对称产生的风险也使银行收紧放贷，产生放贷不足、放贷周期短的问题。此外，银行与保企也没有建成有效的融资风险分担体系，保险在知识产权质押贷款融资的风险分散中还有极大的发展空间。

二是知识产权交易处置机制不健全。由于国内知识产权的特殊性及交易市场不发达，浙江省的科技大市场等技术交易市场仍然起不到应有的作用，其价值变现仍存在较大难度和诸多不确定因素。在具体知识产权质押业务运作中，企业往往为了一时的利益，违反相关的质押规则，将已质押的产权转让、许可给其他主体，最终导致知识产权价值下降。这不仅会损害相关银行的利益，还会产生一系列不必要的风险，以及污染整体的产权质押融资环境。

三是知识产权价值评估机制不完善。知识产权的价值评估是决定企业贷款结果的核心环节，对知识产权的价值及企业未来的发展具有决定性意义。然而现有的评估规则极其不完善，不仅可操作性差，而且常常针对一个专利有不同的评估结果。行业内对评估结果的整体认同性较差。

4. 政府支持政策有待进一步完善

首先，知识产权制度和法规的不健全，会降低知识产权金融服务政策的效用。在知识产权审查环节存在制度性的漏洞，大部分"跨越门槛"的知识产权质量不高，知识产权保护力度不足。

其次，知识产权评估、交易、导航等配套服务不足。知识产权的配套服务同样是保证知识产权整体制度顺利运行的关键支撑。目前，浙江省乃至我国的知识产权信息披露程度不足，各种注册信息、查询系统、服务网站的信息透明度不够。这些配套服务的不足，直接导致企业用高成本办低效率的事，也导致银行所要承担的额外风险的大幅增加。

6.5.3 完善浙江省知识产权金融服务推进机制的对策建议

随着我国知识产权战略的不断推进，大众创新蔚然成风。因此，我们可以在现有的成果上，充分借鉴国内外的成熟经验，进一步推进我国知识产权事业的发展。我们应利用现有的知识产权金融模式，不断开拓新的知识产权证券化路径，尝试多方联动的知识产权金融业务。

1. 建立促进知识产权出资服务机制

省内试点市、县知识产权管理部门应该对自身管理辖区内的知识产权整体情况进行摸排，联合多部门建立本地知识产权数据库；对于高质量知识产权重点支持其股价与融资工作；在政府层面，将知识产权融资和引资等指标纳入科技考核指标，不断加强区域间合作互通，提高地区的总体发展水平。

2. 完善企业和金融机构需求对接机制

一是提高企业资信水平。科技型中小企业只有先解决自身的问题，健全内部治理结构、建立信用管理、不断提高自身的知识产权研发能力、提高产品质量才能获得融资的能力。

二是转变金融机构理念。目前，银行贷款的分发仍然具有较大的不平衡性，大多数的贷款都流入了具有较多固定资产的大企业，而刚刚起步的缺乏优质产品的中小企业却得不到充足的贷款。但是，有些中小企业并不缺乏发展的潜力，银行应该转变发展观念，重新审视中小企业的价值。

三是政府"搭台唱戏"。政府要强化自身职责，充分发挥在地方企业知识产权融资中的作用，及时了解各企业的需求，充分利用互联网平台搭建数据库，加强各主体之间的沟通与合作，建立"科技企业+银行+第三方中介服务机构"一体化的沟通平台。

3. 完善知识产权金融风险管理机制

一是大力引入第三方担保机构参与知识产权融资。创新担保方式和担保渠道，合理降低机构的担保风险，增强融资整体信用度。

二是创新专利保险形式，引入专利执行保险。

三是加强知识产权融资全链条创新渠道。银行作为资金支出方，要加强与社会组织合作，创新贷款担保方式，降低自身贷款风险的同时，创新中小企业的贷款融资方式。

四是借鉴北京经验，从企业、银行、中介机构、担保公司4个维度构建知识产权金融运行的风险监测指标体系，供相关单位在知识产权金融工作推进中运用。

4. 完善政府知识产权金融引导机制

一是建立中小微企业信贷风险补偿基金。利用各种政策形式、税收减免、政府贴息等手段，为企业尤其是中小微企业质押融资提供支持，着力减少中小企业的融资成本。

二是建立重点产业知识产权运营基金。通过借鉴其他省份的创建知识产权运营基金的经验，浙江省要建立具有自身特色、符合自身发展方向的知识产权运营基金，通过政府资金引导社会资本投入的方式盘活知识产权质押融资领域。知识产权基金要针对具有核心竞争力与良好的未来市场前景的知识产权重点补助，保住高质量的知识产权不流失。同时，也不能忽视中小企业的发展，要深入中小企业内部，了解其发展困境、发展难题，着力解决其具体的发展需求，帮助中小企业，特别是具有发展潜力的中小企业渡过难关。在运营资金方面，注重资助与收益相结合，开发利用知识产权股权投资等方式充实基金实力。

5. 完善知识产权金融试点机制

一是推广知识产权金融试点范围。目前，全省的知识产权金融试点范围较小，并不能有效检验金融服务的成效也不能满足需求。同时，专利保险的试点范围比金融试点还小，亟须扩展。建议尽快对知识产权质押贷款放开试点范围，在全市甚至全省范围内开展知识产权金融服务实践。

二是加强经验交流和工作宣传。以省级部门牵头，定期总结全国各地的有关知识产权质押融资的优质案例，并周期性地举办经验交流会和分享会，使知识产权质押融资的意识与政策内涵深入人心；同时，深入企业，加强与企业之间的业务培训，强化知识产权保护意识，大力发挥社交媒体的宣传作用，营造良好的知识产权金融服务的环境。

6. 建立"知识产权金融服务促进计划"项目机制

在推动知识产权金融服务工作实践方面，广东省和江苏省均进行了一系列举措，如设立知识产权金融服务试点、开展知识产权投融资相关活动、进行知识产权交易等，均取得了一定成效。建议浙江省为科技型中小企业和一些掌握核心技术的人才制定专项服务机制，具体有：对企业开展相关的政策宣讲与实务培训；充分深入企业开展调研，了解其真实需求，集中资源解决其需求；引导银行、企业和保险公司及高新技术人才等金融体系，创新业务机制，逐步扩大知识产权金融业务开展范围；引导企业在开展融资时通过知识产权质押、专利保险等方式，利用优质知识产权提高企业信誉度。

6.6 打造知识产权公证服务品牌，健全知识产权公共服务体系

近些年来，随着国家大力推行知识产权的培育与保护工作，知识产权的观念被越来越多的人所熟知。我国民众对知识产权保护方面的意识也得到了长足的提升，越来越多的人选择通过法律途径保护自己的知识产权，拿起法律武器打击侵权行为。司法公正是知识产权在法律层面的重要工具，具有独特的证据效力，在知识产权保护的全方面发挥着不可替代的作用。近年来，成都公证处以机构"二次创业"为契机，将证据保全类公证列为重点发展的拳头产品，以"守住法律底线，满足社会需求"为业务发展理念，将技术创新融入知识产权保护的全过程，建立自己的公正品牌，为知识产权管理体系进一步健全和知识产权事业的良好发展，发挥了重要的作用，同时也为营商环境的优化发挥了积极作用。

6.6.1　精准研判市场，筑牢工作基础

成都公证处的成功离不开其对国家宏观政策和经济大环境的准确研判，其通过四项举措，为公证服务和知识产权保护奠定了良好的基础。

1. 实施专设机构策略，集中打造专业团队

2014 年，成都公证处专门为知识产权公证服务组建了一批专业的人才团队，为当事人提供全方位专业化的知识产权公证服务。同时，成都公证处还为团队配套了相关的政策激励制度，进一步激发了团队的活力；两年后，成都公证处依托自身多年的业务经验开始进军国内专业化的知识产权公证市场，挂牌成立全国首个专业的知识产权保护中心，公开招募专业化的人才团队，组成一支集专利研究、开发、办证等功能为一体的专业化团队，专门发展知识产权保护相关的业务。经过了两年的发展，中心的工作获得了社会各界的广泛好评，得到了社会各界的一致认可。

2. 实施人才培养策略，着力提升专业能力

成都公证处的知识产权保护中心成立之后，非常重视人才的培养工作，不断引进专业化的人才队伍。一是面向法院、知识产权中介机构招聘有丰富理论和现实经验的专业化人员作为专业的咨询顾问，同时面向高校、科研院所以丰厚的报酬招聘高学历人才，不断扩充人才后备队伍。二是大力开展团队层面的交流合作。通过不定期地举办一系列的知识产权讲座和研讨会等活动，与和知识产权联系紧密的相关机构，如作家协会、商家协会等进行交流和沟通，大力开展知识产权的宣传活动，并且不断向外省的优秀的相似机构学习经验，不断地完善丰富自身的理论和实践经验；三是不断地学习，成都公证处不断邀请相关领域内的专家学者对本部成员开展培训工作，以提高团队的综合知识水平，同时与四川大学等高等学府积极开展工作，开设公证专业课程，为高素质的知识产权公证人才提供储备。

3. 实施理论研究策略，持续推动业务发展

成都公证处还成立理论研究中心——金沙公正研究中心，重点研究知识产权相关的公证业务，不断提高自身理论学习水平。此公证处产生出了一系列优秀的成果，如专著《公正理论与实务》，以及公开发表的周期性刊物《金沙公证》等，深入聚焦知识产权公正领域的理论研究，增强研究深

度。截至目前，该处共计完成涉及知识产权保护类公证业务的省市级课题 2 个，在国家级、省级刊物上公开发表涉及知识产权类专业文章近 10 篇，形成了浓厚的理论研究氛围。成都公证处还为不同类型的知识产权公证案件建立具有针对性的操作流程和规范，进一步规范处内知识产权类公证业务的办理流程，为当事人提供更加精准的专业化的知识产权公证类服务。同时，成都公证处还积极为全省范围内的知识产权公证收费以及标准的制定积极建言献策，促进知识产权保护类公证收费更加透明和合理。

4. 实施培育市场策略，不断健全服务体系

成都公证处以市场需求为导向，同时以党中央关于供给侧结构性改革为指引，大力培育知识产权保护类公证市场，不断挖掘潜在的市场需求。一是送法到家。成都公证处以预防精神为主，主动深入成都市各类与知识产权关系紧密的机构和部门，积极开展普法宣传活动及强化人们的知识产权保护的意识，并且充分利用互联网、自媒体、微信公众号等信息宣传扩散渠道，频繁发布工作动态和相关文章，获得了良好的反响。同时，在"3·15"和"4·26"等有关消费者权益和知识产权相关的节日，它还大力开展普法宣传活动，达到了强化宣传等良好效果。二是将服务的触角深入基层，健全公证服务体系。在与成都市各类知识产权机构合作的基础上，成都公证处进一步扩展思路，成为各类机构解决知识产权纠纷的重要辅助力量。成都公证处作为人民法院辅助试点的公证机构，积极与各级人民法院就知识产权公正的有关事项合作，选派公证员以调解员的身份参与人民法院的知识产权纠纷协调中，发挥了具有建设性的作用。

6.6.2　把握品牌定位，丰富服务内涵

成都公证处提出"守住法律底线，满足社会需求"的业务发展理念，力求将公证对知识产权保护、预防纠纷及监督管理工作落实到位，以专业的服务保证知识产权的保护和发展。

1. 主动作为，提供个性化公证服务

针对性开展知识产权公证工作。一是服务党委政府中心工作。成都市是全国新兴产业极其繁荣、极具活力的城市，这些产业的兴旺发展离不开党和国家政策的大力支持，但是，在繁荣发展的同时，也难免会伴随着大量的侵权事件产生，因此，成都公证处着力于重点，助力产业进一步升级

和"双创"工作的进一步落实。成都公证处在双创园区设置定点服务，加强法律知识宣传的同时为当事人提供一对一服务。同时，它还与各类成都市举办的或承办的各种大型活动实现对接，为其在举办期间提供专项服务，为相关企业存证维权。二是服务企事业单位。近些年来，成都公证处为众多企事业单位和相关机构就知识产权相关的维权工作提供了专业化的服务，服务对象之多、范围之广都堪称典范。三是服务广大群众。随着我国经济的不断发展，知识产权事业的不断推进，我国公民的知识产权意识也逐渐觉醒。相比于企业，个人的力量太过渺小，因此，其维权工作也面临着种种困难，对此，公证处作为专业权威的第三方机构，就成了个人最合理的选择。成都公证处日常为个人的发明创造、文字创作等发明与作品提供知识产权相关的咨询服务与维权保护工作。

成都公证处充分利用自身多年来积累下来的业务优势，主动为当事人提供个性化的公证服务，在充分了解当事人所面临的实际情况和需求的基础上，为当时提供专业化的知识产权公证业务，同时也不忘考虑当事人的个性化需求，为其量身定制具体方案，充分满足了面对不同形势的当事人的多样化的需求。它通过制定知识产权保护整体解决方案，力求取得案件过程中的最佳证据，确保发挥出证据效力的最大化。不断革新的服务理念与服务模式，对知识产权权利人的合法权益以及市场的公平公正起到了重要的作用。

2. 贴近需求，形成全程化服务体系

知识产权公证事项主要包括公证事项主体资格、声明书、委托书、相关申请手续、合同、保管业务等。

成都公证处充分发挥国家知识产权服务的龙头作用，打造知识产权全过程的公证服务。一是提供一站式服务，助力知识产权维权。成都公证处为企业和市民提供从知识产权法律咨询到相关公证服务再到版权登记的一站式服务。以公证参与司法辅助事务为契机，积极介入当事人双方的矛盾纠纷之中，将当事人从法庭上释放出来，同时也进一步释放司法空间与成本，促进社会和谐，让知识产权维权变得更加便利、经济。二是，成都公证处充分利用"互联网+"的模式，拓宽当事人的参与渠道，不仅为当事人提供传统的线下实地服务，还为当事人提供电话咨询、网络服务等线上的服务。办证时，它通过先进的技术手段和相关的专业化的平台进行实时取证，充分满足当事人的需求。此外，对于一些紧急突发情况，成都公证处及时开辟绿色通道，为当事人解决燃眉之急。三是公证业务齐上阵，职能作用充分发挥。成都公证处积极发挥自身作用，主动介入知识产权从创造到保护的全过程，围绕知识产权主体资格办理营业执照公证，为商标转让、授权办理相关申请和登记等手续办理声明书、授权（委托书）公证。

3. 紧跟市场，提升公证技术化水平

针对在服务过程中所产生的有关时效性、地域性的难题，成都公证处不断提升自身的软硬件水平。办理业务所需要的硬件设施如刻录机、打印机、影像采集设备等一应俱全并且不断保持更新换代。它充分利用互联网的作用，与信息技术公司合作，创新科技手段保存证据。在此基础上，成都公证处的公证服务也在不断发展，从最开始的电话录音等保全手段到根据当事人的需求定制个性化的服务模式，越来越能够满足当事人的多样化需求。

6.7　成都市郫都区推进知识产权"三合一"综合服务

6.7.1　成都市郫都区推进知识产权综合服务的背景

目前，世界上大多数国家的知识产权管理体制都是将商标权、专利权和版权进行统一整合的"三合一"管理体制。四川省郫都区在获得双创示范基地之后，积极响应国务院和党中央的有关改革创新的号召，大力进行知识产权"三合一"的探索与实践，力求解决目前存在于我国的知识产权分散管理的难题。这些困难常年贯穿于我国知识产权管理的全过程：从申请到转化再到保护。

对于郫都区来说，知识产权公共服务体系平台的搭建是最首要的任务，这不仅是想要做好改革工作的"第一步"，也是响应国家要求，完成中央期许的关键。

国家出台的《国家知识产权战略纲要》对我国未来的知识产权建设进行了明确的指示，包括规范知识产权的评估，建设国家级的知识产权服务平台，搭建有关知识产权交易的完整平台。在 2021 年最新出台的《中华人民共和国国民经济和社会发展第十四个五年规划和 2035 年远景目标纲要》

中，首次将"每万人口拥有高价值专利"设为参数指标，并且规定到 2025 年，我国要实现每万人口拥有高价值发明专利 12 件。另外，在高技术服务业的培育工作、检验认定的支撑服务工作方面也做出了明确的要求，进一步加强科技成果商业化的辅助支撑力量。我国目前的经济发展方式正在由高速增长向高质量增长转变的关键档口，习近平总书记提出"创新是第一生产力"的口号，在此背景下。一个完善的知识产权全过程的公共服务体制机制就显得尤为重要。一是知识产权通过保护创新和促进科技成果转化可以引领我国经济结构的变革；二是知识产权可以为科技创新成功提供全方位的保护和支撑；三是目前我国的知识产权"三难"问题就是我国知识产权领域的"三座大山"，必须加以解决。

其次，建设完备的知识产权公共服务体系，这是我国经济社会不断发展的客观要求。从历史的角度看，每一次的科技革命都是伴随在重大的政治和金融动荡之后发生的，每一次的科技革命都会催生出大量的新兴产业。目前，世界局势加剧动荡，疫情笼罩、贸易保护、逆全球化等不断抬头，全世界都在寻找一条新路，实现经济的持续增长。此时，科技革新所带来的创新驱动逐渐被各国所发现和重视，这预示着一场全球性的新一轮的科技与产业革命正在到来。我国作为世界上最大的发展中国家和世界第二大经济体，经济在迎来接近 30 年的飞速增长之后逐渐放缓，经济发展方式也正在由粗放式发展转变为创新驱动发展。在此攻坚时期，建立一个由政府主导的，市场主体充分参与的知识产权公共服务体系就显得尤为重要。因此，政府必须加速培育以高新技术为主要特征的新兴产业的发展，这就意味着新兴产业是未来世界各国要集中角逐的重点领域。在未来，无论是产业结构的优化升级还是全局的经济调整，创新都将处于中心的位置，而知识产权作为创新的重要支撑，其重要性不言而喻。

最后，知识产权事业的长远发展需要建立完善的知识产权公共服务体系。这主要体现在两个方面。一是我国自改革开放以来，知识产权的数量逐年呈指数级增长，近几年的知识产权的数量已经位列世界前列，因此，一个完善的知识产权管理体系就显得极为重要；二是虽然我国知识产权数量逐年增长，但是我国知识产权在不同周期、不同主体和不同地区之间的发展极为不平衡，知识产权根据地区之间的经济发展水平而有所显著区别。除此之外，我国在知识产权后期的转化运用方面的能力也非常薄弱，大量专利"沉睡"。针对上述存在的问题，我国迫切需要建立一套具有中国特色的知识产权公共服务体系。

郫县在 2016 年 11 月撤县设区，更名为郫都区。随着经济的快速发展，知识产权综合管理改革已经进入攻坚时期。第一，郫都区的知识产权申请数量和创新资源都居于全国前列；第二，郫都区的专利质量全国领先；第三，郫都区拥有全国其他地区无法比拟的知识产权基础设施的完备程度，设有一系列知识产权法院、国家创新示范区等。郫都区拥有的这些特点决定了其作为全国知识产权改革先锋的历史使命，并且，其目前的科技创新成果已经显示出了对该地区经济的推动作用。在知识产权行政执法方面，郫都区也具有较强的知识产权行政执法能力，无论是理论还是实践，都表现出了极强的基础和能力。

6.7.2　成都市郫都区推进知识产权综合服务的主要做法

1. 进行专利、商标、版权"三合一"行政管理职能整合

郫都区对知识产权的行政管理职能进行整理合并，见表 6.2.

表 6.2　职能整合调整

序号	知识产权行政管理	原负责单位	现负责单位
1	专利	区经济局（区科技和知识产权局）	
2	商标	区市场和质量监督管理局	区知识产权局
3	专利	区文化旅游体育广电新闻出版局	

综合性的知识产权管理体制的建立，不仅有利于提高知识产权的运用转化能力，而且还对于知识产权行政执法环境的改善，以及最终实现从"管理"到"治理"的转变具有积极作用。

2. 进行专利、商标、版权"三合一"行政执法职能整合

职能调整：将知识产权三大客体的行政执法权归于区知识产权局。

服务标准流程调整：制定了执法标准和流程。

服务模式调整：建立多元化解机制，提供知识产权维权援助，与司法执法联动。

构建统一性的执法体系是整合行政执法的关键。而各执法部门的职权

范围的确定与行政执法能力的提高是关键。因此，必须构建以司法保护为主的，辅之以知识产权三大执法机构协同的紧密机制，集中处理知识产权领域的纠纷案件。

3. 构建一个服务部门、平台、执法大队的"三构合一"

郫都区除了建设基本的知识产权公共服务平台，还建立了以互联网为基础的融合多种服务的一站式综合服务平台。此外，在区知识产权局下增设下属单位：成都市郫都区知识产权综合执法大队，为区知识产权局所属副局级行政执法机构；区知识产权服务中心，区知识产权服务中心又内设了三个科室：知识产权服务科、知识产权运行科、校地合作办公室。通过整合各种资源，实现便利集约高效的知识产权一体化公共服务，这是推进知识产权综合服务的关键。

6.7.3　成都市郫都区推进知识产权综合服务的主要成效

1. 提升了管理服务的服务效率

"三合一"的知识产权综合管理模式，改变了以往知识产权多头管理的格局，在提高知识产权行政执法效率的同时降低了知识产权的执法成本，不仅有利于统一知识产权行政管理口径，还可以规范知识产权流程。2021年一季度，全区专利授权767件（其中发明专利48件），同比增长210%；有效发明专利拥有量956件，每万人发明专利拥有量11件；商标申请量1231件，新增注册商标1302件，累计有效注册商标18345件；版权登记454件，累计12481件。知识产权申请数量的增加，足以证明服务有效。

2. 增强了执法服务的保护效果

在横向上，将分散在各部门的行政执法权力统一起来，纵向上联合省市区三级有关部门进行重拳出击，对侵犯知识产权的行为及假冒伪劣的行为进行坚决打击，不留余地。与区法院共同建立"法创e空间"投入使用并完善其功能，并且针对以往的当事人跑断腿、累断气也不一定能办成的知识产权纠纷有关事项，借助互联网打造一网通办，进一步推行"放管服"基础上统一的知识产权行政管理体系。这样做的好处是不仅降低了当事人的时间成本，还降低了经济成本，让当事双方足不出户就能办事。目前，已调解、查处各类知识产权侵权案件、纠纷案件100余件，不仅肃清了市场环境和社会风气，也让企业和个人更加尊重知识和创新。

3. 完善了公共服务的公共产品供给

知识产权服务的能力，为创新生产提供便捷有效的服务，明显得到提升。经区委、区政府审批同意，郫都区成立了知识产权服务中心。

该服务中心占地面积达 500 余平方米，有效解决了周边高校、科研院所、企业中需要办理相关业务的人员的需求。并且，服务中心增设"箐蓉券"奖励制度，鼓励大家进行创新。除此之外，郫都区还对知识产权培育的全过程进行相应的补贴，进一步降低企业进行知识产权培育的成本。

6.7.4 以"三合一"行政管理整合推动综合服务分析

1. 以"三合一"行政管理整合推动综合服务的作用分析

（1）对专利、商标、版权行政管理职能的统一作用。行政管理的重要目标是对效率的改进和提升，并运用国家公权力处理社会事务和置身内部事务的一种专门的管理活动。有多种方式可以帮助达到目的，如计划、组织、协调等。这些手段或者措施之间并不是完全不相关的，而是一个有机的系统。知识产权的行政管理方式是知识产权领域的重中之重，促进知识产权的发展也是政府机构的职责所在。行政职能是对政府各部门要管什么、能管什么、管到哪里的一种界定。

可以看出，郫都区知识产权局只是具有知识产权中专利部分管理职能的一个部门，并不是我们所设想的真正意义上的"知识产权局"。知识产权部级联席会议制度的建立，并没有多大程度上推动我国的知识产权国家战略的进程，整个知识产权制度依旧是缺乏整合力、执行力，以及一直以来的高成本。知识产权分散管理的弊端已经充分显现，其在各方面对我国知识产权事业的发展都起到了阻碍作用。因此，只有建立统一的知识产权行政管理体制，将三大权利交由知识产权局统筹管理，才能够解决我国目前所面临的知识产权培育过程中的各种难题。

（2）对专利、商标、版权行政管理职责的规范作用。管理制度是实行管理行为的依据，是对一定的管理机制、原则和方法的规范。一个好的管理制度可以提高管理的效率、降低成本，更好地达到目标。行政职责是行政主体在行使权力的过程中必须承担的法定义务。在整合之前，知识产权的各部门就像是碎片一样分散在各部门，每个"碎片"都有自己的制度管理规范。然而，知识产权在实行整合之后，不同的知识产权部分统一整合进了国家知识产权局的管理范围，国家知识产权局通过在其下设计各科室分别对知识产权创造的全过程进行监督、管理和保护，进一步理顺了工作机制，使职责更加清晰明确，有效地提高了知识产权行政管理效率，使管理服务更加高效地开展。

（3）对专利、商标、版权行政管理服务的提升作用。由于之前多头管理的弊端，专利、商标的申请、注册、维权等都存在着大量的困难，严重困扰着个人和企业。流程，是指为了实现目标而进行的一系列逻辑相关的过程的集合。在我国的知识产权整合管理之前，如果某个人或者企业想要一起注册专利、商标和版权，那么就要分别跑三个部门，且不同部门的要求还不一致，需要分别准备所需材料，很有可能造成重复准备材料，重复申请等行为。这样不仅严重阻碍了企业和个人的办事效率，同时也大大增加了办事成本。所以，成都市郫都区为了改变这种现状，将专利、商标和版权进行了有机整合，编制事项服务清单和服务流程，大幅提高了个人和企业的办事效率，降低了成本。

2. "三合一"行政管理整合推动综合服务的原因分析

（1）解决管理职能割裂分散，有利于服务效能性。行政职能是依法对国家社会生活各个领域进行管理所具有的职责和作用。行使行政职能的目的是实现国家行政机关的价值观念和协调有关部门的利益关系，主要涉及部门管什么、管到什么程度、发挥什么作用的问题。行政职能是对国家意志的执行，是将国家意志付诸实践的一种现实性的活动

目前，郫都区处于经济的高速发展阶段，同时又是国家"双创"示范地区，众多的企业和机构对其寄予厚望。有时候，一个主体所拥有的知识产权具有多种不同客体的属性，当出现问题时，往往需要跑多个部门才能满足自身诉求。同时，由于各个部门之间没有统一的管辖部门，每个部门都是自己制定自己的管理规章和规范，极其容易造成互相推诿的现象发生，造成效率上的进一步损害。这对内对外都不利于整个知识产权事业的良好发展。

所以，"三合一"的管理模式，是解决我国知识产权所面临的问题的最好的方法。

（2）解决管理内容不统一，有利于服务集成性。在知识产权多头管理的模式下，由于各部门都有自己的管理规章和规范，很多内容和规定并不

一致，很容易造成"踢皮球"的现象发生，又或者是出现多重管理和重复管理的现象。特别是知识产权是一个流程性的东西，其过程性更加明显和重要。建立一个统一、高效的知识产权行政管理机构，对知识产权全过程的有效管理，提高申请人的效率，降低机构与个人的成本具有重大意义。特别是目前郫都区处于创新发展的重要时期，构建一个全方位面面俱到的知识产权行政管理体系，不仅对于目前的郫都区的经济发展具有重要意义，而且也是为我国未来其他地区提供参考借鉴的一次重要机会。

（3）解决服务流程烦琐，有利于服务便捷性。在分散管理的情况下，申请注册登记服务分别需要去往三个不同的地点。

实行统一管理以后，专利申请和版权的登记工作都可以在郫都区知识产权服务中心完成办理。机构还会为办理人员提供一份明确的所需事项清单，包括所需材料，在办理过程中的详细的指导等。这样，不仅提高了整个机构的办事效率，降低了办事成本，还给办事人员带来了极大的便利，使得企业加速进行知识产权培育工作。

3. 以"三合一"行政管理整合推动综合服务的主要经验

郫都区对原本分散在各部门中的专利、商标和著作权等进行了整合。整合的原因主要有两点：一是之前的分散管理模式各自为政，缺乏沟通和协调，行政效率低下，成本高；二是职能交叉，由于都是各自设计各自的组织体系和职能架构，所以经常会造成职能交叉的现象，浪费大量行政资源和财政资源，还会使当事人"多跑一公里""多花一分钱"。权力整合大大解决了之前的分散管理所产生的弊端，为更高效的服务体系和构建良好知识产权环境提供了可能性。

第7章 知识产权服务提升专利质量的政策取向

7.1 专利质量视域下知识产权服务的政策供给

7.1.1 调整专利资助政策

从现阶段来看，我国专利数量的井喷式增长带来了许多问题专利，造成了大量资源的浪费和不合理的配置。同时，一般性专利过去抢占了核心专利的产生和发展。因此，政府应该发挥导向作用，优化资源配置机构，进一步推动专利质量的快速提升。

调整专利资助政策。由国家专利局统一制定资助政策，充分发挥我国政体优势，自上而下渐进式调整和改革。一是调整一般性专利资助。以前的专利资助主要发生在专利过程中的前端，注重申请资助，而申请阶段并不能显示出一个专利的质量高低，政府的资助应该向专利下游阶段倾斜，注重专利质量。同时，政府应该调整专利资助的结构，重点资助发明专利，减少对外观和实用新型专利的资助。二是设立专利产业化专项资金。此专项资金专门用来支持一些符合国家战略导向的、经济效益高、科技含量高、具有良好未来发展潜力的公司和企业。三是设立专利专项保护资金。专利的保护和维权是专利的生命线。在做好国内专利保护和维权的基础上，应该为一批具有国际市场竞争力的企业提供专利保护服务，充分发挥其国际贸易中的专利优势，积极开拓海外市场，不断加强国际竞争力。四是注重人才的建设。专利事务既具有公共管理的属性，又具有法学的底蕴，是一种具有混合属性的知识体。因此，专利事务的良性发展需要一批高端人才的加持，人是发展一切的源头，人才更是核心动力。因此，政府应该两手抓，在国内高校大力进行知识产权相关专业的建设，培育具有知识产权相关知识背景的高端人才；同时，大力引入海外人才、国际人才，形成一批具有复合型、专业型、高端型的知识产权人才队伍，助力我国知识产权事业更上一层楼。五是设立政府专利奖。将政府专利奖作为一种激励机制，以奖带创，用奖励及荣誉的办法逐渐将企业的创新从低端引向高端，进而在社会中形成一种高质量创新的风气，形成一种摒弃低质量创新的意识，不断引领我国专利从数量走向质量。

大量研究表明，一项工作的进程成功与否，往往和领导班子的态度紧密相关。因此，将我国专利工作的建设纳入各级省市区县领导班子的考核指标当中，不断提升领导班子对其的重视程度，对我国专利工作的顺利进展具有重要意义。

7.1.2 规范专利代理行为

专利申请环节是保障专利质量的关键环节。目前，我国大部分个人和一部分企业的专利申请都主要由专利代理机构完成，即第三方机构。但是，这些专利代理机构由于是私人机构，缺乏相应的管制，往往出现责任心不强、能力不足、态度消极怠慢等问题，导致专利撰写水平低下，大量垃圾专利频出。因此，政府应积极发挥自身调控功能，主动规范专利代理市场，将一些不合格的代理机构取消其营业资格或者对其进行处罚，对一些优秀的代理机构颁发荣誉和奖励，起到双向引导作用。同时，专利代理机构也应该主动完善内部管理机制，不断提升自身的专利代理水平，争取做到行业上游、前端。

（1）进一步完善专利代理制度。一是提高专利代理机构的准入门槛，通过完善专利代理条例，进一步规范专利代理机构的准入条件，肃清专利代理行业不良的市场风气。二是将专利代理师的培训日常化纳入政策，提高其业务水平和职业态度。三是加大对违规代理机构或者是代理人的惩罚力度，从反向激励其提高自身业务素养。

（2）强化专利代理机构内部管理。一是建立专利代理机构内部的管理制度，专利代理机构自身也需要不断强化管理制度，包括建立自身的规章制度、工作规程和管理工作制度等。二是建立自我监督的机制。政府的监督虽然是一个重要方面，但是无法做到时时监督。因此，行业内部也需要建立起一个自我监督和互相监督的机制，对于违法违规的机构，坚决举报，做到零容忍。三是建立专利代理机构质量的控制机制，质量是专利的生命源泉，专利代理机构作为影响专利质量的重要主体，自身应该建立起一种质量的控制机制，不断强化自身的质量管理，争取做到不生产低质量专利、垃圾专利。

（3）加大对专利代理人才队伍的培养。一是人才是行业发展的生命，政府应该通过政策导向的举措在高校、社会机构和相关组织中吸引有关人才投入专利代理的行业中来。二是加大专利代理师的培训力度，无论是新人还是老人，做到培训日常化。三是定期组织专利代理师执业能力的培训，特别是专利侵权、知识产权法律诉讼等专业培训，不断提升代理人才的综合能力。

7.1.3　强化监督与查处

惩罚向来是双向激励制度的重要一端。针对我国目前存在的专利数量扎堆、专利质量低下，部分单位和个人玩忽职守的现实问题，政府执法部门应该重拳出击，加大惩罚力度，促使专利质量的提升。

（1）加强对非正常申请、视放视撤等违规行为的查处。一是进一步加强专利审查，及时将不合格专利关在门外。对已经发现的在专利审查环节存在违规违法操作的企业，坚决予以惩罚。情节严重的，吊销其运营资格；对于已经发现的在专利审查环节违规操作的个人，将其纳入诚信黑名单，情节严重的，吊销其职业资格证书。二是加大市场清扫力度，将一些处于专利代理产业灰色地带的机构清理出局。三是建立专利申请信用黑名单，对于无信用上榜人员每年向全社会公布，将其交由市场裁决。

（2）严肃查处套取专利资助和激励资金。由中央主管部门牵头，形成省、市、区多级联动的专项资金检察监督体系。对于挪用公款、贪污补助的企业或个人，坚决予以处罚。情节轻微者，纳入诚信"黑名单"；情节严重者，直接移送司法机关，依法追究其法律责任。

（3）建立专利质量监测和反馈机制。由国家专利主管部门牵头，充分利用网络化和信息化的优势，建立专利质量全国性的数据库，对于有问题的单位或个人，定期向社会公众通报，建立专利质量信用体系，打通专利质量提升的"最后一公里"。

7.1.4 加强审查质量

近几年，我国专利申请数量高速增长，虽然在七个省市（分别为北京、天津、河南、湖北、江苏、广东、四川）设立了专利审查协作中心，但申请数量的猛增与专利审查员数量较少之间的矛盾仍然存在。同时，由于受供求矛盾的影响，一些刚上任的专利审查员业务能力有待提高。这个问题也导致我国专利质量的提升受到进一步阻碍。政府部门应该高度关注，扩大人才的输送力度和培养力度，尽快完善专利审查环节的人员能力建设，为我国不断提高专利质量打好基础。

（1）完善审查制度。一是修订《专利审查指南》，通过政策手段增加对实用新型专利、外观设计专利和发明专利的准入门槛，加大审查内容和力度，避免低质量专利的产生。二是建立专利质量审查保障机制，对于一定时期内审查通过的专利，可以进行抽检，收回不合格专利的审查授权，同时对相关责任人进行处罚。

（2）推进审查业务国际化。一是不断学习和借鉴西方发达国家的审查经验，如日本、美国等，并在此基础上，结合我国实际，制定并发展出一套符合我国国情的专利审查制度。二是深化知识产权审查领域的国际合作，加强审查业务的交流沟通，借鉴先进经验和管理理念。不断促进我国审查业务与国际化接轨。

（3）提升审查业务综合能力。一是通过多种渠道招聘和引进高端的专利审查人才，不断扩充专利审查人才队伍，解决我国目前专利审查员不足和专利数量激增之间的矛盾。二是加大对审查员的培训力度。进入不是终点，恰恰是新的起点。对于已经进入专利审查领域的人员，要经常性地开展多层次、多纬度的培训，积极开展社会实践，使专利审查员及时了解到一线的专业技术知识，了解本行业的前沿，使其快速成长为本领域的专家。三是一方面组织专利审查员与国外、国际上的先进国家和机构进行交流，及时了解国际前沿知识，提升其自身的业务水平；另一方面是通过组织专利审查员开展多层次培训及活动，促使审查员各种检索系统使用水平的快速提升。

7.2　知识产权服务政策与专利质量提升的目标差距

7.2.1　国家自主创新水平提升的战略需求

"十三五"以来，我国政府充分认识到创新的重要性，将建设创新型国家上升为国家发展战略，并且不断加大对科技自主创新的支持力度。尽管如此，我国企业的自主创新意识依旧淡薄，创新水平依旧不高，尤其与一些西方发达国家相比，我国虽然经济体量巨大，生产力雄厚，但是缺少品牌的优势，常常处于生产链的底端，赚一些"辛苦钱"，所以加大政府科技研发投入、提升企业自主创新能力迫在眉睫。

综合来看，加大科技研发投入对增强自主创新水平意义重大。政府一方面要不断完善专项资金的激励导向作用，不断引导企业、院校和科研院所加大创新资金投入力度，不断提高专项资金的使用效益；另一方面，还要大力引入市场化的改革，让科技研发投入与市场紧密对接，利用市场机制配置科研资源，确保科技研发投入的有效性。

（1）加大政府科技研发投入。根据《2020年全国科技经费投入统计公报》显示，我国研究与试验发展的经费投入强度仅为2.4%，并且仅有个别省份超过了这个水平。我国财政对科技研发的投入比例始终较低，特别是对市场主体的投入比例更低，在一定程度上制约我国企业的创新发展。因此，针对这种现状，政府一是要确保财政"开源"，大力增加对科技研发投入的比重，确保财政科技研发的投入保持常年增长态势。二是要"抓重点"，财政投入不能盲目，要把钱"花到刀刃上"，着力支持重点产业和新兴产业，最主要的还是要提高对企业的自主创新的投入比重。三是要提高对民营企业和科技型中小企业的支持力度。

（2）营造自主创新良好环境。一是各级政府应该通过政策构建企业自主创新生态的良好环境，通过一系列资助、减税、激励等手段创建政策生态环境。二是注重企业的科技成果转化，出台金融政策，通过政府资金引导社会资金源源不断地流入新兴产业和高科技企业，同时，为企业的科技成果转化提供政策支持。三是在企业和大学之间创建技术转移渠道，将大学里大量闲置的专利盘活，同时也可以使企业获得新技术的加持。四是要加大知识产权和创新成果的保护力度，营造自主创新的良好氛围。

（3）引导企事业单位加大研发投入。一是加大宣传力度，政府应该充分利用线下与线上相结合的方式充分宣传自主创新，宣传创新政策，不断提高企事业单位及整个社会的创新意识和氛围。二是政府在增加财政投入的同时，也可以通过项目的方式对企业进行扶持，让企业成为创新主体的同时还可以解决其科技成果转化的难题。三是政府可以设立一份"减税领域清单"，对于在研发清单中的领域的企业，直接实行减税和免税的政策优待，积极引导各类企业向着清单中的领域不断投入人力、物力和财力，激发企业的自主创新的积极性，同时，还要设立专项资金，对企业与大专院校、科研单位协同创新并实现成果的项目进行支持。

7.2.2 企业创新能力提升的市场需求

导致我国专利质量较低的原因有很多种，就企业层面来讲，企业的自主创新意识薄弱，使企业研发投入不足以占据主要地位。同时，我国企业品牌意识较弱，没有打造世界一流品牌的意识，总是进行简单的加工和制造，产品附加值极低，导致我国企业市场竞争力低下，国际竞争力不足，所以从根源上提升企业的自主创新水平对提升我国专利质量来说至关重要。

（1）提升企业自主创新的意识。意识是行为的先导，自主创新是一项复杂且系统的工程，企业作为我国自主创新的重要主体，其自身的自主创新意识对于我国的自主创新水平的提高起到决定性的作用。一是企业不能故步自封，要勇敢地突破传统观念的束缚，不断推陈出新，追求创新、追求发展；二是大力发挥企业中的人才作用，自主创新说到底是人才做出来的，只有充分发挥好人才的决定性作用，才能提高企业的自主创新水平；三是，要想提高企业的自主创新意识不仅需要企业自身的变革也需要政府和其他市场主体的助力。

（2）建立健全企业自主创新的制度。一是要创建自主创新的管理工作体系。体系和机制的建设虽然不是自主创新的核心和关键，但是也会对自主创新的成功与否起到关键的支持作用。企业应该不断变革自身的管理模式和管理制度，要建立一种有利于全部门创新的体制机制，激发自身的创新活力；二是要健全自身自主创新的激励机制。不仅政府要针对企业建立激励机制，企业自身也应该建立内部激励机制。具体来说，对获得发明专利奖和有创新技术成果的科研人员及做出突出贡献的经营管理人员，给予重奖，极大地激发全企业的创新动力；三是建立一支拥有自主创新意识和能力的人才队伍。人才是创新竞赛中的核心，只有建立起一支具有高水平的、高知识层次的、高素质的人才队伍才有资格在创新竞赛中获得一席之地。

（3）建立健全企业的技术创新体系。一是在企业内部建立自主创新生态圈。企业应该建立自己的科技研发部门，并且直接归总经理或董事长管理，将企业中的研发人才集中于此，加大经费的扶持力度，围绕企业目前的重大需求和国家发展的重大需要，大力开展研发活动。二是要在企业中设立专门的知识产权部门，招聘专门人才负责，为企业的科技研发成果制定并实施知识产权策略，保护企业的科技研发成果，帮助企业加快促进其产业化，形成高度的竞争力。三是企业要积极与大学、科研院所合作，充分发挥各自的优势，整合各自的优势资源。大学和科研院所应发挥其人才优势，企业提供资金，共同参与到知识产权的培育和发展过程中来，加快技术的创造和发展，加快企业的产业布局。

7.2.3　知识产权服务能力提升的人才需求

人才的重要性在自主创新的竞争中不言而喻。换句话说，谁能争取到更多、更高端的人才谁就能取得最后的胜利。现阶段，对于人才的培养，要注重对具有多元化背景、多方面水平的高级复合型人才的培养。同时，也要注重基础型人才的培养和高校对知识产权人才培养的能力。同时，完善人才准入制度，通过合理书面考试和现场复试的办法加大人才招聘力度。对于进入行业的人员来说，增加对人员的培训力度，以培训为重点，注重执业培训，建立多层次的培训模式，以满足不同市场和不同层次知识产权业务的需求。

7.3 我国知识产权服务可能的政策空间

7.3.1 改进知识产权服务人才培养手段

以目前成熟的人才队伍为基础，应充分利用已有的知识基础和专业优势，开发新的服务领域，培养综合性的专利人才队伍，使之为企业提供更加全面的专业化服务。地方的知识产权局可以通过政策导向，吸引更多的人才流入专利代理领域。在区域发展方面，应大力支持地方培养基地的发展，为缩小区域间人才的差异提供智力支持。

7.3.2 探索中介机构人才培养新模式

一是中介机构一方面要不断从相关专业的应届毕业生中或社会化招聘中招聘合适的、具有高水平的人才，有计划地进行人才的储备工作；另一方面，对于自己的内部人员，要加大各方面的专业化的培训力度，鼓励企业内优秀人才开办专业知识培训课程，使其为新人员进行培训的同时不断提升自身的专业素养，进而提升企业内人员整体素质。

二是中介机构可以开办各种专业知识培训班，开展专业知识理论和实务培训，培训可以与国内开展专利代理业务的大公司合作，形成人才培养输送的一条龙；同时，还要推动国际交流与合作，鼓励国外机构进入我国，开展不同文化背景下的专业融合，让更多的专业人士可以更好地了解国际上通行的工作流程和行业规范。

三是加大代理机构人员的在职培训，建立"国家知识产权局+全国专利代理师协会+省市知识产权管理机关+社会团体+代理机构+企业"的全链条的培训机制。特别是地方知识产权局要充分利用好本省的知识产权工作基础较好的企业，定期选派代理人到企业中实习走访，提升专业知识。

四是加强对中介机构的专业培训，与高校相结合，充分利用高校的相关领域的研究成果，并结合已有实际，组织专家编写教材等方式，同时建好、用好科技成果与专利数据库资源。

五是重视专利信息检索工作的重要性，培养出一大批专门从事信息检索业务的高质量人才队伍，不断提高专利信息检索人员的专业业务能力。

具体的教学方式可以采取一人一机的方式，从基础的选择数据库入手，逐步深入，最后结合实际操作掌握专利检索技巧，以期为企业的战略发展提出具有针对性的建议。

7.3.3　改革知识产权服务人才评价体系

一是国家知识产权局和人力资源等有关部门，及时根据我国实际需求建立和完善具有我国特色的知识产权服务业人才资格制度。建议将信息咨询行业纳入相应的评价机制，通过设立信息咨询考试等形式，提高咨询师的整体质量。

二是建立职业资格证、资格审查和注册登记制度，建立和完善知识产权服务职业人员准入制度，适时开展知识产权领军人才和优秀人才的评选认定工作，发挥充分的激励作用。评选结果要在全社会推动，特别是一些具有权威性的大型企业能够认可，用多种奖惩机制与其挂钩，增强社会认同感。

三是加强行业协会建设，充分发挥行业协会的桥梁和纽带的作用，将协会中的企业的优势资源进行整合利用，集中协会中的优秀人才。同时，充分发挥行业协会的资源集聚功能优势，开展不同层次的人才交流学习活动，建立开放统一的人员信息查询系统，最大限度地发挥行业协会的统筹功能。

四是加强对知识产权服务业人才成长的扶持，地方政府充分利用当地高校和社会组织的组织和培训作用，在高校内设立有关知识产权专业的学院，大力招收和培育具有知识产权背景的教师，为社会输送知识产权人才奠定基础。同时，也要利用好社会机构的作用，开展知识产权培训课程，允许审查岗位的审查员到这些机构担任导师，引导企业在开展融资时通过知识产权质押、专利保险等方式，利用优质知识产权提高企业信誉度。

五是建立专家人才库建设。目前国家知识产权局已经对一些知识产权领域内的领军人才进行了公开，但是信息尚不健全；除此之外，应该建立一种动态的实时更新的系统机制，不能让一些人"一劳永逸"，让一些不思进取、有信用污点或者已经退出此领域的专家退出人才信息库，而近期行业内活跃的新生力量能够及时被选入人才库。

附 录

附录 1 政策文本汇总

注：政策文本按与研究主题相关性高低移序排序

序号	政策名称	发布机构	发布时间
1	《专利代理条例》	国务院	2018 年 11 月
2	《专利代理管理办法》	国家知识产权局	2019 年 5 月
3	《国家知识产权战略纲要（2008—2020）》	国务院	2008 年 6 月
4	《专利代理惩戒规则（试行）》	国家知识产权局	2002 年 12 月
5	《专利代理暂行规定》	国务院	1985 年 9 月
6	《首都知识产权服务业发展规划》	北京市知识产权局	2017 年 12 月
7	《上海市专利管理专业工程技术人员职称评价办法》	上海市人力资源和社会保障局、上海市知识产权局	2014 年 8 月
8	《广东创建知识产权服务业发展示范省规划（2013—2020）》	广东省知识产权局	2014 年 4 月
9	《国务院关于新形势下加快知识产权强国建设的若干意见》	国务院	2015 年 12 月
10	《进一步提升专利申请质量的若干意见》	国家知识产权局	2013 年 12 月
11	《中华人民共和国国民经济和社会发展第十四个五年规划和 2035 年远景目标纲要》	国务院	2021 年 3 月
12	《2012 年世界知识产权指标》报告	世界知识产权组织	2013 年 12 月

序号	政策名称	发布机构	发布时间
13	《2017 年世界知识产权指标》报告	世界知识产权组织	2018 年 12 月
14	《2020 年世界知识产权指标》报告	世界知识产权组织	2021 年 12 月
15	《"十三五"国家知识产权保护和运用规划》	国务院	2017 年 1 月
16	《专利质量提升工程实施方案》	国务院	2016 年 12 月
17	《关于强化知识产权保护的意见》	中共中央、国务院办公厅	2019 年 11 月
18	《关于知识产权服务标准体系建设的指导意见》	国家知识产权局等	2014 年 12 月
19	《深入实施国家知识产权战略行动计划（2014—2020 年）》	国务院	2015 年 1 月
20	《关于做好 2020 年知识产权运营服务体系建设工作的通知》	财政部办公厅、国家知识产权局	2020 年 5 月
21	《中共中央关于制定国民经济和社会发展第十一个五年规划的建议》	中华人民共和国农业农村部	2005 年 10 月
22	《关于进一步加强高等学校知识产权工作的若干意见》	教育部、国家知识产权局	2004 年 12 月
23	《知识产权协议》	世界贸易组织	1996 年 1 月
24	《与贸易有关的知识产权协定》	世界贸易组织	1996 年 1 月
25	《国民经济行业分类》（GB/T4754-2011）	国家统计局、国家市场监督管理总局、国家标准化管理委员会	2019 年 3 月
26	《中共中央关于全面深化改革若干重大问题的决定》	中共中央、国务院	2013 年 11 月
27	《中共中央关于坚持和完善中国特色社会主义制度、推进国家治理体系和治理能力现代化若干重大问题的决定》	中共中央、国务院	2019 年 11 月
28	《中共中央国务院关于统一规划体系更好发挥国家发展规划战略导向作用的意见》	国务院	2018 年 9 月
29	《中日韩自由贸易协定》	中国、日本、韩国自由贸易谈判	2012 年 11 月

序号	政策名称	发布机构	发布时间
30	《知识产权人才"十二五"规划（2011—2015年）》	国家知识产权局	2010 年 11 月
31	《知识产权人才"十三五"规划（2016—2020年）》	国家知识产权局	2017 年 2 月
32	《2021 年全省知识产权人才工作要点》	江苏省知识产权局	2021 年 2 月
33	《关于知识产权服务标准体系建设的指导意见》	国家知识产权局等	2014 年 12 月
34	《推动知识产权高质量发展年度工作指引（2020）》	国家知识产权局	2020 年 4 月
35	《关于进一步加强知识产权质押融资工作的通知》	中国银保监会、国家知识产权局、国家版权局	2019 年 8 月
36	《中国知识产权公共服务发展报告（2019）》	国家知识产权局	2020 年 4 月
37	《中国知识产权公共服务发展报告（2020）》	国家知识产权局	2021 年 4 月
38	《关于深化知识产权领域"放管服"改革营造良好营商环境的实施意见》	国家知识产权局	2020 年 1 月
39	《国家知识产权信息公共服务网点备案实施办法》	国家知识产权局	2020 年 11 月
40	《知识产权信息公共服务工作指引》	国家知识产权局	2020 年 11 月
41	《关于新形势下加快建设知识产权信息公共服务体系的若干意见》	国家知识产权局	2019 年 8 月
42	《关于加快培育和发展知识产权服务业的指导意见》	国家知识产权局、国家发展和改革委员会、科学技术部等	2012 年 11 月
43	《国务院办公厅关于加快发展高技术服务业的指导意见》	国务院	2011 年 12 月
44	《专利代理行业发展"十三五"规划》	国家知识产权局	2017 年 2 月
45	《关于推进中央企业知识产权工作高质量发展的指导意见》	国资委、国家知识产权局	2020 年 2 月
46	《商标侵权判断标准》	国家知识产权局	2020 年 6 月
47	《国家知识产权事业发展"十二五"规划》	国家知识产权局	2011 年 10 月

序号	政策名称	发布机构	发布时间
48	《国务院关于加快科技服务业发展的若干意见》	国务院	2014 年 10 月
49	《科技部关于印发"十三五"现代服务业科技创新专项规划的通知》	科技部	2017 年 5 月
50	《国家科技成果转化引导基金创业投资子基金变更事项管理暂行办法》	科技部、财政部	2021 年 2 月
51	《国家创新驱动发展战略纲要》	国务院	2019 年 12 月
52	《国家中长期科学和技术发展规划纲要（2006—2020 年）》	国务院	2006 年 2 月
53	《"十三五"国家科技创新规划》	科技部	2017 年 6 月
54	《知识产权综合管理改革试点总体方案》	国务院	2017 年 1 月
55	《国家知识产权局商标局关于领取"商标数字证书"的通知》	商标局	2018 年 3 月
56	《国家知识产权局关于知识产权服务民营企业创新发展若干措施的通知》	国家知识产权局	2018 年 12 月
57	《产业技术创新能力发展规划（2016—2020 年）》	工业和信息化部	2016 年 10 月
58	《"十三五"国家战略性新兴产业发展规划》	国务院	2016 年 11 月
59	《关于深化体制机制改革加快实施创新驱动发展战略的若干意见》	中共中央、国务院	2015 年 3 月
60	《长沙大河西先导区建设总体方案》	长沙市人民政府	2008 年 4 月
61	《地方各级人民政府机构设置和编制管理条例》	国务院	2007 年 2 月
62	《上海知识产权战略纲要（2011—2020 年）》	上海市知识产权局	2012 年 7 月
63	《中国（上海）自由贸易试验区总体方案》	国务院	2013 年 9 月
64	《进一步深化中国（上海）自由贸易试验区改革开放方案》	国务院	2015 年 4 月
65	《中国（上海）自由贸易试验区管理办法》	上海市人民政府	2013 年 9 月
66	《中国（上海）自由贸易试验区条例》	上海市人民政府	2014 年 7 月
67	《关于加强知识产权运用和保护支撑科技创新中心建设的实施意见》	上海市人民政府	2016 年 2 月

序号	政策名称	发布机构	发布时间
68	《关于进一步支持外资研发中心参与上海具有全球影响力的科技创新中心建设的若干意见》	上海市人民政府	2017 年 10 月
69	《上海市国民经济和社会发展第十三个五年规划纲要》	上海市人民政府	2016 年 1 月
70	《上海市国民经济和社会发展第十四个五年规划和二○三五年远景目标纲要》	上海市人民政府	2021 年 1 月
71	《世界博览会标志保护条例》	国务院	2014 年 10 月
72	《2010 年上海世博会知识产权保护纲要》	上海市知识产权局	2007 年 1 月
73	《国务院关于同意在中新广州知识城开展知识产权运用和保护综合改革试验的批复》	国务院	2016 年 7 月
74	《广州市黄埔区广州开发区广州高新区进一步加强知识产权运用和保护促进办法》	广州市黄埔区人民政府	2020 年 4 月
75	《广州市知识产权工作专项资金管理办法》	广州市知识产权局	2020 年 11 月
76	《广州市专利工作专项资金管理办法》	广州市知识产权局	2019 年 5 月
77	《江苏省知识产权专项资金管理办法》	江苏省知识产权局、省财政厅	2020 年 7 月
78	《企业知识产权管理规范》	国家知识产权局、科学技术部	2015 年 7 月
79	《关于确定首批省专利保险试点县（市、区）的通知》	浙江省知识产权局	2014 年 6 月
80	《浙江省专利权质押贷款管理办法》	浙江省政府	2009 年 2 月
81	《关于开展专利保险试点工作的指导意见》	浙江省科技厅	2013 年 1 月
82	《全面强化知识产权保护行动计划（2020—2021 年）》	中共浙江省委、浙江省人民政府	2021 年 2 月
83	《浙江省省级科技型中小企业扶持和科技发展专项资金管理办法》	浙江省财政厅、浙江省科学技术厅	2014 年 9 月
84	《关于进一步加快推动专利权质押融资工作发展的若干意见》	浙江省科学技术厅、浙江省财政厅、浙江省知识产权局等	2015 年 2 月

附录2　专利代理师胜任特征模型调查问卷

尊敬的女士/先生：

您好！

本问卷旨在分析专利代理师等知识产权人才应该具备的能力素质，以及这些能力素质对专利申请的影响程度。问卷采用无记名方式，请您如实客观填写。诚挚感谢您的支持与合作！

您的基本情况（此部分必答，请在相应选项上打"√"）

1. 性别：A. 男（　　　）　　　　　B. 女（　　　）

2. 年龄：A. 25岁以下（　　　）　　B. 25~30岁（　　　）

　　　　　C. 31~35岁（　　　）　　D. 36~40岁（　　　）

　　　　　E. 41~45岁（　　　）　　F. 46岁以上（　　　）

3. 学历：A. 专科（　　　）　　　　B. 本科（　　　）

　　　　　C. 硕士（　　　）　　　　D. 博士（　　　）　　E. 其他（　　　）

4. 职业：A. 专利代理师（　　　）B. 发明人/技术人员（　　　）

　　　　　C. 专利审查员（　　　）

　　　　　D. 与技术相关的其他工作人员（　　　）

5. 职称：A. 初级（　　　）　　　　B. 中级（　　　）

　　　　　C. 高级（　　　）　　　　D 其他（　　　）

第一部分　胜任特征要素构成

	注意：请您依据这些因素对于胜任专利代理师这一角色的重要程度予以打分：1表示"不重要"；2表示"较不重要"；3表示"一般"；4表示"较重要"；5表示"非常重要"（在你认可的选项上打"√"）。	极不重要	较不重要	一般	比较重要	非常重要
1	具备理工类学科的知识结构和专业技术知识	1	2	3	4	5
2	具有广泛、扎实的法律知识	1	2	3	4	5
3	掌握一定的工商管理知识，能够运用管理知识进行组织和沟通	1	2	3	4	5

注意：请您依据这些因素对于胜任专利代理师这一角色的重要程度予以打分：1表示"不重要"；2表示"较不重要"；3表示"一般"；4表示"较重要"；5表示"非常重要"（在你认可的选项上打"√"）。	极不重要	较不重要	一般	比较重要	非常重要
4 掌握一定的技术经济、产业经济相关知识	1	2	3	4	5
5 熟悉专利法、知识产权相关法律及其实施细则	1	2	3	4	5
6 熟练使用信息搜集工具检索有关资料	1	2	3	4	5
7 能够清楚、流利、有条理地用中文口头表达自己的观点	1	2	3	4	5
8 能熟练使用计算机和网络以及熟练应用文字、图片等编辑软件	1	2	3	4	5
9 能运用精辟、准确、严谨、规范和统一的文字描述委托人创造意图，撰写专利申请文件	1	2	3	4	5
10 掌握与知识产权相关、与发明创造相关的专业外语知识	1	2	3	4	5
11 能够准确、清晰地使用外语与当事方进行交流	1	2	3	4	5
12 能够使用外语撰写知识产权相关的法律文件和专利申请文件	1	2	3	4	5
13 能够准确阅读、翻译外文知识产权类文章和外文专利文本	1	2	3	4	5
14 积极主动通过多种途径系统学习各种知识和技能，并能够将新掌握的知识技能运用到工作上	1	2	3	4	5
15 为申请人提供诚恳、周到、细致地专利代理服务	1	2	3	4	5
16 能够按照计划实施工作方案，并且在接到申请案件之后，能够将想法变成行动，具有较强的行动力	1	2	3	4	5
17 语言表达能力强，善于利用资料、数据与委托人和审查人员进行沟通，使他们能够理解并接受自己所提出的意见	1	2	3	4	5
18 善于聆听委托人、审查人员等需求与意见，并能够保持良好的沟通协调效果	1	2	3	4	5
19 能够在短时间内了解委托人对专利申请的需求或观点，并理解其言外之意	1	2	3	4	5
20 为委托人提供对技术、法律方面战略上的启发式意见	1	2	3	4	5
21 处理危机事件时，能够保持冷静，有效地解决突发问题	1	2	3	4	5
22 面对大量专利申请案件，善于使用情绪管理技巧缓解情绪和压力，具备一定的抗压能力	1	2	3	4	5

	注意：请您依据这些因素对于胜任专利代理师这一角色的重要程度予以打分：1 表示"不重要"；2 表示"较不重要"；3 表示"一般"；4 表示"较重要"；5 表示"非常重要"（在你认可的选项上打"√"）。	极不重要	较不重要	一般	比较重要	非常重要
23	相信自己对专利代理服务的专业判断和能力，并能够付出行动加以证明	1	2	3	4	5
24	有足够的耐心为委托人、审查人员分析、解释问题	1	2	3	4	5
25	对专利代理工作充满兴趣，并能够付出额外的努力去从事工作	1	2	3	4	5
26	自己对成功有独特的理解。想要努力工作，以达到工作要求，成功完成专利代理工作	1	2	3	4	5
27	质疑传统思维、方法，提出与众不同的新观点，尝试新举措，提供新的解决方案	1	2	3	4	5
28	能够恪守专利代理职业道德，不贬损或诋毁其他专利代理师或专利代理机构的工作能力和声誉	1	2	3	4	5
29	具有使命意识，爱岗敬业，能够明确自己在专利代理服务中的工作职责，尽职尽责、优质、高效地为委托人服务	1	2	3	4	5
30	在执业活动中，能够保守委托人的技术、商业秘密以及个人隐私	1	2	3	4	5
31	能够遵守各项法律、法规和政策条例	1	2	3	4	5
32	待人处事真诚、老实，珍惜职业声誉，不弄虚作假，真实反映信息检索结果	1	2	3	4	5
33	重视他人意见，能够虚心向他人学习，促进团队内相互协作	1	2	3	4	5
34	工作安排、资料存档收集等能够保持条理清晰、层次分明	1	2	3	4	5
35	严谨细致，能够反复检查工作及信息的准确性	1	2	3	4	5

第二部分　绩　效

	注意：请根据下面陈述内容与您实际情况的相符程度予以选择：1 表示"极不符合"；2 表示"不太符合"；3 表示"不确定"；4 表示"比较符合"；5 表示"非常符合"（在你认可的选项上打"√"）。	极不符合	较不符合	不确定	比较符合	非常符合
1	专利的可预见性权利边界能够被更清楚地界定，有利于申请授权	1	2	3	4	5
2	提供高质量、完整的技术方案	1	2	3	4	5

注意：请根据下面陈述内容与您实际情况的相符程度予以选择：1 表示"极不符合"；2 表示"不太符合"；3 表示"不确定"；4 表示"比较符合"；5 表示"非常符合"（在你认可的选项上打"√"）。	极不符合	较不符合	不确定	比较符合	非常符合
3	专利申请文本撰写时间缩短，并更容易获得专利授权	1	2	3	4	5
4	技术生命周期、权利要求数量得到准确的控制	1	2	3	4	5
5	专利申请文本更加符合法律要求	1	2	3	4	5
6	委托人的设计思路更全面地包含竞争者的替代规避方案	1	2	3	4	5
7	委托人在技术研发过程中就能够更清楚地了解待申请专利的价值	1	2	3	4	5
8	委托人的设计思路能够得到更清楚的描述，更准确地确定技术特征	1	2	3	4	5
9	专利的技术覆盖范围更合理促进专利进行科技成果的转化	1	2	3	4	5
10	成功授权的专利更容易得到技术应用、生产销售并且取得的经济效益	1	2	3	4	5

附录3　知识产权服务中合作创新行为形成机理预调研问卷

尊敬的先生/女士：

您好！非常感谢您抽出宝贵的时间参与我们的问卷调查，本问卷是基于国家自然科学基金项目（71603038）进行的一项学术研究活动，旨在研究知识产权服务中的合作创新行为形成机理，答案没有对与错，请根据您的理解选择最接近您的真实看法的答案。您的回答对我们的研究结论非常重要。本问卷纯属用于学术研究工作，不涉及任何商业用途；同时，我们也承诺，对您提供的信息严格保密，请您放心并客观地填写。非常感谢您的合作！

第一部分　问卷说明

本研究"知识产权服务中的合作创新行为"是指企业、科研机构、高等院校和知识产权服务机构之间的联合创新行为，包括知识产权创造、运用、保护和管理中任何一个阶段的合作创新活动。

第二部分　个人基本信息

1. 您的性别：

A. 男　　　　　B. 女

2. 您的年龄：

A. 25 岁以下　B. 25~35 岁　　C. 36~45 岁　　D. 45~60 岁

3. 您的学历：

A. 专科　　　B. 本科　　　　C. 硕士　　　　D. 博士

4. 您的职称：

A. 初级　　　B. 中级　　　　C. 副高级　　　D. 高级　　　　E. 其他

5. 您的职业：

A. 发明人/技术人员　　　　　B. 知识产权服务人员

C. 知识产权研究人员　　　　　D. 其他与知识产权相关工作人员

第三部分　知识产权服务中的合作创新行为的影响因素

以下是关于知识产权服务中的合作创新行为影响因素的相关描述，请您依据这些因素的重要程度予以打分：1 表示"非常不重要"，2 表示"比较不重要"，3 表示"一般"，4 表示"比较重要"，5 表示"非常重要"，并在相应的选项上"√"。

题项	非常不重要	比较不重要	一般	比较重要	非常重要
1. 双方倾向于通过信息检索服务合作对研发技术的可行性进行分析，做出技术创新的决策	1	2	3	4	5
2. 双方倾向于通过文本撰写服务方合作提升专利申请文件质量，提高专利授权的成功几率	1	2	3	4	5
3. 双方倾向于通过沟通和答复审查服务合作确保专利获得预期的权利要求数和保护范围	1	2	3	4	5
4. 双方倾向于通过转让、许可、质押等服务合作提高专利技术的转化实施效率	1	2	3	4	5
5. 双方倾向于通过侵权诉讼服务合作加强专利保护力度，维护专利权人合法权益	1	2	3	4	5
6. 双方倾向于通过专利预警服务合作更好地规避侵权风险，降低维权成本	1	2	3	4	5
7. 双方倾向于通过专利战略管理服务合作有策略地进行专利布局，抢占市场份额	1	2	3	4	5
8. 双方通过合作创新能够使成功授权的专利更容易得到技术应用，取得经济效益	1	2	3	4	5
9. 双方通过合作创新能够使专利的科学价值、经济价值和法律价值获得更全面地评估	1	2	3	4	5

题项	非常不重要	比较不重要	一般	比较重要	非常重要
10. 双方通过合作创新能够更好地预测专利未来价值，确定专利技术研发资金及人员投入计划	1	2	3	4	5
11. 政府提供有利于开展合作创新的项目，加强双方的合作关系	1	2	3	4	5
12. 政府有效协调双方在知识产权中的利益关系，促成合作创新	1	2	3	4	5
13. 政府为知识产权服务中合作创新的资金融资提供了很大帮助	1	2	3	4	5
14. 政府出台相关政策引导和支持知识产权服务机构参与合作创新	1	2	3	4	5
15. 政府通过采购行为，鼓励知识产权创新主体加强与服务机构的合作创新	1	2	3	4	5
16. 在同行业中，其他知识产权创新主体通过与服务机构进行合作创新提高了知识产权数量和质量	1	2	3	4	5
17. 在同行业中，其他知识产权服务机构通过与创新主体进行合作创新提升了服务能力和服务质量	1	2	3	4	5
18. 在合作创新过程中，知识产权创新主体和服务机构通过整合资源强化合作优势互补实现共赢	1	2	3	4	5
19. 对合作双方来说，开展知识产权服务合作创新很容易	1	2	3	4	5
20. 知识产权服务机构对自身在合作创新中的服务能力充满自信	1	2	3	4	5
21. 知识产权创新主体对自身在合作创新中的技术研发能力充满自信	1	2	3	4	5
22. 合作双方能够将知识产权服务中的合作创新行为控制在预期范围内	1	2	3	4	5
23. 合作双方能够有效地协调在知识产权创造、运用、保护和管理过程中的合作创新关系	1	2	3	4	5
24. 合作双方能够有效的控制知识产权服务中合作创新的成本（如研发成本、申请成本、维权成本等）	1	2	3	4	5
25. 知识产权创新主体具备开展合作创新所必需的知识和能力	1	2	3	4	5
26. 知识产权创新主体具备开展合作创新所必需的资源（如知识产权、资金等）	1	2	3	4	5
27. 知识产权服务机构具备开展合作创新所必需的能力（如信息检索、文本撰写、法律指导等）	1	2	3	4	5

题项	非常不重要	比较不重要	一般	比较重要	非常重要
28. 合作双方愿意开展合作创新以取得共同成功	1	2	3	4	5
29. 合作双方愿意通过合作创新研发核心关键技术并申请专利，维持技术竞争优势	1	2	3	4	5
30. 合作双方愿意开展合作创新来强化专利保护，实现发明价值最大化	1	2	3	4	5
31. 合作双方愿意开展合作创新以提高专利的转化运用效率，实现对研发市场的控制	1	2	3	4	5
32. 合作双方愿意开展合作创新以提高专利的管理水平，制订专利布局策略	1	2	3	4	5
33. 合作双方愿意开展合作创新以提高知识产权服务质量和水平	1	2	3	4	5

第四部分　知识产权服务中的合作创新行为

以下是关于知识产权服务中的合作创新行为的相关描述，请您依据这些陈述内容与实际情况的符合程度予以打分：1 表示"非常不符合"，2 表示"比较不符合"，3 表示"一般"，4 表示"比较符合"，5 表示"非常符合"，并在相应的选项上"√"。

题项	非常不符合	比较不符合	一般	比较符合	非常符合
1. 合作双方为实现各自的发展目标主动寻求合作创新伙伴	1	2	3	4	5
2. 合作双方采取合作创新的方式完成提高专利质量和服务能力的双重战略目标	1	2	3	4	5
3. 合作双方通过合作创新解决知识产权创造、运用、保护和管理中的问题	1	2	3	4	5
4. 合作双方在合作创新过程中投入较多人力、财力和物力	1	2	3	4	5
5. 合作双方全力以赴实现合作创新中承担的任务	1	2	3	4	5

附录4　知识产权服务中合作创新行为形成机理调查问卷

尊敬的先生/女士：

您好！非常感谢您抽出宝贵的时间参与我们的问卷调查，本问卷是基于国家自然科学基金项目（71603038）进行的一项学术研究活动，旨在研究知识产权服务中的合作创新行为形成机理。答案没有对与错，请根据您的理解选择最接近您的真实看法的答案。您的回答对我们的研究结论非常重要。本问卷纯属用于学术研究工作，不涉及任何商业用途；同时，我们也承诺，对您提供的信息严格保密，请您放心并客观地填写。非常感谢您的合作！

第一部分　问卷说明

本研究"知识产权服务中的合作创新行为"是指企业、科研机构、高等院校和知识产权服务机构之间的联合创新行为，包括知识产权创造、运用、保护和管理中任何一个阶段的合作创新活动。

第二部分　个人基本信息

1. 您的性别：

A. 男　　　　　　　B. 女

2. 您的年龄：

A. 25岁以下　　B. 25~35岁　　C. 36~45岁　　D. 45~60岁

3. 您的学历：

A. 专科　　　　　B. 本科　　　　C. 硕士　　　　D. 博士

4. 您的职称：

A. 初级　　　　　B. 中级　　　　C. 副高级　　　D. 高级　　　　E. 其他

5. 您的职业:

A. 发明人/技术人员　　　　　　B. 知识产权服务人员

C. 知识产权研究人员　　　　　　D. 其他与知识产权相关工作人员

第三部分　知识产权服务中的合作创新行为的影响因素

以下是关于知识产权服务中的合作创新行为影响因素的相关描述,请您依据这些因素的重要程度予以打分:1 表示"非常不重要",2 表示"比较不重要",3 表示"一般",4 表示"比较重要",5 表示"非常重要",并在相应的选项上"√"。

合作创新行为的行为态度

题项	非常不重要	比较不重要	一般	比较重要	非常重要
合作信念强度					
1. 双方倾向于通过信息检索服务合作对研发技术的可行性进行分析,做出技术创新的决策	1	2	3	4	5
2. 双方倾向于通过文本撰写服务方合作提升专利申请文件质量,提高专利授权的成功几率	1	2	3	4	5
3. 双方倾向于通过沟通和答复审查服务合作确保专利获得预期的权利要求数和保护范围	1	2	3	4	5
4. 双方倾向于通过转让、许可、质押等服务合作提高专利技术的转化实施效率	1	2	3	4	5
5. 双方倾向于通过侵权诉讼服务合作加强专利保护力度,维护专利权人合法权益	1	2	3	4	5
6. 双方倾向于通过专利战略管理服务合作有策略地进行专利布局,抢占市场份额	1	2	3	4	5
预期结果评价					
7. 双方通过合作创新能够使成功授权的专利更容易得到技术应用,取得经济效益	1	2	3	4	5

续表

题项	非常不重要	比较不重要	一般	比较重要	非常重要
8. 双方通过合作创新能够使专利的科学价值、经济价值和法律价值获得更全面地评估	1	2	3	4	5
9. 双方通过合作创新能够更好地预测专利未来价值，确定专利技术研发资金及人员投入计划	1	2	3	4	5

合作创新行为的主观规范

题项	非常不重要	比较不重要	一般	比较重要	非常重要
指令性规范					
1. 政府提供有利于开展合作创新的项目，加强双方的合作关系	1	2	3	4	5
2. 政府为知识产权服务中合作创新的资金融资提供了很大帮助	1	2	3	4	5
3. 政府通过出台相关政策引导和支持知识产权服务机构参与合作创新	1	2	3	4	5
4. 政府通过采购行为，鼓励知识产权创新主体加强与服务机构的合作创新	1	2	3	4	5
示范性规范					
5. 在同行业中，其他知识产权创新主体通过与服务机构进行合作创新提高了知识产权数量和质量	1	2	3	4	5
6. 在同行业中，其他知识产权服务机构通过与创新主体进行合作创新提升了服务能力和服务质量	1	2	3	4	5
7. 在合作创新过程中，知识产权创新主体和服务机构通过整合资源强化合作优势互补实现共赢	1	2	3	4	5

合作创新行为的知觉行为控制

题项	非常不重要	比较不重要	一般	比较重要	非常重要
组织效能					
1. 合作双方对自身在知识产权服务中的合作创新能力充满自信	1	2	3	4	5
2. 合作双方能够将知识产权服务中的合作创新行为控制在预期范围内	1	2	3	4	5
3. 合作双方能够有效地协调在知识产权创造、运用、保护和管理过程中的合作创新关系	1	2	3	4	5
资源控制能力					
4. 合作双方能够有效的控制知识产权服务中合作创新的成本（如研发成本、申请成本、维权成本等）	1	2	3	4	5
5. 知识产权创新主体具备开展合作创新所必需的资源（如知识产权、资金等）	1	2	3	4	5
6. 知识产权服务机构具备开展合作创新所必需的能力（如信息检索、文本撰写、法律指导等）	1	2	3	4	5

合作创新意愿

题项	非常不重要	比较不重要	一般	比较重要	非常重要
1. 合作双方愿意开展合作创新来强化专利保护，实现发明价值最大化	1	2	3	4	5
2. 合作双方愿意开展合作创新以提高专利的转化运用效率，实现对研发市场的控制	1	2	3	4	5
3. 合作双方愿意开展合作创新以提高专利的管理水平，制订专利布局策略	1	2	3	4	5
4. 合作双方愿意开展合作创新以提高知识产权服务质量和水平	1	2	3	4	5
5. 合作双方愿意开展合作创新以提高知识产权服务质量和水平	1	2	3	4	5

第四部分　知识产权服务中的合作创新行为

题项	非常不符合	比较不符合	一般	比较符合	非常符合
1. 合作双方为实现各自的发展目标主动寻求合作创新伙伴	1	2	3	4	5
2. 合作双方采取合作创新的方式完成提高专利质量和服务能力的双重战略目标	1	2	3	4	5
3. 合作双方通过合作创新解决知识产权创造、运用、保护和管理中的问题	1	2	3	4	5
4. 合作双方在合作创新过程中投入较多人力、财力和物力	1	2	3	4	5

附录 5 知识产权服务政策内容分析编码汇总表

		信息搜集	研究开发	产品化	市场化	保护
供给面	公共事业	5-105,10-6-1,16-5-3-1,17-2-2,21-2-5-1,23-74,31-2-3-2,32-3-5(2),33-68,34-19,51-3-1-4,52-8-2,54-4-6,54-5-2,58-5-8,59-103,65-59,65-60,70-3-2	5-66,5-105,10-3-1,10-6-1,11-8,14-4-2,16-5-3-1,28-1,28-6,30-12,30-16,31-2-3-2,32-3-5(2),33-68,38-3-2,50-10,52-4-3,52-8-2,54-4-6,54-5-2,58-5-8,65-59,65-60	5-75,5-105,10-3-1,10-6-1,13-3-2-1,16-4-6-5,16-5-3-1,31-2-3-2,32-3-5(2),33-68,52-8-2,53-10,54-4-6,54-5-2,58-5-8,59-105,63-3-2,65-59,65-60,73-16	5-59,5-75,5-105,9-5-2,10-3-1,10-6-1,15-3-5-4,16-5-3-1,22-4-1-4,31-2-3-2,32-3-5(2),33-20,33-68,34-16(2),36-10,37-2-1,37-2-1,47-11,52-7-2,52-8-2,54-4-5,54-4-6,54-5-2,58-3-5,58-5-8,63-3-2,65-59,65-60	5-75,5-105,10-6-1,13-3-4-1,16-5-3-1,23-23,31-2-3-2,32-3-5(2),33-68,52-8-2,54-4-6,54-5-2,58-5-8,63-3-2,65-59,65-60,72-72,77-9
	科学技术	1-6,1-8,10-5-1,12-7-4,16-5-2-1,16-5-2-2,18-25-3,21-2-1-4,25-10-3,25-10-3,30-9,31-2-3-4,33-25,35-3-2-3,37-3-1,38-2-5,41-17,43-3-2,46-10,47-12,56-72,56-80,58-5-5,58-5-8,65-56,70-4-3	1-6,9-5-2,10-5-1,16-5-2-1,18-25-3,21-2-1-4,25-10-3,30-11,31-2-3-4,33-25,34-16,38-2-5,43-3-2,51-3-1-4,54-4-6,56-74,56-80,58-5-8,65-56	1-6,10-5-1,13-3-2-4,13-3-4-2,16-5-2-1,18-25-3,21-2-1-4,23-48,25-10-3,31-2-3-4,33-25,38-2-5,40-5,43-3-2,45-3-4(2),54-4-1,54-5-4,56-80,58-5-8,59-98,59-100,61-3-2,65-56	1-6,10-4-2,10-5-1,12-7-4,16-5-1-3,16-5-2-1,18-25-3,21-2-1-4,24-2-1-4,24-2-2-4,25-10-3,30-8,31-2-1-4,31-2-3-4,33-25,37-2-4,38-2-5,43-3-2,56-80,58-5-8,65-56	1-6,10-5-1,16-5-2-1,18-25-3,21-2-1-4,25-10-3,25-10-3,31-2-3-4,33-25,38-2-5,43-3-2,45-3-4(2),52-6-2,56-80,58-5-6,58-5-8,65-56

		信息搜集	研究开发	产品化	市场化	保护
供给面	教育	1－9,5－83,5－104,11－8,14－4－2,14－4－5,16－5－3－1,16－5－3－1,21－2－1－3,24－2－1－3,30－10,31－2－3－2,34－24,34－31,37－2－4,38－3－5,41－17,42－20,43－3－4,44－67,51－6－2－3,54－4－1,54－4－7,55－13,58－5－8,60－1,60－3,61－4－6,65－61,65－64,65－65,70－2－3,70－3－1,71－3－7,73－12,73－13	1－9,1－10,5－83,5－104,10－6－4,11－8,13－3－5－1,14－4－2,14－4－5,16－5－3－1(3),23－83,24－2－1－3,30－6,30－10,30－11,31－2－3－2,33－67,34－24,34－31(2),38－3－5,42－20,43－3－4,44－67,51－6－2－3,54－4－7,55－13,58－5－8,60－1,61－4－6,65－61,65－64,65－65,71－3－7,73－12,73－13	1－9,5－83,5－104,10－6－1,11－3,11－8,13－3－2－1,13－3－4－1,14－4－2,14－4－5,16－5－3－1(2),21－2－4－1,24－2－1－3,24－2－3－2,30－10,31－2－3－2,33－66,34－24,34－31,38－3－5,42－20,43－3－4,44－67,45－3－4,46－12,48－5－1,48－5－2,48－5－3,51－6－2－3,53－8,54－4－7,55－13,57－1,58－5－8,60－1,60－7,61－4－6,65－61,65－64,65－65,71－3－7,73－12,73－13	1－9,5－83,5－104,11－8,14－4－2,14－4－5,16－5－3－1,16－5－3－1,24－2－1－3,30－10,31－2－3－2,34－24,34－31,38－3－5,42－20,43－3－4,44－67,51－6－2－3,54－4－7,55－13,58－5－8,60－1,61－4－6,65－61,65－64,65－65,71－3－7,73－12,73－13	1－9,1－10,5－83,5－104,5－108,11－8,14－4－2,14－4－5,16－4－7－2,16－5－3－1(2),24－2－1－3,30－10,31－2－3－2,34－24,34－31,38－3－5,41－10,42－20,43－3－4,44－67,51－6－2－3,54－4－7,55－13,56－77,58－5－8,60－1,61－4－6,65－61,65－64,65－65,71－3－7,73－12,73－13,75－4

		信息搜集	研究开发	产品化	市场化	保护
供给面	信息	1-8,3-10,5-17,5-78,5-88,5-89,10-4-3,10-6-1,10-6-1,12-7-4,16-4-6,16-4-7-2,16-5-2-1,16-5-2-2(2),19-2,23-72,25-10-3,33-40,33-46,34-19,34-22,34-31,37-3-1,37-3-1,38-2-5(2),40-9(2),44-47,47-73,47-74,51-6-2-3,52-3-1,52-5-3,53-9,54-4-5,58-5-5,59-80,59-101,61-3-2,62-3-4,64-12,65-52,65-58,65-65,70-3-3	34-22,54-4-3,65-40	34-19,56-75	37-2-4,38-3-1	10-6-3,20-19,33-3,34-5,36-122,37-2-4,39-2-3
	财务金融	54-5-2	10-3-4,30-10,36-68,36-71,54-5-2,61-4-2	19-15,28-1,34-5,54-5-2	1-3(2),1-4,3-10,5-62,10-3-4(2),11-5,16-3-3,16-5-1-2(2),21-2-3-1,23-41,33-26,34-16,36-70,36-109,37-2-1(3),38-3-4,44-16,47-18,49-15,52-4-1,54-5-2(3),58-3-5(2),61-4-2	54-5-2

续表

		信息搜集	研究开发	产品化	市场化	保护
	税收优惠		34-30,52-8-3,54-4-2,54-4-5,61-4-1		38-3-3,52-8-3,54-4-2,54-4-5,61-4-1	
环境面	法规管制	4-24,10-6-2,10-6-4,12-7-4,14-4-1,14-4-3,16-3-3,16-4-5-2,16-4-7-2,16-5-2-4,16-5-3-3(2),17-2-2(2),17-2-3,18-25-3,20-22,21-2-5-1,27-2-7,30-6,30-9,32-3-5,33-21,33-25,34-5,34-19,34-22(2),34-31(2),37-2-1()2,37-3-2,39-2-3,40-6,41-10,42-12,44-44,44-50,44-68,46-3,46-10,47-49,47-65,50-11,51-6-2-3,52-5-2,52-5-4,52-8-1,54-4-7,54-7,54-5-1,54-5-3(2),54-5-4(2),56-71,58-5-8,61-3-2,62-3-4,65-42,65-53,65-55,65-62,70-3-4,70-4-2	4-24,5-107,10-6-2,10-6-4,12-7-4,14-4-1,14-4-3,16-3-3,16-4-5-2,16-5-3-3,17-2-2,18-25-3,20-22,21-2-1-3,27-2-7,30-6(2),30-9,34-5,34-19,34-31(2),37-2-1(2),39-2-3,40-6,41-10,42-12,44-44,44-68,46-3,47-49,47-65,50-8,50-11,51-6-2-3,52-5-2,52-5-4,52-8-1,54-4-5,54-4-7(2),54-5-1,54-5-3(2),54-5-4,56-70,56-71,56-78,58-5-8,61-3-2,62-2-3,62-3-4,65-55,65-62,75-1	1-6,3-6(3),4-24,5-12,5-13,5-14,5-67,5-76,10-6-2,10-6-4,11-2,11-3,11-5,12-7-4,13-3-1-1,13-3-1-2,13-3-1-3,13-3-2-1,13-3-2-3,13-3-4-1,13-3-5-2,13-3-6-1,13-3-7-1,13-3-7-2,14-4-1,14-4-3,14-4-4,16-3-1,16-3-3,16-4-5-2,16-4-6-5,16-4-6-6,16-5-2-4,16-5-3-3,17-2-2,17-2-3,18-25-3,20-22,23-55,23-56,23-57,23-58,23-83,24-2-4,25-10-3,27-2-5,27-2-7(2),30-6,30-9,31-2-3-2,33-37,33-41,33-43,33-47,33-49,33-71,34-5(2),34-30,34-31(2),37-2-1(2),37-2-3(3),39-2-3,40-6,41-10(2)	1-6,3-10,4-24,5-92,6-19,10-6-2,10-6-4,12-7-4,13-3-4-2,14-4-1,14-4-3,16-3-3,16-4-5-2,16-5-1-1,16-5-3,17-2-2,18-25-3,20-22,21-2-3-1,24-2-1-1,27-2-5,27-2-7,30-6,30-9,31-2-2-2(2),33-47,34-5,34-16,34-22,34-31(2),37-2-1(3),37-2-3,39-2-3,40-6,41-10(2),42-12,44-44,44-68,46-3,47-49,47-65,50-11,51-6-2-3,52-3-2,52-4-2,52-5-2,52-5-4,52-8-1,54-4-5,54-4-7(2),54-5-1,54-5-3(3),54-5-4,56-71,58-3-5,58-5-8,61-3-2,61-4-3,62-3-4,65-11,65-55,65-62	1-1(2),2-5,3-9,4-24,5-44,7-30,10-6-2,10-6-3(2),10-6-4,12-7-4,12-7-4,13-3-6-2,13-3-6-3,14-4-1,14-4-3,16-3-3,16-4-5-2,16-4-7-2(3),16-5-1-3,16-5-3-3(2),17-2-2(3),18-25-3(3),20-22(3),21-2-2-(3),23-11,24-2-2-1,25-10-3(2),27-2-5,27-2-7,30-6,30-9,30-13,30-14,31-2-2-2,33-47,34-5,34-19,34-24,34-31(2),35-3-2,36-70,37-2-1(2),37-2-3,39-2-3,39-2-3,40-6,40-13,40-14,41-10,41-16,41-18(2),42-12,44-44,44-68,45-3-4,46-3,47-49,47-65,47-71,49-22,50-11,50-17,51-6-2-3(2),52-5-2,

		信息搜集	研究开发	产品化	市场化	保护
环境面	法规管制			,41-16,41-16,41-16,42-12,44-44,44-48,44-65,44-68,46-3,46-8,46-11,47-10,47-49,47-65,47-67,47-68,50-11,51-6-2-3,52-5-2,52-5-4,52-8-1,53-4,53-7,53-12,54-4-7(2),54-5-1,54-5-3(2),54-5-4,56-71,56-81,56-82,57-2,58-5-8,59-82,59-83,61-3-2,62-3-4,65-51,65-55(2),65-62		52-5-4,52-6-1,52-8-1,54-4-2(2),54-4-7(2),54-5-1,54-5-3(3),54-5-4,55-19,56-71,58-3-5,58-5-1,58-5-8,59-81,59-102,61-3-2,62-3-4,63-2-6,65-9,65-14,65-54,65-55,65-62,67-22,68-27-4

		信息搜集	研究开发	产品化	市场化	保护
环境面	政策类策略	3-10,5-103,8-7,10-4-1,10-5-2,10-6-2,10-6-4,12-7-4,13-3-3-1,14-3-3,16-4-6-4,17-2-3,19-15,21-2-1-4,22-4-1-4,27-2-7(2),28-6,29-2-7,32-3-5,33-19,34-31,35-3-2-3,37-2-1,38-2-5,40-4,40-12,41-17,42-11,43-3-1,47-66,51-3-1-4(2),52-7-1,54-5-1,54-5-3,55-20,58-3-5,59-99,61-3-2,70-2-1	3-10,5-103,5-106,8-7,10-4-1,10-5-2,10-6-2,10-6-4,12-7-4,14-3-3,16-4-6-4,16-5-3-2,17-2-3,21-2-1-4(2),26-3-14,27-2-7(3),28-6,29-2-7,32-3-5,34-19,34-28,34-31,37-2-1,38-2-5,40-4,40-10,41-17,42-11,43-3-1,47-66,51-3-1-4(2),54-4-2,54-4-4,54-5-1,54-5-3,55-20,58-3-5,59-99,61-3-2,62-2-2,72-54	3-6,3-10,5-103,8-7,10-4-1,10-5-2,10-6-2,10-6-4,12-7-4,13-3-2-2,13-3-3,14-3-3(2),15-3-5-5,16-4-6-4,17-2-3,21-2-1-4,22-4-1-4,25-10-3,27-2-5,27-2-7(4),28-6,29-2-7,32-3-5,32-3-5,34-31,37-2-1,37-2-3(2),38-2-5,40-4,41-16,41-17,42-11,43-3-1,44-64,45-3-4,46-12,47-66,48-4-2,51-3-1-4(2),52-3-3,53-5,53-6,53-13,54-4-7,54-5-1,54-5-3(2),55-20,55-29,58-3-5,59-99,61-3-2,69-27-1,72-72,74-4-1,75-5,76-9	3-10,5-72,5-103,8-7,10-4-1,10-5-2,10-6-2,10-6-4,12-7-4,14-3-3,16-4-6-4,17-2-3,17-2-3,21-2-5-1,22-4-1-4(2),27-2-5,27-2-7(2),28-6,29-2-7,30-8,30-10,32-3-5,34-31,37-2-1,38-2-5,40-4,41-17(2),42-6,42-11,43-3-1,44-64,47-66,50-8,51-3-1-4(2),54-4-2,54-4-3,54-5-1,54-5-3,55-20,55-29,56-73,58-3-5,58-5-2,58-5-6(2),59-95,59-99,61-3-2,62-3-4,64-12,73-15,76-9	1-2,3-10,5-103,6-9,7-25,8-7,10-4-1,10-5-2,10-6-2,10-6-4,12-7-4,14-3-3,16-4-2-7,16-4-6-4,17-2-3(2),18-25-3,21-2-1-4,22-4-1-4,24-2-2-2,27-2-5,27-2-7(2),28-6,29-2-7,32-3-5,34-23,34-31,35-3-2-3,37-2-1,38-2-5,40-4,40-12,41-17,42-11,43-3-1,44-64,47-66,51-3-1-4(2),54-5-1,54-5-3,55-18,55-20,55-29,56-76,58-3-5,59-99,61-3-2,65-65,77-9

		信息搜集	研究开发	产品化	市场化	保护
	政府采购	10-6-2	10-6-2,36-7	1-5,10-6-2,21-2-1-3	1-5,10-6-2,30-8,30-12,40-6,40-12,41-17,54-4-5,61-4-4	1-5,10-6-2
需求面	公共服务	1-7,3-10(2),5-73,11-7,12-7-4,16-5-2-2,16-5-2-4,21-2-1-3,21-2-1-4,25-10-3,32-3-5,33-25,34-5,34-19,37-2-1,38-3-7,40-9,41-17,42-12,43-3-3,43-3-5,51-3-1-4,54-4-1,54-4-5,58-5-5,58-5-6,70-2-2,70-4-1,71-3-6	1-7,4-24,5-73,11-7,16-5-2-4,21-2-1-3,28-4,30-6,32-3-5,33-25,34-5,37-2-1,38-3-7,41-17,42-10,42-12,43-3-3,43-3-5,50-9,54-4-1,54-4-5,58-5-6,61-4-5,71-3-6	1-7,5-18,5-73,6-9,8-7,10-6-2,11-5,11-7,13-3-2-1,13-3-7-3,16-3-3,16-5-2-3,16-5-2-4,18-25-3,21-2-1-3,21-2-4-3,23-33,24-2-3-1,32-3-5,33-25,34-5,37-2-1,38-3-7,41-17,42-12,43-3-3,43-3-5,47-69,50-4,52-5-1,54-4-1(2),54-4-5,54-5-2,57-3,58-5-6,59-96,63-2-5,63-2-5,63-3-3,67-22,71-3-6,74-4-1	1-7,4-24,5-73,5-74,5-109,7-30,8-7,10-6-2,11-5,11-7,13-3-3-2,16-3-3,16-4-3-1,16-5-1-1,16-5-1-3,16-5-2-2,16-5-2-3,16-5-2-4,20-27,21-2-1-3(2),21-2-4-3,23-33,23-59,24-2-1-2,24-2-5,25-10-3,26-3-14,27-2-7,32-3-5,33-22,33-25(2),34-5,34-30,37-2-1,38-3-7,40-4,41-17(2),42-12,43-3-3,43-3-5,47-70,52-5-1,54-4-1,54-4-5,54-4-6,54-5-2,58-5-6(2),59-79,61-4-8,63-2-5(2),63-3-3,66-14,71-3-6	1-2,1-5,1-7,5-73,8-7,10-6-2,10-6-4,11-5,11-7,16-3-3,16-5-2-3,16-5-2-4,21-2-1-3,21-2-3-2,21-2-4-3,23-33,24-2-2-3,25-10-3,32-3-5,33-25,33-27,33-70,34-5,34-32,37-2-1,38-3-7,41-17,41-18,42-12,43-3-3,43-3-5,44-69,47-35,47-72,52-5-1,54-4-1,54-4-5,54-5-2,58-5-6,63-2-5,63-2-6,63-3-3,65-63,67-22,71-3-6

续表

		信息搜集	研究开发	产品化	市场化	保护
需求面	贸易管制				3-10,10-3-4,16-4-7-2,16-5-1-1,16-5-1-3,17-2-2,21-2-3-2,25-10-3,28-6,31-2-1-5,34-16,34-30,36-51,37-2-1,54-4-5,65-57,67-22	
	海外机构	3-10,19-15,23-70,33-58,37-2-4,44-57,61-3-2,61-4-7,66-7	37-2-4,61-3-2,61-4-7,66-7	13-3-4-1,13-3-4-2,16-4-6-5,36-109,37-2-4,53-11,61-3-2,61-4-7,66-7	10-6-2,21-2-5-2,37-2-4,38-3-6,54-4-3,61-3-2,61-4-7,66-7	1-7,5-90,5-91,5-93,7-30(3),11-6,18-25-3,20-27(2),21-2-2-1,23-69,25-10-3,33-57,34-24,34-30,37-2-4(2),41-18,52-7-3,56-79,59-86,61-3-2,61-4-7,65-55,66-7

参考文献

[1] 胡翔菲.知识产权服务业人才问题研究[D].北京:对外经济贸易大学,2015.

[2] 毛昊,毛金生.对我国知识产权服务业发展的思考[J].知识产权,2013(12):75-80.

[3] 王家宝,敦帅.分享经济视阈下知识产权创新服务模式——基于知呱呱实践的案例分析[J].中国科技论坛,2017(9):186-192.

[4] 孔令兵.科技创新背景下知识产权服务供给机制研究[D].合肥:中国科学技术大学,2019.

[5] 毛昊.论国家科技治理中的专利制度安排[J].知识产权,2017(10):64-74.

[6] 沙建超,蔡志勇,范旭辉.面向战略咨询研究的知识服务实践与思考[J].智库理论与实践,2021,6(2):50-55.

[7] 李燕燕.面向中小企业的知识产权公共服务研究[D].合肥:中国科学技术大学,2020.

[8] 詹映.试论新形势下我国知识产权战略规划的新思路[J].中国软科学,2020(8):1-9.

[9] 宋兹鹏.知识产权服务为经济高质量发展持续加码[J].中国商界,2020(11):59.

[10] 毛昊.中国专利调查综述:制度实践与研究拓展[J].科学学研究,2016,34(8):1169-1176.

[11] 李志军,刘华,任媛.专家全面解读专利战略七大关键词[N].中国知识产权报,2010-11-12(005).

[12] 胡慧平.专利代理人,知识产权的"保护神"[J].中国人才,2002(4):52.

[13] 黄德海,窦夏睿,李志东.创新与中国专利文化[J].电子知识产权,2013(9):42-47.

[14] 刘菊芳.发展知识产权服务业的关键问题与政策研究[J].知识产权,2012(5):67-73.

[15] 谷丽,丁堃,陈树文.国家知识产权战略中的人才培养研究——从专利工作胜任素质视角[J].生产力研究,2012(5):90-92.

[16] 陶鑫良.中国知识产权人才培养研究[M].上海:上海大学出版社,2006.

[17] 国务院.国家知识产权战略纲要[EB/OL].(2008-06-05)[2021-09-06].http://www.gov.cn/zwgk/2008-06/10/content_1012269.htm.

［18］ 刘景方.网上创新外包环境下研发人员胜任力研究［D］.昆明：昆明理工大学,2011.

［19］ 王璟.论本科层次知识产权人才的培养模式［J］.长春理工大学学报（社会科学版）,
       2010,23（1）：110-113.

［20］ 傅文园.知识产权中介机构发展中若干问题探析［J］.上海大学学报（社会科学版）,
       2003（5）：73-77.

［21］ 刘友华.论我国实践型知识产权人才的培养［J］.湘潭师范学院学报（社会科学版）,
       2009,31（1）：66-67.

［22］ 陶丽琴,陈璐.我国知识产权人才培养模式和学科建设研究［J］.知识产权,2011（7）：
       94-96.

［23］ 严永和.我国知识产权人才培养机制存在的问题及其解决办法［J］.电子知识产权,
       2008（12）：43-45.

［24］ 胡允银.企业知识产权管理人才胜任能力模型研究［J］.科技管理研究,2009,29（6）：
       525-528.

［25］ 田文英,纪梦然.我国知识产权人才及其结构探析［J］.中国人力资源开发,2006（4）：
       35-39.

［26］ 杨红朝.知识产权服务业培育视角下的知识产权服务体系发展研究［J］.科技管理研
       究,2014,34（8）：176-180.

［27］ 吴桐,刘菊芳,马斌等.我国知识产权服务业发展现状与对策研究［J］.中国发明与专
       利,2012（6）：63-67.

［28］ 王勉青.知识产权服务业发展述评［J］.探索与争鸣,2010（10）：65-67.

［29］ 唐恒,周化岳.自主创新中的知识产权中介服务体系：功能、作用机理及实现途径
       ［J］.科学管理研究,2007（4）：91-94.

［30］ 洪群联.我国知识产权服务体系发展现状与战略思路［J］.经济纵横,2011（11）：44
       -49.

［31］ 罗敏光,刘雪凤.多元主体合作视角下的知识产权公共服务机制构建——以江苏省
       为例［J］.科技管理研究,2011,31（11）：147-152+146.

［32］ 虞文武,王冬林,范丽恒.常州市知识产权服务体系建设的对策研究［J］.科技管理研
       究,2013,33（15）：185-188.

［33］ 魏纪林,申来津,高法新等.中部地区知识产权公共服务体系合作发展与对策［J］.湖北
       社会科学,2006（8）：50-53.

［34］ 张杨媚.重庆市知识产权服务业发展现状及对策研究［D］.重庆：重庆理工大
       学,2014.

［35］ 周海鹏.长沙新裕知识产权代理有限公司员工绩效考评体系研究［D］.长沙：湖南大

学,2011.

[36] 潘瑾,陈媛.创意产业知识产权中介服务质量满意度评价指标体系的构建[J].科学学与科学技术管理,2007(6):171-173.

[37] 朱士保.知识产权中介组织绩效评价指标体系研究[D].上海:同济大学,2008.

[38] 苏萌萌.浅谈专利代理人所应当具备的服务理念以及代理能力[A].中华全国专利代理人协会.

[39] 2013年中华全国专利代理人协会年会暨第四届知识产权论坛论文汇编第四部分[C].中华全国专利代理人协会:中华全国专利代理人协会,2013:7.

[40] 朱海滔.专利代理人:市场紧缺的"第二发明人"[J].职业,2006(5):40-41.

[41] 刘宇巍,徐宁,张武军.试论专利代理人的重要作用[J].北京科技大学学报(社会科学版),2006(1):94-97.

[42] 毛鸿鹏.我国专利代理行业的研究[D].上海:华东师范大学,2007.

[43] 罗涛.专利代理人在技术转移中的作用[J].高科技与产业化,2013(6):26-27.

[44] KAUSHIK M. Time to be a oatent Agent[J]. Bussiness Today,2011,20(8):139.

[45] THACKER D. The Role of the Patent Agent[J]. Engineering Management,2004,14(1):24-25.

[46] 郑友德,张坚,李薇薇.美国、欧盟、亚洲各国专利代理制度现状及发展研究[J].知识产权,2007(2):32-38.

[47] 徐棣枫.试论专利诉讼法律服务市场的规范——从专利代理人到专利律师[J].南京大学学报(哲学.人文科学.社会科学版),1999(4):145-148.

[48] 宋克慧,田圣会,彭庆文.应用型人才的知识、能力、素质结构及其培养[J].高等教育研究,2012,33(7):94-98.

[49] 刘颖.我国专利代理人资格考试的思考[J].知识产权,2007(2):43-47.

[50] GZYBOWSKI M. What Makes a Good Patent Atorney? [J]. Ceramic Industry,2010,160(12):14-15.

[51] 何铭,王浩,周磊.职业知识产权人:知识产权人才培养新模式探析[J].科技与法律,2009(3):36-39.

[52] 刘平,吴玲.知识产权战略实施的人才工程——专利实务人才需求与培养[J].企业经济,2005(7):116-118.

[53] 朱雪忠.论知识产权人才的知识结构与培养[J].高等教育研究,1994(2):82-83+97.

[54] 季景书.后金融危机时代我国涉外知识产权人才的培养[J].生产力研究,2012(9):99-100.

［55］ 王兵.《2006 中国高校知识产权人才培养会议记录发言》,见陶鑫良主编:《中国知识产权人才培养研究》[M].第一版.上海:上海大学出版社,2006.

［56］ 田军强.实务型知识产权专业人才培养模式研究[D].北京:中国政法大学,2011.

［57］ 李永瑞,刘欣,毕妍等.关键职业群体胜任特征模型探析——以知识产权代理机构为例[J].中国人力资源开发,2011(6):38-41.

［58］ 李荔,孙建强,周晓辉等.知识产权实务型人才关键能力评价指标权重研究[J].工业工程,2013,16(4):67-72.

［59］ 刘旭,崔红梅,杨光.增强专利代理人的检索意识[J].知识产权,1992(4):19-22.

［60］ 邓泽宏,李永伟.理工类院校知识产权法课程体系改革论——以专利代理人制度为导向[J].江汉大学学报(社会科学版),2012,29(5):80-83.

［61］ 陈美章.中国高校知识产权教育和人才培养的思考[J].知识产权,2006(1):3-10.

［62］ 曾培芳,叶美霞,刘红祥.中美知识产权人才培养模式比较研究[J].科技进步与对策,2008,25(12):227-230.

［63］ 叶美霞,曾培芳,李羊城.德国知识产权人才培养模式研究及其对我国的启示[J].科学管理研究,2008(5):82-85.

［64］ 王哲,朱欣昱.中国专利代理机构专利代理 2010 年公开(公告)量统计分析[J].中国发明与专利,2011(1):26-28.

［65］ 黄嵩泉.加强专利代理行业建设,有效服务国家发展大局——2013 年中华全国专利代理人协会年会暨第四届知识产权论坛论文选编[C],2013.

［66］ 王晓红,张士玉,李立威.知识产权代理企业网站内容建设现状研究[J].情报杂志,2011,30(4):148-151+195.

［67］ 王建民,杨木春.胜任力研究的历史演进与总体走向[J].改革,2012(12):138-144.

［68］ 王伟琴.政府机关公务员核心能力素质模型初探[D].北京:首都经济贸易大学,2005.

［69］ 时勘.基于胜任特征模型的人力资源开发[J].心理科学进展,2006(4):586-595.

［70］ MCCLELLAND D C. Testing for competence ranther than for "intelligence" [J]. American psychologist,1973,28(1):1-14.

［71］ 王芳.中小学校长胜任力模型及其与绩效的关系研究[D].南京:南京师范大学,2008.

［72］ 耿梅娟.依托培养背景下后备技术军官胜任特征及影响因素研究[D].上海:上海交通大学,2011.

［73］ RICHARD E B. The competent manager:A model for effective performance[M]. John Wiley & Sons,1982.

[74] 刘学方,王重鸣,唐宁玉等.家族企业接班人胜任力建模——一个实证研究[J].管理世界,2006(5):96-106.

[75] 魏士强,洪银兴,彭实等.中国高校领导者胜任特征模型研究[J].管理世界,2010(6):74-82+187-188.

[76] 王登峰,崔红.中国基层党政领导干部的胜任特征与跨文化比较[J].北京大学学报(哲学社会科学版),2006(6):138-146.

[77] HARKINS K. An examination of competencies in the officer corps of the United States Coast Guard[M]. The doctoral dossertation,2007.

[78] 肖凌,聂鹰,梁建春.国有银行中层管理人员胜任特征模型[J].经济科学,2006(5):83-89.

[79] 吴垠,桑志芹.心理咨询师胜任特征的定性研究[J].中国心理卫生杂志,2010,24(10):731-736.

[80] 邱芬,姚家新.我国专业教练员胜任特征模型、评价量表的建立及测评研究[J].体育科学,2009,29(4):17-26.

[81] 陈岩松.高校辅导员胜任力模型构建:一项实证研究[J].高等教育研究,2010,31(4):84-89.

[82] SIU V. Managing by competencies-a study on the managerial competencies of hotel middle managers in Hong Kong[J]. International Journal of Hospitality Management,1998,17(3):253-273.

[83] 时勘,王继承,李超平.企业高层管理者胜任特征模型评价的研究[J].心理学报,2002(3):306-311.

[84] 王皇,李林,姚宏,等.中国管理者胜任力特征模型[C].南京:南京大学出版社,2002.

[85] 谷向东,郑日昌.基于胜任特征的人才测评[J].心理与行为研究,2004(4):634-639.

[86] 丁秀玲.基于胜任力的人才招聘与选拔[J].南开学报(哲学社会科学版),2008(2):134-140.

[87] 唐京.基于胜任力的培训需求分析模式研究[D].杭州浙江大学,2001.

[88] 王重鸣,陈民科.管理胜任力特征分析:结构方程模型检验[J].心理科学,2002(5):513-516+637.

[89] BERDARDIN H J,BEATTY R W. Perfprmance appraisal,assessing human behavior at work[M]. Boston:Kent Publish,1984.

[90] CAMPELL J P. Modeling job perfprmance in a population of jobs[J]. Personnel Psychology,1990,43(2):313-333.

[91] BORMAN W C,MOTOWIDLO S J. Expanding the criterion domain to include element of

contestual perfprmance[M]. Personnel selection in organiaztions,San Francisco:Jossey-Bass,1993.

[92] MC CLELLAND D C. Testing for competence rather than for"intelligence"[J]. American Psychologist,1973,28(1):1-14.

[93] 金杨华,陈卫旗,王重鸣. 管理胜任特征与工作绩效关系研究[J]. 心理科学,2004(6):1349-1351.

[94] 中国专利信息中心.专利代理行业发展规划(2009年-2015年)[EB/OL]. (2009-06-03)[2021-08-20]. http://www. cnpat. com. cn/show/pkb/PKBInfo. aspx? PKBID=156 & Type=18.

[95] 叶红.知识产权代理业核心人才激励研究[D].北京:首都经济贸易大学,2011.

[96] 赵宇.权变理论在人员异动管理中应用的思考[J].经济师,2009(4):208+210.

[97] 冯明,尹明鑫. 胜任力模型构建方法综述[J]. 科技管理研究, 2007(9):229-230+233.

[98] RICHARD E B. The competent manager:A model for effective perfprmance[M]. John Wiley & Sons,1982.

[99] NORDHAUG O. Competence specifities in organizations:a classificatory framework International Studies of Management & Organization,1998(28):8-29.

[100] GARY Y. Managerial Leadership:A Review of Theory and Research[J]. Journal of Management,1989,15(2):251-289.

[101] 彭剑锋,刘军,张成露. 管理者能力评价与发展[G]. 北京:中国人民大学出版社,2005.

[102] 谷丽,阎慰椿,丁堃.专利申请质量及其测度指标研究综述[J].情报杂志,2015,34(5):17-22.

[104] 宋河发,穆荣平,陈芳等.基于中国发明专利数据的专利质量测度研究[J].科研管理,2014,35(11):68-76.

[105] 付秀颖,吴红,董坤.基于ANP的专利公信力影响因素分析研究[J].科技管理研究,2014,34(8):186-190.

[106] 刘洋,温珂,郭剑.基于过程管理的中国专利质量影响因素分析[J].科研管理,2012,33(12):104-109+141.

[107] HELMER S J. Work effectively with your patent attorney[J]. Chemical Enginerring Progress,2003,99(4):70-74.

[108] 宋河发,穆荣平,陈芳.专利质量及其测度方法与测度指标体系研究[J].科学学与科学技术管理,2010,31(4):21-27.

［109］ SHRIDHAR M,JAIN S K,GAUTAM V. Patent Activity by Patent Agents in India［J］. Journal of Intellectual Property Rights,2009,14(2):142-148.

［110］ KAUFFELD-MONZ M,FERTSCH M. Who are the knowledge brokers in regional systems of innovation? A multi-actor neteork analysis［J］. Regional Studies,2013,47(5):669-685.

［111］ 吴红,付秀颖,董坤.专利质量评价指标——专利优势度的创建及实证研究［J］.图书情报工作,2013,57(23):79-84.

［112］ PROD' HOMME D. Measuring,explaining and addressing patent quality ieeues in China ［J］. Intellectual Asset Management Magazine,2013,58:41-47.

［113］ 胡谍,王元地.企业专利质量综合指数研究——以创业板上市公司为例［J］.情报杂志,2015,34(1):77-82.

［114］ 李良成,高畅.基于内容分析法的知识产权服务政策研究［J］.技术经济与管理研究.2014(3):24-29.

［115］ 冯晓青.基于技术创新与知识产权战略实施的知识产权服务体系构建研究［J］.科技进步与对策.2013,30(2):112-114.

［116］ 赵晓煜,孙福权.网络创新社区中顾客参与创新行为的影响因素［J］.技术经济.2013,32(11):14-20,49.

［117］ 杨依依,陈荣秋.从封闭创新到开放创新——顾客角色、价值及管理对策［J］.科学学与科学技术管理.2008,29(3):115-119,182.

［118］ 毛昊,陈大鹏.知识产权服务购买符合支撑企业创新的理性行为决策吗［J］.财贸经济.2015(2):109-124.

［119］ PENG,HAOSHU,JIA,JIA. Development of intellectual property service industry in China ［C］. Conference on Technology Management in the IT-Driven Services（PICMET'13）, July 28-Aug 1 2013,San Jose,CA,USA. Institute of Electrical and Electronics Engineers, 2013:1070-1088.

［120］ DEN H. Knowledge-intensive Business Services as Co-producers Innovation［J］. International Journal of Innovation Management. 2000,44(4):491-528.

［121］ 虞文武,王冬林,范丽恒.常州市知识产权服务体系建设的对策研究［J］.科技管理研究.2013(15):185-188.

［122］ 洪群联.我国知识产权服务体系发展现状与战略思路［J］.经济纵横.2011(11):44-49.

［123］ 杨红朝.知识产权服务业培育视角下的知识产权服务体系发展研究［J］.科技管理研究.2014(8):176-180.

［124］ 杨铁军.知识产权服务与科技经济发展［M］.北京:知识产权出版社,2010:6.

［125］ MILES I,KASTRINOS N,BILDERBEEK R,ET AL. Knowledge-intensive business serv-
ices. Users,carriers and sources of innovation［J］. Second National Knowledge Infrastruc-
ture Setp. 1998,44(4):100-128.

［126］ GOULD D M, GRUBEN W C. The Role of Intellectual Property Rights in Economic
Growth［J］. Journal of Development Economics. 1996,48(2):323-350.

［127］ 邓社民. 知识产权服务业发展支撑体系研究［M］. 北京:中国社会科学出版社,
2014:31.

［128］ 杨武,付婧,郑红. 知识产权服务业体系研究［J］. 中国发明与专利. 2011(12):78-80.

［129］ 华荷锋,鲍艳利. 产业导向的高新区知识产权融资服务体系构建研究［J］. 技术经济
与管理研究. 2016(5):36-39.

［130］ 罗敏光,刘雪凤. 多元主体合作视角下的知识产权公共服务机制构建——以江苏省
为例［J］. 科技管理研究. 2011(11):147-152.

［131］ 王宇红,马玥琳,倪玉莎. 西安市文化创意产业发展的知识产权公共服务体系构建
研究［J］. 科技管理研究. 2014(12):135-141.

［132］ 陈传夫,盛钊. 我国公益性信息服务的知识产权政策问题［J］. 情报科学. 2010(1):1-6.

［133］ 董静,苟燕楠,吴晓薇. 我国产学研合作创新中的知识产权障碍——基于企业视角
的实证研究［J］科学学与科学技术管理. 2008(7):20-25.

［134］ 刘雪凤. 多元化主体视野下的知识产权治理［J］. 学海. 2010(5):201-204.

［135］ SCHOENMAKERS W, DUYSTERS G. Learning in strategic technology alliances［J］.
Technology Analysis & Strategic Management. 2006,18(2):245-264.

［136］ 陈劲,吴波. 开放式技术创新范式下企业全面创新投入研究［J］. 管理工程学报.
2011,25(4):227-234.

［137］ 朱谢群. 知识产权公共服务及其机制分析［J］. 知识产权. 2008(3):26-30.

［138］ 鲁篱. 行业协会经济自主权研究［M］. 北京:法律出版社,2003:4.

［139］ 唐恒,周化岳. 自主创新中的知识产权中介服务体系:功能、作用机理及实现途径
［J］. 科学管理研究. 2007(4):91-94.

［140］ 潘冬,崔伟,刘东皇. 新常态下孵化器知识产权服务升级中的政府行为构成研究
［J］. 科学管理研究. 2016(6):21-24.

［141］ MYERS D G. Social Psychology［M］. McGraw-Hill Companies,Inc,2005:138-139.

［142］ 李柏洲,徐广玉,苏屹. 中小企业合作创新行为形成机理研究——基于计划行为理
论的解释架构［J］. 科学学研究. 2014,32(5):777-786.

［143］ 范珂宏. 产业集群中企业间合作创新行为分析［D］. 重庆:重庆大学,2014.

［144］ 朱小燕. 中小企业合作技术创新行为分析［J］. 商业文化月刊. 2011(7):60-61.

［145］ MARCH,JAMES G,SHAPIRA,ET AL. Variable risk preferences and the focus of atten-tion［J］. Psychological Review. 1992,47(2):140-170.

［146］ SHI W,GUANGDONG W U. Study on Inter-organizational Cooperative Innovation Behav-ior Decision for Project-based Supply Chain［J］. International Journal of Digital Content Technology & Its Applications. 2013,7(6):1080-1087.

［147］ 廖玉玲,张亮. 网络条件下企业技术创新合作行为分析:一个实验研究［J］. 科技进步与对策. 2016(20):97-102.

［148］ PITTAWAY L,ROBERTSON M,MUNIR K,ET AL. Networking and innovation:a system-atic review of the evidence［J］. International Journal of Management Reviews. 2004,5(3-4):137-168.

［149］ BARNEY J,WRIGHT M,KETCHEN D J. The resource-based view of the firm:Ten years after 1991［J］. Journal of Management. 2001,27(6):625-641.

［150］ BEERS C V,ZAND F. R & D Cooperation,Partner Diversity,and Innovation Perform-ance:An Empirical Analysis［J］. Journal of Product Innovation Management. 2014,31(2):292-312.

［151］ 姚瑞,吴鹤,徐芳奕. 合作创新知识获取:企业资源视角的研究综述［J］. 税务与经济. 2013(6):27-31.

［152］ DUYSTERS G,LOKSHIN B. Determinants of Alliance Portfolio Complexity and Its Effect on Innovative Performance of Companies［J］. Journal of Product Innovation Management. 2011,28(4):570-585.

［153］ D'ASPREMONT C,JACQUEMIN A. Cooperative and Noncooperative R & D in Duopoly with Spillovers［J］. Economics Letters. 1991,37(2):187-191.

［154］ Belderbos R,Carree M,Lokshin B. Cooperative R & D and firm performance［J］. Re-search Policy. 2004,33(10):1477-1492.

［155］ NEGASSI S. R & D co-operation and innovation a microeconometric study on French firms［J］. Research Policy. 2004,33(3):365-384.

［156］ 郑登攀,党兴华. 技术溢出对中小企业合作创新倾向的影响研究［J］. 科学学与科学技术管理. 2008,29(8):63-67.

［157］ 罗炜,唐元虎. 企业合作创新的原因与动机［J］. 科学学研究. 2001,19(3):91-95.

［158］ 周怀乐. 网络视角下企业合作创新动机研究田［D］. 上海:上海交通大学,2009.

［159］ 潘旭明. 组织间合作创新:基于组织形式的梳理［J］. 财经科学. 2009(3):79-84.

［160］ 张弛,范珂宏. 基于集群根植性的合作创新行为演化路径分析［J］. 特区经济. 2015(9):90-94.

［161］ 刘磊,李梦奇,綦振法.产业集群内企业合作创新行为的博弈分析[J].山东理工大学学报(自然科学版).2008(5):73-76.

［162］ 曹霞,张路蓬.利益驱动对创新网络合作行为演化的影响机理及仿真——基于复杂网络拓扑结构视角[J].运筹与管理.2015,24(6):160-169.

［163］ ALLEE V,TAUG J. Collaboration,innovation,and value creation in a global telecom[J]. Learning Organization. 2013,13(6):569-578.

［164］ INGHAM M,MOTHE C. How to learn in R & D partnerships[J]. R & D Management. 1998,28(4):249-261.

［165］ 李霞,毛雪莲,吴文平.企业高校成功合作创新影响因素实证研究[J].工业技术经济.2007(8):89-91.

［166］ 胡杨.产学研合作创新的影响因素——兼论地理邻近对产学研合作创新的影响[J].沈阳大学学报(社会科学版).2016(2):157-163.

［167］ 毛昊,毛金生.对我国知识产权服务业发展的思考[J].知识产权.2013(12):75-80.

［168］ 金雪军,毛捷,何肖秋.知识服务产业刍议——知识服务产业定义、特征、功能及业务流程分析[J].商业研究.2003(20):64-67.

［169］ ANTONELLI C. The microdynamics of technological change[M]. London:Routledge,1999.

［170］ 闫莹,赵公民.知识密集型服务业创新能力结构研究[J].科技进步与对策.2011,28(2):78-83.

［171］ 刘长平,叶春明.上海知识产权服务业发展环境研究与战略选择[J].科技管理研究.2011(4):142-144.

［172］ 王勉青.知识产权服务业发展述评[J].探索与争鸣.2010(10):65-67.

［173］ ZENKER A. Innovation,Interaction and Regional Development:Structural Characteristics of Regional Innovation Strategies[M]. Richmond:Innovation Networks,2001:207-222.

［174］ 傅家骥.技术创新学[M].北京:清华大学出版社,2001.

［175］ FUSFELD H I,HAKLISCH C S. Cooperative R & D for competitors[J]. Harvard Business Review. 1987,63(6):60-76.

［176］ 任荣.企业合作创新本质的理论分析[J].经济问题.2010(3):68-71.

［177］ HAGEDOORN J. Inter-firm R & D partnerships:an overview of major trends and patterns since 1960[J]. Research Policy. 2002,31(4):477-492.

［178］ DAS T K,TENG B S. Instabilities of Strategic Alliances:An Internal Tensions Perspective [J]. Organization Science. 2000,11(1):77-101.

［179］ 王国权.加强技术集成与合作创新模式研究[J].科学管理研究.2014(2):13-16.

［180］ BANKS J S,SUNDARAM R K. Optimal Retention in Agency Problems[J]. Journal of Economic Theory. 1998,82(2):293-323.

[181] 徐雨森,张世君.社会知识活动系统中的技术中介[M].北京:科学出版社,2009.

[182] MULLER E,ZENKER A. Business services as actors of knowledge transformation:the role of KIBS in regional and national innovation systems[J]. Research Policy. 2001,30(9):1501-1516.

[183] 赵斌,栗虹,李新建,等.科技人员创新行为产生机理研究——基于计划行为理论[J].科学学研究.2013,31(2):268-297.

[184] 段文婷,江光荣.计划行为理论述评[J].心理科学进展.2008,16(2):315-320.

[185] AJZEN I,FISHBEIN M. Understanding Attitudes and Social Behavior[M]. Englewood NJ:Prentice Hall,1980:2-20.

[186] AJZEN I. From Intentions to Actions:A Theory of Planned Behavior[J]. Action Control Springer Berlin Heidelberg. 1985,22(8):11-39.

[187] FISHBEIN M,AJZEN I. Belief,Attitude,Intention and Behaviour:an introduction to theory and research[J]. Philosophy & Rhetoric. 1975,41(4):842-844.

[188] CIALDINI R B,KALLGREN C A,RENO R R. A Focus Theory of Normative Conduct:A Theoretical Refinement and Reevaluation of the Role of Norms in Human Behavior[J]. Advances in Experimental Social Psychology. 1991,24(1):201-234.

[189] AJZEN I. Perceived Behavioral Control,Self-Efficacy,Locus of Control,and the Theory of Planned Behavior[J]. Journal of Applied Social Psychology. 2002,32(4):665-683.

[190] 张红涛,王二平.态度与行为关系研究现状及发展趋势[J].心理科学进展.2007,15(1):163-168.

[191] 苏敬勤,王延章.合作技术创新理论及机制研究[M].大连:大连理工大学出版社,2002.

[192] 郝芳,宫庆彬,刘长江.社会困境中同伴行为、合作信念对合作变化的影响[J].心理科学.2016(2):448-453.

[193] HAGGER M S,CHATZISARANTIS N L D,BIDDLE S J H. A meta-analytic review of the Theories of Reasoned Action and Planned Behavior in physical activity:predictive validity and the contribution of additional variables[J]. Journal of Sport & Exercise Psychology. 2002,24(1):3-32.

[194] AJZEN I. The Theory of Planned Behavior[J]. Organizational Behavior and Human Decision Processes. 1991,50(2):179-217.

[195] AL-RAFEE S,CRONAN T P. Digital Piracy:Factors that Influence Attitude Toward Behavior[J]. Journal of Business Ethics. 2006,63(3):237-259.

[196] 邓新明. 中国情景下消费者的伦理购买意向研究——基于 TPB 视角[J]. 南开管理评论. 2012,15(3):22-23.

[197] 张崴. 研究型大学科研团队结构对团队创造力的影响[D]. 大连:大连理工大学,2013.

[198] CHAU P Y K,HU J H. Investingating healthcare professionals' decisions to accept tele-medicine technology:an empirical test of competing theories[J]. Information & Management. 2002,34(9):297-311.

[199] 肖振鑫,高山行. 技术驱动、政府推动与企业探索性创新——基于产业竞争范式和制度理论的双重视角[J]. 科学学与科学技术管理. 2015(3):46-55.

[200] CARMELI A,SCHAUBROECK J. The influence of leaders´ and other referents´ normative expectations on indiv idual involvement in creative work[J]. Leadership Quarterly. 2007, 18(1):35-48.

[201] TAYLOR S,TODD P A,TODD P. Understanding Information Technology Usage:A Test of Competing Models[J]. Information Systems Research. 1995,6(2):144-176.

[202] 李东进,吴波,武瑞娟. 中国消费者购买意向模型——对 Fishbein 合理行为模型的修正[J]. 管理世界. 2009(1):121-129.

[203] SIMMONS C H,WEHNER E A. The Cooperative/Competitive Strategy Scale:A Measure of Motivation to Use Cooperative or Competitive Strategies for Success[J]. Journal of Social Psychology. 1988,128(2):199-205.

[204] 刘群慧,胡杨,刘二丽. 环境压力、企业家网络与合作创新意愿的关系[J]. 科研管理. 2014(12):103-111.

[205] ZHOU J,GEORGE J M. When Job Dissatisfaction Leads to Creativity:Encouraging the Expression of Voice[J]. Academy of Management Journal. 2001,44(4):682-696.

[206] DEN H. Knowledge-intensive Business Services as Co-producers Innovation[J]. International Journal of Innovation Management. 2000,44(4):491-528.

[207] 杨铁军. 知识产权服务与科技经济发展[M]. 知识产权出版社,2010:6.

[208] 虞文武,王冬林,范丽恒. 常州市知识产权服务体系建设的对策研究[J]. 科技管理研究. 2013(15):185-188.

[209] 杨红朝. 知识产权服务业培育视角下的知识产权服务体系发展研究[J]. 科技管理研究. 2014(8):176-180.

[210] 谢顺星,瞿卫军,穆宏平. 知识产权服务业浅析[N]. 中国知识产权报,2011-7-22(2).

[211] 洪群联. 我国知识产权服务体系发展现状与战略思路[J]. 经济纵横. 2011(11):44-49.

[212] IAN M,KASTRINOS N,ROB B,ET AL. Knowledge-intensive Business Services. Users, Carriers and Sources of Innovation [J]. Second National Knowledge Infrastructure Setp. 1995,44(4):100-128.

[213] 杨武,付婧,郑红.知识产权服务业体系研究[J].中国发明与专利.2011(12):78-80.

[214] 邓社民.知识产权服务业发展支撑体系研究[M].北京:中国社会科学出版社, 2014:29-31.

[215] BESEN S M,RASKIND L J. An Introduction to the Law and Economics of Intellectual Property[J]. The Journal of Economic Prospective. 1991,5(1):3-27.

[216] GOULD D M,GRUBEN W C. The Role of Intellectual Property Rights in Economic Growth[J]. Journal of Development Economics. 1996,48(2):323-350.

[217] 唐恒,周化岳.自主创新中的知识产权中介服务体系:功能、作用机理及实现途径 [J].科学管理研究.2007,25(4):91-94.

[218] 刘菊芳.发展知识产权服务业的关键问题与政策研究[J].知识产权.2012(5):67-73.

[219] 刘长平,叶春明.上海知识产权服务业发展环境研究与战略选择[J].科技管理研 究.2011(4):142-144.

[220] 吴离离.浅析我国知识产权公共服务体系的构建[J].知识产权.2011(6):63-66.

[221] 王勉青.知识产权服务业发展述评[J].探索与争鸣.2010(10):65-67.

[222] 李良成,高畅.基于内容分析法的知识产权服务政策研究[J].技术经济与管理研 究,2014(3):24-29.

[223] 冯晓青.基于技术创新与知识产权战略实施的知识产权服务体系构建研究[J].科 技进步与对策,2013,30(2):112-114.

[224] 彭辉.基于内容分析法的上海市科技创新政策文本分析[J].大连理工大学学报(社 会科学版),2017,38(1):157-163.

[225] 周城雄,李美桂,林慧等.战略性新兴产业:从政策工具、功能到政策评估[J].科学 学研究,2017,35(3):346-353.

[226] 赵筱媛,苏竣.基于政策工具的公共科技政策分析框架研究[J].科学学研究,2007, 25(1):52-56.

[227] 刘雪凤,高兴.我国知识产权政策体系对社会福利的影响研究[J].科研管理,2017, 38(2):153-160.

[228] 潘冬,杨晨,黄永春.科技企业孵化器知识产权服务的构成模块与优化对策研究 [J].中国科技论坛,2012,(11):71-77.

[229] 杨晨,潘冬,陈世林.科技企业孵化器知识产权服务内涵及结构模块解析[J].大连 理工大学学报(社会科学版),2013,34(1):19-23.

［230］张鹏.知识产权公共政策体系的理论框架、构成要素和建设方向研究［J］.知识产权,2014,(12):69-73.

［231］杨晓娟,樊志民.发达国家农业知识产权服务体系对我国的启示［J］.西北农林科技大学学报(社会科学版),2017,17(1):136-143.

［232］刘佩,邓承月.基于中小企业自主创新激励的知识产权政策体系构建［J］.求索,2016(2):108-112.

［233］CARKEY K M. Extracting team mental models through textual analysis［J］. Journal of Organizational Behavior,1997(18):279-293.

［234］W. I. JENKINS. Policy analysis:A political and organizational perspective［M］. London:Palgrave Macmillan,1978:105-107.

［235］冯云鹏.社会稳定风险评估政策文本分析［D］.沈阳:东北大学,2014.

［236］谢青,田志龙.创新政策如何推动我国新能源汽车产业的发展——基于政策工具与创新价值链的政策文本分析［J］.科学学与科学技术管理,2015(6):3-14.

［237］李良成,高畅.基于内容分析法的广东省战略性新兴产业政策协同性研究［J］.科技管理研究,2016,36(14):24-30.

［238］FLANAGAN K,UYARRA E,LARANJA M. Reconceptualising the 'policy mix' for innovation［J］. Research Policy,2011,40(5):702-713.

［239］顾建光,吴明华.公共政策工具论视角述论［J］.科学学研究,2007(1):47-51.

［240］SCHNEIDER A L,INGRAM H. Behavioral assumptions of policy tools［J］. Journal of Politics,1990,52(2):513-522.

［241］仲为国,彭纪生,孙文祥.政策测量、政策协同与技术绩效:基于中国创新政策的实证研究(1978—2006)［J］.科学学与科学技术管理,2009(3):54-60.

［242］迈克尔·豪利特.公共政策研究:政策循环与政策子系统［M］.北京:生活·读书·新知三联书店,2006:144-145.

［243］ROTHWELL R,ZEGVELD W. Industrial Innovation and Public Policy:Preparing for the 1980s and the 1990s［M］. London:Frances Printer,1981.

［244］POTER M E. Competitive advantage ［M］. New York:Free Press,1985.

［245］胡允银.企业知识产权资产的价值链模型及分析［J］.图书情报工作,2009,16(53):78-81.

［246］柴金艳.基于价值链的企业知识产权竞争优势培育——以华为公司的知识产权管理为例［J］.科技进步与对策,2009,26(22):53-56.

［247］唐恒,张旸.基于价值链的企业知识产权标准化管理研究［J］.科技管理研究,2013,33(15):175-180.

[248] 王琛,赵连勇.基于价值链的知识产权管理研究[J].现代经济信息,2011(19):302-303.

[249] 李良成,高畅.战略性新兴产业知识产权政策分析框架研究[J].科技进步与对策,2014,31(12):114-118.

[250] 郭俊华,曹洲涛.知识产权政策评估体系的建立与推进策略研究[J].科学学与科学技术管理,2010,31(3):31-38.

[251] 李钢,蓝石.公共政策内容分析方法:理论与应用[M].重庆:重庆大学出版社,2007:35.

[252] 林德明,赵姗姗.基于政策工具的知识产权政策演化研究[J].中国软科学,2018,330(6):20-29.

[253] 彼得·霍尔,彭科,温卓毅.政策范式、社会学习和国家:以英国经济政策的制定为例[J].中国公共政策评论,2007,1(00):1-28.

[254] 张锏.湖北省高新技术产业政策研究(1978-2012):政策文本分析视角[D].武汉:华中科技大学,2014.

[255] 张雅娴,苏竣.技术创新政策工具及其在我国软件产业中的应用[J].科研管理,2001(4):65-72.

[256] 马江娜,李华,王方.中国科技成果转化政策文本分析——基于政策工具和创新价值链双重视角[J].科技管理研究,2017,37(7):34-42.

[257] 周俊,马克,陈燕.日本特许厅引入人工智能优化专利审查和管理[J].中国发明与专利,2018,15(1):31-35.

[258] 曹建峰,祝林华.人工智能对专利制度的影响初探[J].中国发明与专利,2018,15(6):53-57.

[259] 胡光."人工智能"技术在知识产权人才培养中的应用研究[J].南阳理工学院学报,2018,10(1):72-75.

[260] 许中缘.论智能机器人的工具性人格[J].法学评论,2018,36(5):153-164.

[261] 杨曦,刘鑫.人工智能视角下创新管理研究综述与未来展望[J].科技进步与对策,2018,35(22):153-160.

[262] House of Commons,Science and Technology Committee. Robotics and artificial intelligence[EB-OL].(2016-11-12)[2021-06-02]. https://publications. parliament. uk/pa/cm201617/. pdf.

[263] 朱巍,陈慧慧,田思媛,王红武.人工智能:从科学梦到新蓝海——人工智能产业发展分析及对策[J].科技进步与对策,2016,33(21):66-70.

[264] STUART J. Russell and Peter Norvig, Artificial Intelligence: A Modern Approach,Pren-

tice Hall,2009:2.

[265] 钟义信.人工智能:"热闹"背后的"门道"[J].科技导报,2016,34(7):14-19.

[266] 陈晋.人工智能技术发展的伦理困境研究[D].吉林:吉林大学,2016.

[267] 李吉映.我国人工智能的著作权问题研究[J].商,2016(35):238.

[268] 吴汉东,张平,张晓津.人工智能对知识产权法律保护的挑战[J].中国法律评论,2018(2):1-24.

[269] 李扬,李晓宇.康德哲学视点下人工智能生成物的著作权问题探讨[J].法学杂志,2018,39(9):43-54.

[270] SHLOMIT YANISKY. When Artificial Intelligence Systems Produce Inventions:The 3aEra and An Alternative Model for Patent Law[EB/OL]. (2016-03-30)[2021-05-26]. https://papersssrn.com/sol3/papers cfm abstract_id=2931828.

[271] 朱雪忠,张广伟.人工智能产生的技术成果可专利性及其权利归属研究[J].情报杂志,2018,37(2):69-75.

[272] 黄欣荣.人工智能与人类未来[J].新疆师范大学学报(哲学社会科学版),2018,39(4):101-108+2.

[273] 孙青山,叶雨潇.我国数据专利制度的构建——以人工智能数据的保护为视角[J].福建江夏学院学报,2018,8(4):37-43.

[274] 姚志伟,沈燚.人工智能创造物不真实署名的风险与规制[J].西安交通大学学报(社会科学版),2020,40(1):133-140.

[275] 沈冰洁.论人工智能创作物的著作权法保护[D].武汉:华东政法大学,2019.

[276] 陈全真.人工智能创作物的著作权归属:投资者对创作者的超越[J].哈尔滨工业大学学报(社会科学版),2019,21(6):26-32.

[277] 王迁.论人工智能生成的内容在著作权法中的定性[J].法律科学(西北政法大学学报),2017,35(5):148-155.

[278] 郭宁."互联网+"时代背景下人工智能面临的法律挑战[J].特区经济,2018(8):130-132

[279] 南方都市报.写稿机器人"小南"上岗1秒完成一篇春运报道[EB/OL]. (2017-01-19)[2021-2-23] http://tech.163.com/17/0119/09/CB4R6V0J000 98GJ5.html.

[280] 易继明.人工智能创作物是作品吗?[J].法律科学(西北政法大学学报),2017,35(5):137-147.

[281] 李文文.论人工智能产出物的知识产权归属[J].法制博览,2018(25):145+144.

[282] 孙山.人工智能生成内容著作权法保护的困境与出路[J].知识产权,2018(11):60-65.

［283］ 尹卫民.论人工智能作品的权利客体属性［J］.科技与出版,2018(6):103-107.

［284］ 徐芝永.人工智能知识产权保护话题浅析——在韩国知识产权法律框架下［J］.专利代理,2018(3):33-37.

［285］ 陈虎.著作权领域人工智能"冲击论"质疑［J］.科技与法律,2018(5):68-73.

［286］ WILLIAM F SCHNEIDER,HUA GUO. Machine Learning ［J］. The Journal of Physical Chemistry Letters. 2018,9(3):569.

［287］ RYAN ABBOTT. I think therefore I invent:creative computers and the future of patent law［J］.Boston College Law Review,2016(4):70-79.

［288］ ERICA FRASER. Computers as Inventors-Legal and Policy Implications of Artificial Intelligence on Patent Law［J］.SCRIPTed,2016(316):25-33.

［289］ LIZA VERTINSKY,TODD M. Rice. Think About Thinking Machines:Implications of machine inventors for Patent Law［J］.B. U. J. SCL. & THCH. L,2016(8):2-11.

［290］ EUROPEAN CIVIL LAW RULES IN ROBOTICS(STUDY)［EB/OL］. (2016-11-13)［2019-01-09］. http://www. europarl. europa. eu/RegData/etudes/STUD/2016/571379/IPOLSTU(2016)571379_EN. pdf.

［291］ Intellectual property strategic program［EB/OL］. (2006-06-08)［2019-07-15］. https://www. antei. go. jp/jp/singi/titeki2/kettei.

［292］ 周贺强.人工智能作品著作权归属问题［J］.合作经济与科技,2018(22):186-187.

［293］ 郑成思.版权法［M］.北京:中国人民大学出版社,1997.

［294］ 龙文懋.人工智能法律主体地位的法哲学思考［J］.法律科学(西北政法大学学报),2018,36(5):24-31

［295］ U. S. Copyright Office,Compendium of U. S. Copyright Office Practices［Z］.2014(313):2.

［296］ 林秀芹,游凯杰.版权制度应对人工智能创作物的路径选择——以民法孳息理论为视角［J］.电子知识产权,2018(6):13-19.

［297］ 熊琦.人工智能生成内容的著作权认定［J］.知识产权,2017(3):3-8.

［298］ SHOYAMA R. Intelligent Agents:Authors,Makers,and Owners of Computer-Generated Works in Canadian Copyright Law［J］. Social Science Electronic Publishing,2015(8):93-101.

［299］ 刘强,彭南勇.人工智能作品著作权问题研究［J］.南京理工大学学报(社会科学版),2018,31(2):35-44.

［300］ 尹田.民法基本原则与调整对象立法研究［J］.法学家,2016(5):10-19+175.

［301］ 单晓光,罗凯中.人工智能对专利制度的挑战与应对［J］.福建江夏学院学报,2018,

8(4):2-9+50.

[302] 曹源.人工智能创作物获得版权保护的合理性[J].科技与法律,2016(3):488-508.

[303] SEE EVAN H. Farr, Copyrightability of Computer-Created Works, 15 Rutgers Computer & Tech. L. J. 63,66(1989).

[304] 李思源.人工智能创作物的知识产权归属[J].法制与社会,2018(15):212-213.

[305] 马治国,刘桢.人工智能创作物的著作权定性及制度安排[J].科技与出版,2018(10):107-114.

[306] 张艺馨.人工智能生成内容版权保护的困境及选择[J].智库时代,2018(41):93-95.

[307] 李博云.论人工智能创作物的著作权保护[J].中国广播,2018(9):47-50.

[308] 孙建丽.人工智能生成物著作权法保护研究[J].电子知识产权,2018(9):22-29.

[309] 郭艳.人工智能创作物著作权制度难题及破解[J].中国出版,2018(12):67-69.

[310] 王宝乾,孙一彪.论人工智能生成物的著作权保护[J].法制与经济,2018(6):57-58+61.

[311] 王鑫怡.人工智能生成成果的性质探讨[J].开封教育学院学报,2018,38(5):247-248.

[312] 王晶晶.人工智能创作物的版权保护[D].厦门:厦门大学,2017.

[313] 陆泉旭.人工智能创作物版权保护问题研究[J].法制与社会,2017(13):66-67.

[314] HATTENBACH B,GLUCOFT J. Patents in an era of infinite monkeys and artificial intelligence[J]. Stanfortanford Technology Law Review,2015,32(19):44-50.

[315] VAVER D. Invention in patent law:a review and a modest proposal[J]. International Journal of Law & Information Techonology,2011,11(3):8202-8210.

[316] 季冬梅.人工智能发明成果对专利制度的挑战——以遗传编程为例[J].知识产权,2017(11):59-66.

[317] 刘友华,李麟.人工智能生成物专利保护的正当性及专利法因应[J].福建江夏学院学报,2018,8(4):22-29.

[318] 贾引狮.人工智能技术发展对"发明人"角色的挑战与应对[J/OL].科技进步与对策:1-7(2018-10-26)[2019-01-03]. http://kns. cnki. net/kcms/detail/42. 1224. G3. 20181026. 1030. 026. html.

[319] DAVID POOLE. Alan Mackworth and Randy Goebel,Computational Intelligence:A Logical Approach,Oxford University Press,1998:1.

[320] John McC arthy,What is Artificial Intelligence? [EB/OL]. (2007-11-12)[2018-12-22]. http://www-formal. stanford. edu/jmc/whatisai/.

[321] Tech CEOs Declare This the Era of Artificial Intelligence[EB/OL]. (2016-06-03)

[2018-12-29]. http://fortune. com/2016/06/03/tech-ceos-a rtificial-intelligence, 30.11.

[322] 姜亚松.人工智能发明创造的可专利性及权利归属[J/OL].现代交际,(2019-01-03)[2019-01-07]. http://kns. cnki. net/kcms/detail/22. 1010. C. 20181210. 1532. 002. html.

[323] 张明,季刚.互联网商标帮助侵权的若干问题[J].中华商标,2014(5):78-81.

[324] 过君栋.我国商标侵权行为类型化研究[D].武汉:华东政法大学,2015.

[325] 陈虎.著作权领域人工智能"冲击论"质疑[J].科技与法律,2018(5):68-73.

[326] 孙山.人工智能生成内容的著作权法规制——基于对核心概念分析的证成[J].浙江学刊,2018(2):113-120.

[327] 李双全.人工智能创作物可著作权性分析[J].法制博览,2018(27):176.

[328] 李心怡.法律解释在著作权归属中的运用——以人工智能为背景[J].法制博览,2018(14):25-27.

[329] 伏海璇.人工智能创作物著作权问题研究[J].哈尔滨职业技术学院学报,2018(3):99-101.

[330] 袁真富.人工智能作品的版权归属问题研究[J].科技与出版,2018(7):103-112.